기도의 능력

기도의 능력

조지 뮬러처럼 기도하는 법을 배우는 40일

초판 1쇄   2024년 3월 15일

지은이   브렌트 패트릭 맥두걸
펴낸이   한길환
책임 편집 교열   이금환
펴낸곳   엘맨출판사
등록번호   제13-1562호(1985.10.29.)
등록된곳   서울시 마포구 토정로 222
                한국출판콘텐츠센터 422-3
전화   (02) 323-4060, 6401-7004
팩스   (02) 323-6416
이메일   elman1985@hanmail.net
                www.elman.kr

ISBN   978-89-5515-751-2   03230

값 18,000 원

기도의 능력

조지 뮬러처럼 기도하는 법을 배우는 40일

브렌트 패트릭 맥두걸 지음

한길환 옮김

하나님의 사람을 엘맨
만들어 가는 ELMAN

목차

추천의 글

죠지뮬러, 그리스도인이라면 이름만 들어도 기도의 사람으로 떠올릴 수 있고, 오만 번이라는 수식어가 저절로 따라붙는 신앙의 위인인 그의 기도생활을 더듬으면서 자신의 기도의 경험을 덧붙여서 아주 쉽게 그리고 마음에 가까이 다가오게 하는 「기도의 능력」은 저의 기도생활을 힘있게 자극해 주었습니다. 목회를 하면서 저 자신도 항상 기도에 빚진 기분을 느낄 때가 많습니다. 또 성도들에게 기도에 관한 설교를 하면서 느끼는 반응은 기도하고 싶은 강렬한 소망은 있지만 "육신이 약하도다"라는 신음 섞인 탄성을 눈빛에서 보게 됩니다. 그리스도인은 기도할 수밖에 없는 사람이고, 기도를 통해서 진정한 그리스도인의 모습을 갖추어 가게 되고, 기도하는 그리스도인이 참으로 복되다는 것을 목격하게 됩니다. 성경이 명하고, 주님이 명하신 기도, 제가 도움을 받았듯이 이 책을 만나는 독자들의 기도도 잘 도와줄 것이라고 생각하며 꼭 일독을 추천합니다.

큰사랑교회 담임목사 이금환

옮긴이의 글

  한국교회는 70-80년대에는 도시와 시골 할 것 없이 온 동네에 수많은 교회의 십자가가 밤에는 불야성을 이루었고, 새벽기도의 행렬은 새벽을 깨웠고, 수많은 기도원의 정상에서는 주님을 찾는 성도들의 헌신적인 기도 소리가 끊이지 않았다. 그 결과 성령 충만한 그리스도인들의 전도의 불길이 타올랐고 교회는 기하급수적으로 성장하기 시작했다.

  이렇게 주님을 뜨겁게 사랑하는 성도들의 기도의 헌신이 한국교회의 폭발적인 성장의 원동력이 되었다는 사실은 아무도 감히 부인하지 못할 것이다.

  그러나 90년대로 진입하여 국가 경제가 풍요로워지면서 한국교회는 서서히 기도 소리가 들리지 않기 시작했고, 교회에서는 십자가 설교가 사라지고 실용주의 설교가 이를 대치했다. 그 결과 동네에서 십자가가 사라지고 기도원은 폐쇄되고 성도들은 성령의 능력이 사라져 전도의 불길이 꺼지는 오늘날의 참담한 현실을 맞이하게 되었다. 이에 당황한 교회들은 하나님께 돌아가기보다는 인위적인 교회 마케팅에 들어갔다.

그러나 이것은 우리의 인간적인 최후의 수단일 뿐, 우리는 점점 더 깊은 나락으로 떨어져 들어가고 있다.

주님을 사랑하는 신실한 성도라면 기도를 통해서 십자가의 능력이 회복되고 전도를 통해서 교회가 힘을 얻고 성탄절 시즌에 각 상가 거리에 형형색색으로 장식한 아름다운 트리와 우리의 심금을 울리는 캐럴이 울려퍼졌던 그 시절을 그리워할 것이다. 그리고 이 참혹한 현실을 바라보며 회개의 눈물을 흘릴 것이다.

조지 뮬러에 관해서는 워낙 많이 알려졌기 때문에 언급하지 않겠다. 이 책의 저자는 목회자로서 기도에 관한 또 다른 이론서를 쓴 것이 아니라, 조지 뮬러의 삶과 그의 저서를 통해서 어떻게 하면 조지 뮬러처럼 살 수 있을까를 고민하고, 실제적으로 하나님 앞에서 부단히 실천을 위한 노력을 했다. 그는 기도를 통해서 하나님과 더 친밀한 관계를 회복했고 사역의 현장에서 많은 기도의 열매를 거두었다. 그는 또한 수많은 사람들에게 기도에 동참하도록 이끌었고 지금도 이 사역을 계속하고 있다.

옮긴이는 이 책을 번역하는 동안 참담한 현실을 바라보면서 많은 회개의 눈물을 흘렸다. 그리고 기도해야 한다는 동기 부여를 받고 기도 충동으로 번역하는 동안 끊임없이 기도했다.

기도의 동력을 잃어버리고 영적 침체에 빠진 교회들과 성도들에게 이 책을 강력하게 권하고 싶다.

"주님을 기뻐하라 그리하면 그분이 너희에게 너희의 마음의 소원을 들어 주시리라 너희의 길을 주님께 맡기라 그분을 신뢰하라 그러면 그분이 행동하실 것이다"(ESV, 시편 37:4-5).

충남 홍성 생명의 강가 작은 서재실에서
한길환 목사

머리글

기도는 모든 문을 여는 열쇠이다.

당신의 가장 큰 자원은 돈, 지식, 인기 또는 혈통이 아니다. 당신의 가장 큰 자산은 당신의 이력서나 당신의 성과표나, 출석 확인표에 있지 않다. 이 모든 것이 좋은 것이지만 당신이 이용할 수 있는 영적 자원에 비하면 부차적인 것에 불과하다.

기도는 수많은 열쇠들 가운데서 최상의 열쇠이다. 기도는 다른 열쇠들이 할 수 없는 일을 한다. 기도는 마음을 열고, 자연적인 수단으로는 불가능한 가능성을 열어주며, 하나님의 임재의 문을 열어준다.

기도를 통해 하나님의 평화와 능력이 우리의 삶에 흘러 들어온다. 그러나 당신과 나에게 필요한 것은 단지 어떤 종류의 기도가 아니다. 우리는 특별하고 지속적인 종류의 기도를 배워야 한다. 우리는 기도가 응답되기 전에도 응답을 기대하고 감사하며 믿음으로 행할 수 있도록 우리의 기도의 효과가 나타날 수 있는 기도의 조건을 배워야 한다.

그런 종류의 기도를 발견하기 위한 40일간의 여정에 당신을 초대한다.

매일 기도에 대한 성경의 가르침과 나의 믿음의 영웅 중 한 명인 19세기 조지 뮬러 목사의 삶에서 얻은 이야기 또는 가르침이 특징을 이룰 것이다.

뮬러는 1805년 9월 27일 당시 프로이센 왕국에 있던 크로펜슈테트라는 도시에서 태어났다. 뮬러는 대부분의 사역을 영국 브리스톨에서 했다. 그러나 그의 사역은 교회 건물의 벽 안에 머물지 않았다. 그는 1만 명 이상의 고아에게 쉼터, 음식, 교육 및 영적 인도를 제공할 고아원을 설립했다. 그는 또한 선교사들을 재정적으로 지원했으며 전 세계에 성경을 배포했다.

기도에 관한 성경의 놀라운 약속들은 오늘날 모든 믿는 자들과 모든 시대에 유효하다

뮬러의 삶과 사역에는 관통하는 중심 요소가 있었다. 그는 기도에 관한 성경의 놀라운 약속들이 단지 다가오는 시대를 위한 목사만을 위한 것이 아니라고 믿었다. 대신 그는 현재 모든 신자들이 이용 가능하다고 믿었다. 뮬러는 기도에 대한 예수님의 믿을 수 없을 것 같은 가르침을 연구하고 그것을 모든 상황에 적용하기로 결정했다. 그는 예수님께서 다음과 같이 가

르치실 때 그분의 말씀을 그대로 받아들였다.

"구하라 그리하면 너희에게 주실 것이요 찾으라 그리하면 찾아낼 것이요 문을 두드리라 그리하면 너희에게 열릴 것이니 구하는 이마다 받을 것이요 찾는 이는 찾아낼 것이요 두드리는 이에게는 열릴 것이니라"(마 7:7-8).

그 약속은 일부만을 위한 것이 아니라 모두를 위한 것이었다. 예수님을 믿는다면, 문을 두드리는 모든 사람들을 위해 문이 활짝 열릴 것이다.

"믿는 자가 말씀하신 대로 행하시리라는 온전한 확신을 가지고 항상 그분께 나아가지 못할 이유가 무엇인가?" 뮬러가 묻는다. "우리의 어려움은 이것인 것 같다. 그 약속이 너무도 '심히 크므로' 우리는 하나님이 분명히 계시하신 것처럼 보이는 것을 실제로 의미한다고 생각할 수 없다. 그 복은 우리가 이해하기에는 너무 방대해 보인다. 우리는 불신앙으로 인해 약속을 두고 비틀거리며, 그리하여 그리스도 예수님께서 우리를 위해 사신 보물을 확보하지 못한다."

약 20년 전, 조지 뮬러에 대해 처음 알게 된 이후로 나는 종종 그의 삶에 대한 실제의 이야기를 다른 사람들과 공유했다. 나는 사람들에게 더 깊은 기도의 경험을 알려주기 위해 그의 삶의 실례를 사용했다.

그러나 내가 뮐러의 고아원 중 한 곳에서 빵과 우유로 응답 받은 기도에 대한 실제의 이야기를 나누고 있을 때 나에게 어떤 일이 일어났다. 나는 다른 사람들과 응답받은 기도에 대해 말하는 것에 지쳤다. 나도 그런 경험을 스스로 하고 싶었다. 나는 하나님의 능력을 알고 싶었고 그 약속이 나에게도 적용되는지 알고 싶다고 생각했다.

나는 주로 믿음의 삶이라는 그의 자전적인 실제의 이야기를 통해 뮐러의 삶을 더 깊이 파고들기 시작했다. 이 이야기는 예수님을 따르는 사람들에게 하나님의 약속이 그들을 위한 것이라고 믿도록 도울 뿐만 아니라 응답받는 기도로 이끄는 조건에 대해 가르치기 위해 썼다. 이러한 삶을 살기 위한 조건은 매일 하나님 안에 거하는 것, 겸손하게 하나님을 의지하는 것, 죄를 버리는 것, 믿음을 행사하는 것, 하나님의 뜻을 행하기 위해 노력하는 것, 꾸준히 기도하는 것 등이 포함된다.

나는 그것을 실행에 옮기기 시작했다. 나는 하루하루를 단순한 믿음의 기도로 시작했다. 나는 하나님께 그분의 약속이 참으로 참되다는 믿음을 달라고 간구했다. 나는 기도 요청을 기록하고 도움을 기대했다. 나는 믿음이 부족하거나 나와 하나님 사이에 큰 틈을 만드는 크고 작은 죄를 붙잡고 있는 내 삶의 영역을 살펴보았다.

그 영향은 즉각적이었다. 나는 나의 믿음이 자라면서 더 많은 기도 응답을 보기 시작했다. 각각의 약속이 성취될 때마다 나는 믿음의 발걸음을 내디뎠고 그것은 나를 더욱 기도하도록 이끌었다.

이제 나는 내가 배운 것을 당신과 공유하고 계속해서 배우고 싶다. 당신도 하나님의 약속과 뮬러의 실제의 이야기에 묘사된 기도의 능력이 당신의 삶을 변화시키는 것을 경험할 수 있다.

안개를 걷어내는 간단한 기도

1877년, 뮬러는 설교를 위해 뉴펀들랜드에서 퀘벡으로 대서양을 건너게 되었다. 항해 중에 예상치 못한 짙은 안개가 끼어 배가 상당히 지연되었다. 그 배의 선장은 기도에 대한 경험이 거의 없는 명목상의 그리스도인이었다. 그는 승무원과 승객을 걱정하고 두려워하여 22시간 연속으로 함교(艦橋-함장이 항해 중에 함을 조종, 지휘하기 위하여 갑판 맨 앞 한가운데에 높게 만든 곳-역주)에 있었다.

갑자기 선장은 누군가 어깨를 두드리는 것을 느꼈다. 뮬러였다. "선장님, 나는 토요일 오후에 퀘벡에 있어야 한다는 것을 말씀드리러 왔어요."라고 뮬러가 말했다.

"그것은 불가능해요."라고 선장이 말했다.

"좋아요. 당신의 배가 나를 데려다 줄 수 없다면 하나님께서는 어떤 다른 방법을 찾으실 거예요… 나는 57년 동안 약속을 어긴 적이 없어요."라고 뮬러가 대답했다.

"나는 기꺼이 당신을 도울 거예요, 하지만 어떻게 해야 할까요? 나는 속수무책이에요."라고 선장이 말했다.

뮬러는 선장에게 해도실(海圖室-배에서, 해도와 그 밖의 항해 기기를 갖추고, 항법 계산·항해 위치의 기입 따위의 작업을 하는 방-역주)로 내려가 기도하도록 초대했다. 선장은 그가 미쳤다고 생각했지만 그를 따라 해도실로 갔다.

"뮬러 씨, 지금 안개가 얼마나 짙은지 아시나요?" 선장이 강조했다.

"아니오," 뮬러가 말했다, "내 눈은 짙은 안개가 아니라 내 삶의 모든 환경을 주관하시는 살아 계신 하나님께 있어요." 그런 다음 그는 무릎을 꿇고 선장이 들어 본 것 중 가장 단순한 기도 중 하나로 기도했다. "오 주여 그것이 하나님의 뜻과 일치한다면, 이 안개를 5분 안에 치워주소서. 하나님은 토요일에 퀘벡에서 나를 위해 맺은 약속을 알고 계시나이다. 나는 그것이 하나님의 뜻이라고 믿나이다." 선장은 이것이 어린아이의 기도처럼 들린다고 생각했다.

뮬러가 기도를 마치자 선장은 자기도 기도하겠다고 했지만 뮬러는 그에게 그렇게 하지 말라고 했다.

그는 이렇게 말했다, "첫째, 당신은 하나님께서 그렇게 하실 것이라고 믿지 않고 있어요. 둘째, 나는 그분이 그것을 하셨다고 믿어요. 그래서 당신은 그것에 대해 기도할 필요가 전혀 없어요."

선장은 놀라서 쳐다보았다. 뮬러는 계속해서 말했다. "선장님, 나는 나의 주님을 57년 동안 알고 지냈고 왕을 알현하는 데 실패한 적이 단 하루도 없어요. 일어나세요, 선장님, 문을 여세요. 그러면 당신은 안개가 사라진 것을 알게 될 거예요."

선장이 일어났다. 그가 문을 열었다. 안개는 사라지고 없었다.

토요일 오후 조지 뮬러는 퀘벡에 있었다.

당신은 그런 믿음을 원하는가? 당신은 이미 당신의 손에 있는 열쇠를 사용할 준비가 되어 있는가?

능력 있는 기도를 위한 세 가지 요소

당신은 효과적이고 능력 있는 기도의 40일 여정을 시작하기 전에 다음 세 가지가 필요하다. 열정, 장소, 계획이다.

1. 열정적인 믿음

첫째, 당신은 기도에 대한 열정과 하나님에 대한 더 깊은 경험이 있어야 한다. 당신은 지쳐 있는 삶에서 벗어난 일상으로 돌아가고 싶어한다. 당신은 당신을 이끄는 곳마다 그 곳에서 변화를 만들고자 하는 열망이 있어야 한다. 이 여정이 나를 바꾼 것처럼 당신의 삶을 바꿀 수 있다. 그러나 열정이 없는 접근은 아무런 성과도 거두지 못할 것이다.

우리가 하나님께 그것을 구하고 그분이 우리의 요청을 들어주실 것이라고 믿을 때 우리는 지혜, 즉, 더 높은 계시와 더 깊은 이해력을 얻을 수 있다.

예수님의 동생 야고보는 이렇게 기록했다.

"너희 중에 누구든지 지혜가 부족하거든 모든 사람에게 후히 주시고 꾸짖지 아니하시는 하나님께 구하라 그리하면 주시리라 오직 믿음으로 구하고 조금도 의심하지 말라 의심하는 자는 마치 바람에 밀려 요동하는 바다 물결 같으니 이런 사람은 무엇이든지 주께 얻기를 생각하지 말라"(약 1:5-7).

이 여정은 열정적인 믿음으로 시작해야 한다. 그것은 믿음과 기도의 능력을 의심하지 않고 기도를 들으시는 분에 대한 단순한 믿음으로 시작해야 한다.

2. 기도할 조용한 장소

둘째, 기도할 조용하고 경건한 장소가 필요할 것이다. 예수님은 그런 장소가 필수적이라고 가르치셨다. 산상수훈에서 그분은 이렇게 말씀하셨다.

"너는 기도할 때에 네 골방에 들어가 문을 닫고 은밀한 중에 계신 네 아버지께 기도하라 은밀한 중에 보시는 네 아버지께서 갚으시리라"(마 6:6).

예수님께서는 이 기도 원칙을 다른 종교 지도자들에게서 보신 것과 대조하셨다. 그들은 기도하기 위해 길 모퉁이에 서 있거나, 다른 사람들에게 깊은 인상을 주기 위해 길고 경건한 기도를 드렸다. 그들은 눈에 띄는 것을 좋아했다. 예수님께서는 그들에게 보상이 있다고 말씀하셨다-다른 사람들의 박수갈채 (마 6:5 참조).

뮬러의 삶에서 명백하게 나타나 있고 이 책에 기술된 기도의 유형은 결코 당신에게 딱 맞지 않는다고 생각할 수도 있다. 당신은 다소 머뭇거리거나 믿음이 부족하거나 의례적으로 보이는 기도만 보고 들었을지도 모른다. 당신은 단지 당신이 이해할 수 있는 수준의 기도만 있다고 생각하고 있을 지도 모른다.

제자들이 예수님께 "주여 우리에게 기도를 가르쳐 주옵소서"(눅 11:1)라고 말했다. 그들은 기도하는 법을 배울 필요가 있다는 것을 깨달았다. 예수님은 우리가 '주님의 기도' 또는 '우리 아버지'라고 알고 있는 모범적인 기도를 그들에게 주셨지만, 그분은 또한 그들에게 은밀한 방으로 들어가 문을 닫으라고 권고하셨다. 눈에 보이지 않는 하나님께서 그들이 은밀히 행한 일을 보시고 그들에게 상을 주실 것이다.

은밀한 곳에서 우리는 멀고 무관심한 신(神) 그 이상을 만난다. 거기서 우리는 아버지를 만난다. 예수님이 '아버지'라는 인칭 단어를 사용하셨을 때, 그분은 제자들에게 그들을 어린아이처럼 사랑하시는 친밀하시고 돌보시며 너그러우신 하나님을 믿도록 권유하셨다.

매일, 우리는 우리를 사랑하시는 살아 계신 하나님과 친밀한 말로 대화할 수 있는 조용한 곳에서의 시간이 필요하다. 그 은밀한 곳에서 우리는 우리에게 필요한 것을 구할 수 있고 그리고 나서 가능성의 문을 열 수 있다. 우리는 우리가 필요한 것을 구하고 하나님께서 그 모든 것을 기꺼이 공급해 주실 것을 믿으며 우리는 하루 종일 반복해서 우리의 마음을 집중할 수 있다.

"구하라 그리하면 그것이 너희에게 주어질 것이요"(마 7:7) 라는 예수님의 말씀이 당신에게 정말 사실일 수 있는가? 당신은 "너희가 믿음이 있고 의심하지 아니하면 … 너희는 이 산더러, 가라, 들려 바다에 던져지라 그리하면 그것이 그대로 될 것이다. 너희가 믿는다면, 너희는 너희가 기도로 구하는 것은 **무엇이든지** 받으리라"(마 21:21-22)고 그분이 말씀하실 때 정말로 예수님을 믿을 수 있는가? 이 약속은 첫 제자들에게만 해당되는 것인가? 당신은 은밀한 곳에서 하신 약속들이 당신에게도 해당된다는 것을 알게 될 것이다(참고- 글자 강조는 본문 그대로 강조한 것이다).

3. 성경 읽기 계획

마지막으로 당신은 계획이 필요할 것이다. 이러한 경건의 책은 신앙을 장려하기 위한 것이지만, 성경 읽기의 대용품은 아니다. 당신은 매일 이러한 경건의 책을 정기적인 성경 읽기 계획의 보완책으로 사용할 수 있다. 그러한 계획이 없다면 매일 시편을 읽은 다음 복음서 중 한 장을 읽는 것으로 시작할 수 있다. 또한 모라비안 데일리 텍스트(Moravian Daily Texts-2001년 미국의 모라비안 교회에서 발행한 매일 찬송가 구절과 기도가 담긴 성경 본문-역주)같이 정기적인 학습 시간을 실행하는 데 도움이 되는 좋은 성경 읽기 계획이 많이 있다.

다음은 간단한 계획이다.

- 성령의 인도하심을 받아 성경의 가르침에 당신의 생각과 마음을 열어달라고 하나님께 구하는 기도로 시작하라.

- 그 날의 당신의 성경 구절을 읽으라.

- 이 경건의 책 한 장을 읽으라.

- 하나님의 임재와 평안을 체험하는 자리에 이를 때까지 기도하라.

- 당신이 필요한 것을 구하고 당신의 하루를 하나님께 맡기라.

당신은 하나님께서 특히 당신이 그분의 뜻에 따라 그분의 영광을 위해 구할 때, 하나님께서 당신에게 유익한 것은 무엇이든 당신의 요청을 들어주시기를 기뻐하신다는 것을 신뢰하는가?

당신은 모든 문을 여는 열쇠가 이미 당신의 손에 있다고 믿는가?

40일 동안 당신의 은밀한 방에 들어가는 것을 우선순위로 삼으라. 살아계신 하나님을 찾으라. 하나님의 말씀에 몰두하라. 당신이 필요한 것을 구하라.

그렇다면 일어나라, 문을 열라, 그리고 하나님께서 어떻게 하시는지 보라.

제1장

하나님 안에 거하라

1. 넓게 열다

"네 입을 넓게 열라 내가 채우리라"(시 81:10, ESV).

내가 댈러스에 있는 교회에서 목회를 시작했을 때 나는 두 가지를 믿고 있었다. 하나는 하나님은 무한하시다는 것과 또 하나는 우리가 수행해야 할 일은 엄청나다는 것이었다. 우리는 핵심적인 영적 리더들을 다시 세워야 할 필요가 있었고, 또 교회 대부분의 공간을 개보수해야 할 필요가 있었으며, 우리는 성령의 능력으로 살아가기 위한 재헌신이 필요했다. 그것은 하나님이 주신 기회였다.

우리의 건물 유지 관리 감독인 후안(Juan)은 나를 데리고 예배당 아래 지하실을 포함하여 건물을 둘러보게 했다. 나는 그곳에서 물이 흐르는 희미한 소리를 듣고 물이 어디서 나오는지 궁금했다.

"교회 아래로 흐르는 개울이 있어요." 후안이 말했다. "비가 오면 예배당 아래서 물 흐르는 소리가 들리지요." 그것은 부흥이 필요한 교회를 위한 황금같이 귀중한 의미로 들렸다. 몇몇 지도자들은 이미 오래된 기도와 믿음의 우물을 다시 파야 할 필요성을 인식하고 있었다(창 26:18, 참조). 우리는 하나님의 영이 서까래 꼭대기에서 아래 깊은 시냇물까지 우리의 예배당에 충만하시기를 기도하기 시작했다.

우리는 댈러스에서 처음 몇 년 동안 많은 영적인 복을 받았다. 우리는 하나님께서 인종주의, 계급주의, 성차별주의의 벽을 무너뜨리시도록 기도했다. 하나님께서는 그 성벽을 무너뜨리셨다. 침례(세례)는 거의 매주 있었다. 마약과 술에 중독된 사람들이 그리스도께로 돌아왔다. 교사들과 다른 지도자들이 일어났다. 일부는 선교사로 파송되었다. 기쁨이 넘치던 날들에 나는 시편 126편 1절 말씀을 자주 생각했다. "주께서 시온의 포로를 돌려보내실 때에 우리는 꿈꾸는 것 같았도다"(KJV).

그러나 하나님께서는 훨씬 더 많은 것을 준비하고 계셨다. 우리의 가장 큰 도전 중 하나는 재정 분야였다. 우리는 하나님께서 더 많은 자원을 가져오시고, 우리가 그 자원들을 잘 관리할 준비가 되어 있도록 기도했다. 그러나 우리는 우리가 받을 복을 전혀 알지 못했다.

관대함의 원천이 흐르다

나는 약 18개월 동안 하나님께서 관대함의 샘에서 우리 교회의 마음을 갈라놓으셨을 때 그곳에 있었다. 10년 동안 교회는 매년 헌금이 부족했다. 그것은 정말로 믿음을 죽이는 것이었다. 해마다 교회는 더 많은 헌금을 해달라고 간청했지만, 기대에 미치지 못했다. 정기적인 헌금자들은 너무 많은 짐을 짊어져야 한다고 불평했다. 그 해가 끝나고 사람들에게 기부를 요청하면서, 우리는 25만 달러의 교회 재정 흑자를 기록했다. 우리는 그 돈의 75%를 선교사업에 사용했고 나머지는 건물 보수를 위해 남겨두었다.

우리는 고무되었다. 하지만 사실은 교회의 공간을 개조하려면 그 50배가 필요했다. 그래서 우리는 계속 기도했다.

어느 날, 우리 교회 관리자인 브래드(Brad)가 나에게 전화를 걸어 "누군가가 교회에 유언장으로 상당한 돈을 남겼다"고 말했다. 그는 "아마도 100만 달러가 넘을 거예요."라고 말했다. 모든 자산이 분배될 때, 그 증여권은 350만 달러였다. 그것은 우리가 필요한 수리를 하고 우리의 주요 친교 공간을 개조할 수 있게 해주었다.

그런 다음 우리는 교회 재정에 증여받은 돈을 맞추고 남은 금액을 넘어서 250만 달러를 더 모금하기 위해서 도전했다. 공간이 개조되면서 우리의 믿음이 커졌다.

내가 댈러스에서 10년 동안 있었던 일에 대해 하나님께서는 모든 믿음과 영광 그리고 찬양을 받으시기에 합당하시다. 내가 노력했다면 내 탓으로 돌렸을 것이다. 그러나 나는 주님을 찾는 것과 믿음으로 도움을 청하는 것 모두가 결정적이었다고 믿는다.

당신은 얼마나 많은 믿음이 있는가? 큰 꿈을 꾸기에 충분한가?

당신은 하나님께서 공급해 주실 것을 믿으면서 당신에게 필요한 것을 구하는가?

조지 뮬러는 처음 2주 동안 고아원을 세우겠다는 생각이 떠오를 때, 그것이 하나님의 뜻이라면 그 일이 이루어지도록 하나님께 기도했다. 그것이 하나님의 꿈이 아니라면 뮬러는 하나님께서 그의 마음에서 그 생각을 은혜롭게 제거해 달라고 요청했다. 그는 하나님께서 아버지와 어머니가 없는 자녀들을 돌보시는 것을 기뻐하실 것이라는 것을 알았지만 하나님께서 그 일을 하는 도구로 자신을 원하실지는 몰랐다.

조지 뮬러는 고아원을 위한 지원, 계획, 또는 사람들을 요청하지 않았다. 그는 단지 하나님께서 그것이 그분의 뜻인지 확인해 주실 것을 구했다.

따라서, 조지 뮬러는 고아원을 위한 지원, 계획, 또는 고아원에서 일할 사람들을 요청하지 않았다. 그는 단지 하나님께서 그것이 그분의 뜻인지 확인해 주실 것을 간구했다.

그러나 1835년 12월 5일, 뮬러의 기도는 바뀌었다.

나는 시편 81편을 읽고 있었고 특히 그 어느 때보다 10절에 깊은 감명을 받았다. '네 입을 넓게 열라 내가 채우리라'(4절, ESV). 나는 이 말씀에 대해 잠시 생각한 다음 고아원을 위한 계획에 적용하기로 했다. 나는 주님의 뜻을 아는 것 외에는 주님께 아무것도 구하지 않았다는 사실에 충격을 받았다. 나는 무릎을 꿇고 입을 크게 벌리고 그분께 많은 것을 구했다. 나는 그분이 내 간구에 응답하실 시간을 정하지 않고 그분의 뜻에 복종하여 구했다. 나는 그분이 내게 집을 주시거나 누군가가 집세를 지불하도록 인도하시거나 이 목적을 위해 누군가가 영구적으로 줄 수 있도록 기도했다. 더 나아가 나는 그분께 천 파운드를 구했고, 마찬가지로 적당한 사람들이 아이들을 돌볼 수 있도록 구했다.

첫째, 뮬러가 먼저 자금을 위해 기도하지 않았다는 점에 주목하라. 그는 자신이 필요하다고 생각하는 긴 목록으로 시작하지 않았다. 대신 그는 하나님께 이 목적을 위해 뮬러를 사용하시기를 원하시는지 알려달라고 구했다.

둘째, 뮬러가 기도하기 시작했을 때 그는 기도하는 방법을 알았다는 점에 주목하라. 그는 문자 그대로 그의 입을 열어 그분의 종(從)인 그가 필요한 것을 구할 때 하나님께 영광을 돌려드리는 말을 했다.

18개월 후, 뮬러는 일기에서 마지막 5파운드가 고아원에 천파운드라는 하나님의 기부금을 채우기 위해 주어졌다고 자신의 일기에 기록했다. 1837년 6월 15일 뮬러는 다음과 같이 회고했다.

내가 간구한 순간부터 주님께서 그것을 완전히 허락하실 때까지 나는 그분께서 그 금액의 모든 실링(Shilling-영국의 구화폐 단위)을 주실 것이라는 것을 결코 의심할 수 없었다. 나는 그분이 내 요청을 들어주시리라는 확신을 가지고 미리 그분을 찬양했다.

뮬러는 수입을 얻을 수 있는 자연스러운 전망이 없다는 것을 알고 있었다. 그는 그 돈이 어떻게 올지 몰랐지만 하나님께서 그것을 공급하실 것이라고 믿었다. 그는 입을 크게 벌리면 하나님께서 채우실 것을 믿었다.

세 가지 기도 실수

나는 가끔 우리가 기도에 관한 한 세 가지 실수 중 하나를 저지르는 것이 아닌가 하는 생각이 든다.

첫 번째는 우리가 필요하다고 생각하는 것을 너무 빨리 달려들어 구하는 것이다. 우리는 우리가 원하는 것이 하나님께서 원하시는 것인지 생각할 만큼 충분히 오래 멈추고 기도하지 않는다. 그 결과 우리는 기도에 실망하고 우리의 꿈이 하나님의 뜻이 아닌지 의심하게 된다.

두 번째 잘못은 하나님께서 우리를 채우시고 우리를 통해 놀라운 방법으로 다른 사람들에게 복을 주실 수 있도록 우리의 입을 넓게, 정말로 크게 열지 않는 것이다. 하나님께서 원하시는 것이 무엇인지 알게 되면 그 계획을 성취하는 데 필요한 것을 구하는 것을 두려워해서는 안 된다.

세 번째 실수는 복이 올 때 하나님께 찬양을 드리지 않는 것이다. 당신은 얼마나 많은 복을 당연하게 여겼는가? 얼마나 자주 하나님께서 당신에게 좋은 선물을 주셨는가? 당신이 당신 자신에게 공로로 돌리는 것을 보시려고 주셨는가?

우리가 찬양으로 돌리지 않는 축복은 교만으로 바뀐다고 한다. 댈러스에서 하나님께서 우리를 축복해 주셨을 때, 나는 우리가 그럴 자격이 있거나 얻을 자격이 있다고 믿고 싶은 유혹을 많이 받았다.

하나님께서 원하시는 것이 무엇인지 알고 나면 그 계획을 이행하는 데 필요한 것을 구하는 것을 두려워해서는 안 된다.

신실한 기도의 열쇠는 당신과 내가 하나님께서 공급하고자 하시는 것을 얻을 자연스런 전망이 없다는 것을 아는 데서 찾을 수 있다. 모두 은혜이다. 그것은 모두 그분의 것이다. 당신의 모든 것과 당신이 가진 모든 것은 하나님의 은혜로 주어진 것이다.

나는 하나님께서 어떻게 당신에게 복주시기를 원하시는지 모르지만 댈러스의 성전처럼 당신의 삶 아래에는 하나님의 축복의 깊은 물줄기가 있다는 것을 안다. 하나님께서는 그 물줄기를 통해 당신에게 채우시기를 원하신다.

창세기 26장 2-5절에서 하나님께서는 이삭에게 나타나 블레셋 땅 그랄에 거주하라고 말씀하셨다. 그곳에서 그의 아버지 아브라함이 하나님의 율법을 충실히 지켰기 때문에 하나님께서 이삭을 축복하실 것이다. 이삭은 참으로 형통했지만 문제가 있었다. 블레셋 사람들은 아브라함의 모든 우물을 메웠다.

물은 이삭의 가족과 양 떼가 살아가는 데 필수적이었다. 그 땅에 거주면서, "이삭은 그 아버지 아브라함 때에 팠던 우물 곧 아브라함이 죽은 후에 블레셋 사람이 메웠던 우물들을 다시 열고 이삭이 그 우물들의 이름을 그의 아버지가 부르던 이름으로 불렀다"(창 26:18).

기도는 하나님의 복이 흐르는 통로이다.

어쩌면 오늘 당신의 기도는 "하나님, 아버지께서는 나를 큰 꿈을 꾸도록 창조하셨나이다. 하나님 크기의 꿈을 기도하도록 도와주시옵소서. 하나님의 뜻대로 하나님의 영광을 위해 어떻게 기도해야 할지 알기를 원하옵나이다."라고 기도할 것이다.

그렇지 않다면, 아마도 당신의 기도는 "하나님, 오늘 나는 하나님께서 그것을 채우실 수 있도록 입을 크게 열고 있나이다. 나의 입은 찬양과 감사가 흘러나올 수 있도록 열려 있나이다. 내가 다른 사람들을 축복할 수 있도록 하나님께서 원하시는 모든 것을 나에게 채워주시옵소서."라고 기도할 것이다.

또는 오늘 당신의 기도는 "하나님, 하나님께서는 하나님의 영광을 위해 나를 창조하셨나이다. 당신께서는 나에게 당신과 연결하고 하나님을 찬양할 수 있는 기도의 선물을 주셨나이다. 하나님의 생수가 나를 만족시킬 수 있고 하나님의 이름에 찬양을 돌릴 수 있도록 내 영혼 깊은 곳의 오래된 우물을 다시 열 수 있도록 도와주시옵소서."가 될 것이다.

지금은 기도할 때이다.
큰 꿈을 꾸라.
당신의 꿈이 하나님의 꿈인지 하나님께서 계시해 주시기를 기다리라.
필요한 것을 구하라.
하나님께서는 당신을 기다리고 계신다.

기도 원칙 #1:
하나님께서는 닫힌 입을 채우시지 않으신다.

2. 주 안에서 행복하라

"너희가 내 안에 거하고 내 말이 너희 안에 거하면 무엇이든지 원하는 대로 구하라 그리하면 이루리라"(요15:7).

앤드류 머레이(Andrew Murray)는 「그리스도의 영(The Spirit of Christ)」이라는 그의 작은 경건의 책에서 다음과 같이 말한다.

성령의 인도하심은 생각의 영역에서 시작되지 않는다. 성령께서는 그분의 집을 삶 그 자체 속에서 더 깊게 만드신다. 내면의 삶의 숨겨진 실험실에는 의지를 형성하고 우리의 영 안에서 품성을 형성하는 힘이 있다. 거기서 그분은 호흡하시고 움직이시며 인도하신다.

조지 뮬러는 하늘에 계신 아버지를 조용히 의지하며 살았다. 그는 하나님과 동행하고 하나님의 도움을 기대한다면 하나님께서 결코 그를 저버리지 않으실 것이라고 믿었다. 그는 또한 자신이 필요로 하는 모든 것을 하나님께 전적으로 의존하겠다고 다짐했다. 날마다 그는 주님을 신뢰했다. 날마다 하나님께서 그에게 공급해 주셨다. 때때로 그는 가족이나 고아원 아이들을 위해 빵을 살 돈이 없었다. 그러나 필요에 따라 하나님께서는 적절한 때에 찾아오셨다.

사람들은 종종 뮬러에게 "어떻게 이렇게 살 수 있나요? 이것은 매우 힘든 삶임에 틀림없어요. 당신은 이 삶에 지쳤을 거예요."라고 했다. 뮬러는 그의 자서전에서 이렇게 답변했다.

나는 이 일과 관련된 삶을 노력하는 삶이 아니라 매우 행복한 삶이라고 생각한다. 하나님의 도움과 축복을 기다린 후, 하나님으로부터 얻은 신선한 응답을 통해 종종 내 영혼에 흘러들어온 풍성한 평안과 하늘의 기쁨을 말로 다 표현할 수 없다. 그리고 내가 그분을 더 오래 기다려야 할수록, 또는 나의 필요가 더 클수록, 마침내 응답이 왔을 때의 기쁨은 더 커졌다. 그것은 하나님의 손을 더욱 분명하게 나타내기 위해 종종 매우 놀라운 방법으로 행해졌다.

이런 종류의 삶은 특별한 성도들만을 위한 것인가, 아니면 우리 모두에게 가능한가?

예수님께서는 그러한 행복의 열쇠가 그분 안에 거하는 것이라고 말씀하셨다. 그러한 삶은 우리 모두에게 가능할 뿐만 아니라 우리는 그러한 행복한 삶을 위해 창조되었다. 하나님의 계획은 우리 안에 거처를 만드셔서 필요가 생길 때마다 하나님께 간구하고 그 필요가 채워질 것을 믿을 수 있도록 하시는 것이다. 그렇지 않다면 우리는 하나님께서 그분의 때에 그것을 채우시거나 더 좋은 것을 우리에게 주실 것을 믿을 수 있다.

하나님을 큰 집처럼 생각하라. 예수님께서는 "내 아버지 집에 거할 곳이 많도다"(요 14:2)라고 말씀하셨다. 믿음의 삶은 그 집을 탐험하라는 초대이다.

아이러니하게도 많은 사람이 믿음에 의지한다면, 즉 기도에 더 많은 시간을 할애하고 묵상하는 일을 중심 과제로 삼는다면 자신이 성취감이 '낮은 삶'을 누리게 될까 봐 두려워한다. 또 그들은 자신의 영역이 제한되는 삶을 살게 될 것이라고 믿는다.

세상은 그렇게 생각하지만 사실은 그 반대이다. 예수님께서 말씀하셨다. "누구든지 목마른 사람은 내게로 와서 마시라"(요 7:37). 그분은 또한 "내 살은 참된 양식이요 내 피는 참된 음료로다"(요 6:55)라고 말씀하셨다.

당신 자신에 대해 알아야 할 가장 중요한 것은 당신이 하나님 안에서 살도록 창조되었다는 것이다. 당신에게는 영혼이 있다. 하나님의 위대하심과 능력과 공의와 거룩하심과 사랑을 마시지 않는 영혼은 목마름으로 죽을 것이다. 살아 계신 하나님께 매일 잔치를 베풀지 않는 영혼은 영양실조와 불만족으로 쇠약해질 것이다.

하나님 안에 거한다는 것은 당신이 그분의 영 안에서 마시고 그분의 참된 양식을 누리고 있는지 확인하는 일종의 명령과 관련이 있다. 그것은 시편 34편 8절(ESV)의 약속을 경험하는 삶을 사는 것을 의미한다. "오, 주님이 선하시다는 것을 맛보아 알지어다!"

당신의 삶에 명령하는 다섯 가지 아이디어

우리들 대부분은 결코 은둔 생활을 하지 않을 것이다. 그러나 아마도 우리는 다른 세계와 다르게 작동할 수 있는 일종의 규칙이 필요할 것이다. 여기 당신의 삶에 명령하는 다섯 가지 아이디어가 있다.

1. 매일 일찍 당신의 사적인 장소로 가라. 하나님께서는 당신의 모든 필요를 그분께 가져오기를 기다리신다. 하나님께서 은밀히 갚아주실 것을 믿으라. "너희가 내 이름으로 무엇을 구하든지 내가 시행하리니 이는 아버지로 하여금 아들을 인하여 영광을 얻으시게 하려 함이라"(요 14:13)고 말씀하시는 예수님을 믿으라.

2. "무엇을 하든지 마음을 다하여 주를 위하여 일하듯 하라"(골 3:23).

3. 때때로 하나님께서 당신을 새로운 것, 어쩌면 급진적인 것, 어쩌면 당신이 예상하지 못한 나이에 부르실 것을 기대하라.

4. 기회의 창이 항상 열려 있다고 기대하지 말라. 성령께서 당신에게 속삭이셔도 당신이 계속해서 그분을 밀어낸다면 하나님께서는 결국 다른 사람을 사용하실 것이다. 당신은 하나님의 음성이 어떤지 전혀 알지 못할지도 모른다. 기회의 창문이나 문이 열리면 그것을 받아들이라.

성령께서 당신에게 속삭이시는데, 당신이 그분을 계속해서 밀어낸다면 하나님께서는 결국 다른 사람을 사용하실 것이다.

5. 가난하거나 소외된 사람들을 돌보기 위해 매일 의로운 행동을 하라. 그렇지 않으면 예수님께서 항상 그런 사람들을 돌보셨기 때문에 당신은 그리스도의 영으로 살고 있지 않을 것이다. 당신은 상처받은 사람, 낯선 사람, 연약한 사람의 얼굴에서 그분을 만날 것이다.

예수님께서는 "내가 온 것은 양으로 생명을 얻게 하고 더 풍성히 얻게 하려 함이라"(요 10:10)고 말씀하셨다.

당신도 주님 안에서 매일 행복할 수 있다. 승리하고 능력 있는 기도의 핵심은 지속하는 것이다.

기도 원칙#2:
명령받은 삶은 풍성한 복을 가져온다.

3. 진정한 믿음

"믿음이 없이는 하나님을 기쁘시게 하지 못하나니 하나님께 나아가는 자는 반드시 그가 계신 것과 또한 그가 자기를 찾는 자들에게 상 주시는 이심을 믿어야 할지니라"(히 11:6).

2020년, 나는 프랑스의 64세의 한 남성이 2,500피트 상공에서 실수로 비행기에서 긴급 탈출했다는 뉴스 기사를 읽었다. 그가 회사 나들이를 하고 있을 때 그의 동료들이 전투기를 타고 폭주(暴走) 드라이브로 그를 놀라게 했다. 그의 심박수는 즉시 치솟았지만, 어쨌든 그는 비행기에 올랐다. 비행기가 지표면에서 4마일 위로 올라갔을 때, 그 사람은 당황해서 무언가를 잡으려고 손을 뻗었다. 불행하게도, 그것은 조종사의 비상 탈출 좌석 버튼이었다. 그는 비행기에서 뛰어내렸다. 다행히도, 그는 낙하산을 타고 지구로 안전하게 착륙했다.

삶이 무너질 때 당신은 무엇에 손을 뻗는가?

어떤 사람들은 술에 손을 뻗는다. 일의 스트레스, 경제적 불확실성, 관계 투쟁, 그리고 예측할 수 없는 미래는 모두 사람으로 하여금 술병을 잡게 한다. 다른 사람들은 뉴스에 도달한다. 스크린 타임(Screen time-컴퓨터, 텔레비전 또는 게임기와 같은 장치를 사용하는 시간-역주)은 조용한 시간이나 가족들과의 시간을 대체한다. 사람들은 2020-2021년 팬데믹 (Pandemic-세계적으로 유행하는 감염병으로 WHO가 선포하는 감염병 최고 경고 등급-역주) 이전에 이미 인터넷에 중독되어 있었다. 많은 사람이 끝없는 오락에 손을 뻗친다. 시리즈물을 폭식하거나 매일 밤 영화에 몰두하는 것과 같은 무감각함은 더 끌리는 것을 추구함으로 귀중한 시간을 빼앗기고 있다.

삶이 무너지면 많은 사람이 분노와 비난에 손을 뻗는다. 그들은 자신의 문제에 대해 다른 사람들을 비난한다. 팬데믹 기간 동안 가정 폭력이 폭발적으로 증가했고 여성과 어린이가 그 대가를 치렀다. 또한 총기 사망과 인종적 긴장을 통해 폭력이 고조되었다. 슬픈 사실은 기독교인이라고 주장하는 많은 사람이 비기독교인과 동일한 상황에 도달한다는 것이다.

당신은 어떤가? 당신은 당신이 가질 수 있는 가장 큰 힘의 원천을 이해하지 못했을 가능성이 있는가? 날마다 그리스도 안에 거하지 않음으로써 당신이 기도로 그분께 도달하기 전에 자연스럽게 다른 일에 도달하는 것이 가능한가?

예수 그리스도의 죽으심과 부활하심은 당신의 삶에 진정한 변화를 가져다줄 것이다. 그리고 하나님께서는 영원하고 무조건적인 사랑으로 당신을 사랑하시고 예수님께서 십자가에서 죄와 죽음과 절망을 이기셨다는 것을 아는 것보다 더 확실한 것은 없다. 당신이 두렵고, 외롭고, 불안할 때 어떤 것도 예수님의 손만큼 좋은 것은 없다. 살아 계신 하나님에 대한 진정한 믿음이 위기에서 일어설 수 있도록 도와줄 것이다.

하나님께서는 영원하고 무조건적인 사랑으로 당신을 사랑하시고 죄와 죽음과 절망을 십자가에서 물리치시기 위해 아들을 보내셨다.

첫 제자들은 겁이 없어 보였다. 어떻게 그들이 그렇게 대담한 믿음을 가졌을까? 사실은 그들이 항상 그랬던 것은 아니라는 것이다. 사실, 마가복음은 부활 직후에 그들의 믿음이 부족하였음을 보여준다.

마가복음 16장의 9절부터는 대부분의 학자들이 아마도 2세기 말이나 3세기 초에 추가되었다고 생각하는 부활 후 이야기가 있다. 이러한 믿음에는 타당한 이유가 있다. 예를 들어, 글의 어조가 마가의 그것과 다르며, 9-20절은 마치 막달라 마리아가 별로 중요한 인물이 아닌 것처럼 다시 소개한다.

의심에서 믿음으로

그러나 성경이 5세기에 정경으로 완성될 때, 이 이야기가 포함된 것은 복음이 전 세계에 전파되는 방식과 복음이 선포될 때 나타나는 기적에 대해 우리에게 가르쳐 주어야 하기 때문이었다. 그것은 또한 신뢰성을 준다. 누군가가 부활을 날조한다면, 즉 실제로는 부활이 일어나지 않았는데 일어난 것처럼 행동한다면, 그 사람이 얼마나 많은 사람이 그것을 의심했는지에 대해 말할까? 아니다. 그들이 그것을 지어냈다면 모두가 그것을 믿었고 제자들도 늘 담대한 믿음으로 함께했다고 했을 것이다.

성경이 실제로 말씀하는 내용은 다음과 같다.

"예수님께서 안식 후 첫날 이른 아침에 살아나신 후 전에 일곱 귀신을 쫓아내어 주신 막달라 마리아에게 먼저 보이시니 마리아가 가서 예수님과 함께하던 사람들이 슬퍼하며 울고 있는 중에 이 일을 알리매 그들은 예수님께서 살아나셨다는 것과 마리아에게 보이셨다는 것을 듣고도 믿지 아니하니라 두 제자에게도 나타나셨다, 그 후에 그들 중 두 사람이 걸어서 시골로 갈 때에 예수께서 다른 모양으로 그들에게 나타나시니 두 사람이 가서 남은 제자들에게 알리었으되 역시 믿지 아니하니라 만민에게 복음을 전파하라 그 후에 열한 제자가 음식 먹을 때에 예수께서 그들에게 나타나사 그들의 믿음 없는 것과 마음이 완악한 것을 꾸짖으시니 이는 자기가 살아난 것을 본 자들의 말을 믿지 아니함일러라 또 이르시되 너희는 온 천하에 다니며 만민에게 복음을 전파하라"(막 16:9-15).

예수님께서는 그들의 믿음이 없고 완악함을 책망하셨다. 그분과 함께 있었던 사람들, 삼 년 동안 그분을 따랐던 사람들은 부활을 믿으려고 정말 안간힘을 썼다. 그것은 그들이 확실히 믿지 않았던 사람들이었다는 것에 주목하라. 학자들은 이 이야기가 초대 교회의 시작과 관련이 있기 때문에 마가복음에 추가되었다고 생각한다. 많은 사람은 예수님을 믿었지만, 그들은 여전히 일종의 불신을 가지고 살았다. 삶의 일상적인 결정에서 예수님께서는 실제로 그렇게 큰 차이를 만들지 않으셨다.

이것은 '기능적 무신론'이라고 일컬어져 왔다. 사람들은 믿음의 말을 할 수 있지만, 그들의 행동은 그들의 믿음이 정말로 건강, 안전, 또는 편리함에 있다는 것을 보여준다. 많은 사람이 예수님의 이름을 주장하지만, 그들은 예수님께서 그렇게 하셨던 것처럼 가난한 사람들과 자신들을 동일시하지 않는다. 대신 그들은 힘 있는 사람들에게 끌린다. 그리스도인들은 예수님께서 그분 자신의 공동체를 형성하신 방식과 일치하지 않는 돈이나 리더십 모델에 지나치게 의존할 때 그리스도인들은 모임에서 사실상 불신을 나타내게 된다.

당신이 그리스도에 대한 진정한 믿음이 없을 때, 당신은 다른 것들에 손을 뻗을 것이다. 당신의 삶은 힘이 거의 없을 것이다. 복음을 선포하기 위해 세상으로 나아가는 당신의 사명은 곁길로 가게 될 것이다.

하나님께서는 진정한 믿음이 있는 사람을 찾고 계신다. 그분은

우리가 어려운 시기에 그분께 손을 내밀기를 원하신다.

　하나님께서는 진정한 믿음이 있는 사람들을 찾고 계신다. 믿음은 사명을 자극한다. 믿음은 우리가 그리스도의 능력을 완전히 붙잡을 수 있게 해주는 끈이다. 예수님께서는 우리가 그분께 대한 진정한 믿음과 신뢰를 갖기를 원하신다. 그분은 우리가 완벽하기를 바라지 않으신다. 그분은 우리가 그분의 뜻을 행하는 로봇이 되기를 원하지 않으신다. 그분은 우리가 진정한 믿음이 없이 여러 종교적인 규칙을 따르는 것을 원하지 않으신다.

　하나님 안에 거하는 것은 다르다. 거하는 것은 행동하는 믿음, 하나님과 대화하고 행하는 것이다. 어려울 때 하나님께 즉각적으로 다가가는 것이다. 예수님께서는 "너희가 내 안에 거하고 내 말이 너희 안에 거하면 무엇이든지 원하는 대로 구하라 그리하면 이루리라"(요 15:7)고 가르치셨다.

　무엇을 원하든 그것을 믿으면 이루어진다는 것이 어떻게 사실일 수 있는가?

　그것은 오직 믿음으로만 가능하다. 조지 뮬러는 자서전 초반에 믿음을 "창조주의 계시된 모든 완전성에 반응하는 피조물의 마음의 기질"로 정의했다. 즉, 피조물이 하나님 안에 거하고 모든 일에 주님의 뜻과 일치하는 만큼만 기도 응답의 약속이 성취될 것임을 기대할 수 있다.

이것은 많은 그리스도인들에게 그렇듯이 뮬러에게 추상적인 생각이 아니었다. 뮬러는 일생 동안 5만 번의 기도 응답을 받았다고 말했다. 그는 크고 작은 일에 대해 기도했다. 그는 풍족할 때와 위기의 날에 기도했다.

1857년 11월 말에 뮬러는 그의 첫 번째 고아원의 보일러에서 상당한 누수가 발생했다는 소식을 들었다. 그것은 영국 브리스톨의 혹독한 겨울을 결코 통과하지 못하게 할 것이다.

"나는 아이들이 몹시 걱정이 되었다." 뮬러는 한탄했다. 특히 어린 유아들이 난방이 없어서 고통받는 것을 원치 않았다. 하지만 "우리가 어떻게 하면 따뜻한 방에서 지낼 수 있을까?" 그는 몇 가지 해결책을 생각했지만 어느 것도 만족스럽지 않았다. "마침내 나는 지극히 자비로우시고 긍휼이 많으신 하나님의 장중(掌中- 마음대로 다룰 수 있는 권한이 미치는 테두리의 안-역주)에 온전히 들어가기로 결심했다. 나는 고장의 정도와 겨울을 나기 위해 보일러를 수리할 수 있는지 알아보기 위해 보일러실을 열었다."

작업을 시작하기 전에 보일러 불을 꺼야 할 것이다. 불행히도 첫 번째 위기를 악화시킬 두 번째 위기가 발생했다. 뮬러는 이렇게 썼다.

"수리 날짜가 정해지자 황량한 북풍이 불기 시작했다. 바람은 불을 끄려는 수요일 오후 이전 목요일이나 금요일에 불기 시작했다. 어떻게 해야 할까? 수리를 미룰 수는 없었다. 나는 주님께 두 가지, 즉 북풍을 남풍으로 바꾸어 주시고 각각의 일꾼에게 '일할 마음'을 주시기를 간구했다. 나는 느헤미야가 52일 동안에 예루살렘 성벽을 건축하는 동안 '백성들이 마음을 모아 일'했기 때문에 얼마나 많은 일을 해냈는지를 기억했다."

화요일에는 여전히 북풍이 불어왔다. 하지만 수요일에는 뮬러가 기도한 대로 바람이 정확하게 남쪽 방향으로 바뀌었다. 날씨가 너무 온화해서 불이 필요하지 않았다. 일하는 사람들은 아이들에 대한 뮬러의 염려에 대해 알게 되자 자원하여 밤새도록 일했다.

뮬러는 "여기, 그때" "기도와 믿음으로 극복한 우리의 어려움 중 하나"가 있다고 말했다.

믿음이 미치는 범위는 하나님의 강력한 손에 의해서 충족되었다.

뮬러는 가장 어두운 날에도 하나님을 신뢰하는 법을 배웠다.

그는 환경의 위기가 반드시 믿음의 위기일 필요는 없음을 보여준다.

당신은 지금 어떤 어려움에 직면하고 있는가? 가족이 걱정되는가? 건강이 위태로운가? 불임(不姙)이 당신의 마음을 짓누르는가? 당신은 어떻게 파괴적인 습관을 버릴 수 있는지 궁금한가?

바로 지금, 기도로 하나님께 다가가라.

기억하라, 예수님은 살아 계신다. 당신이 기도할 때 그분은 당신의 하늘 아버지 우편에서 당신을 위해 중보하고 계신다(히 7:25, 참조).

그분은 당신에게 응답하시기 위해서 기다리고 계신다. 당신은 그것을 믿는가?

기도 원칙#3:
믿음은 당신이 그리스도의 능력을 붙잡을 수 있게 하는 힘이다.

4. 필요 없는 집배원

"우리 가운데서 역사하시는 능력대로 우리가 구하거나 생각하는 모든 것에 더 넘치도록 능히 하실 이에게 교회 안에서와 그리스도 예수 안에서 영광이 대대로 영원무궁하기를 원하노라 아멘"(엡 3:20-21).

나의 첫 목회는 주로 농부, 소기업 소유주, 교대 근무자로 구성된 앨라배마 시골 교회였다. 멋진 경험이었다. 그 기간 동안 하나님은 놀라운 일을 행하셨다. 비록 교회에서 나에게 많은 사례는 하지 않았지만 사랑과 섬김으로 아낌없이 베풀어 주었다.

나의 아버지는 내가 그 작은 교회를 섬기던 시기에 중병에 걸리셨다. 우리는 아버지가 입원 중이시거나 물리 치료를 받고 계시는 버밍엄으로 왔다 갔다 하기 시작했다. 하나님께 우리에게 필요한 것을 공급해 달라고 기도했지만 어떻게 될지는 몰랐다.

아버지께서 진단을 받으신 다음 주일, 교인 한 분이 집에 찾아오셨다. 그는 나와 아버지가 겪고 있는 일에 대한 연민을 표현했다. 그는 나와 악수를 하면서 손바닥에 20달러짜리 지폐를 남겼다. 그 돈은 내가 버밍엄까지 갔다가 다음날 다시 돌아오는 데 충분한 금액이었다.

그 다음 주에 또 다른 사람이 이번에는 50달러짜리 지폐로 같은 일을 했다. 그 후 18개월 동안 사례는 인상되지 않았지만, 우리에게 필요한 모든 것은 예상치 못한 방식으로 공급되었다.

몇 번이고 하나님은 내게 필요한 것을 공급하실 뿐만 아니라 "우리가 구하거나 생각하는 모든 것에 더 넘치도록"(엡 3:20, KJV) 필요한 것보다 더 많이 공급하신다는 것을 보여주셨다. 그리고 하나님은 종종 놀라운 방법으로 그렇게 하신다.

예수님은 우리에게 '일용할 양식'을 위해 기도하라고 가르치셨다. 오늘날의 경제 생활에서 그것은 집세, 식료품, 그리고 다른 필수품들을 위한 충분한 돈을 의미한다. 예수님 시대에 '일용할 양식'은 말 그대로 '일용할 양식'을 의미했는데, 많은 사람들은 하루에 충분한 양식을 먹을 수 있을지 알지 못했다.

이 가르침은 이스라엘 백성이 광야에서 방황하는 동안 하늘에서 만나를 위해 하나님께 완전히 의존했던 때로 거슬러 올라간다(민수기 11장, 참조). 그것은 매일 아침 땅에 서리가 내린 것처럼 보였고, "꿀로 만든 햄버거와 같은 맛이 났다"(출 16:31, ESV).

하나님께서는 이집트에서 출애굽하여 약속된 땅에 들어갈 때까지 사십 년 동안 백성들에게 날마다 먹을 것을 주셨다. 문제는 그들이 하루 동안만 충분히 모을 수 있다는 것이었다. 그들이 그것을 저장하려고 하면 "구더기가 생기고 악취가 났다."(출 16:20, ESV). 유일한 예외는 그들이 안식일을 지키기 위해 안식일 전날에 두 배로 모을 수 있다는 것이다(출 16:23-24).

우리는 그런 삶을 이해하기가 어렵다. 우리는 우리의 필요가 제공되는 시스템에 몰두하고 있다. 그 결과 우리는 일상의 필요를 주님과 연결시키지 않는다. 우리가 필요로 하는 작은 것들, 예를 들면 지혜, 목소리를 낼 용기, 걱정으로부터의 자유, 우리가 사랑하는 사람들에 대한 하나님의 보호하심 등을 위해 기도하지 않는다. 우리는 다른 사람들이 그들의 매일의 빵을 먹도록 기도하지 않는다.

우리가 다른 사람들에게 줄 수 있도록 하나님께서 우리를 위해 충분한 것 이상을 제공하셨을지도 모른다고 생각하는 것에 감사한다.

하나님께서 우리의 공급자이심을 잊고 있기 때문에 우리의 삶이 불안과 좌절과 두려움으로 가득 차 있지는 않는가? 우리가 살아 계신 주님을 매일 신뢰하는 것을 배우지 않았기 때문에 하나님의 '측량할 수 없이 더 많은' 약속을 더 많이 경험하지 못하는 것은 아닐까?

우리는 하나님이 주시는 것에 감사하지도 않고, 하나님께서 다른 사람들에게 줄 수 있는 것보다 더 많은 것을 주셨다고 생각할 만큼 오래 생각하지도 않는다.

모험적인 삶을 살기

조지 뮬러는 자신의 재정에 대해 믿음의 모험적인 삶을 살았다. 그는 수천 명의 아이들을 위해 고아원을 여는 큰 꿈을 꾸었다. 뮬러는 하나님만이 공급해 주실 것을 믿었다. 그는 누구에게도 기부를 요청하지 않고 대신 기도하며 주님을 기다리며 하나님께서 제공하실 방법을 지켜보았다.

어느 날 고아원에 필요한 것이 엄청나게 많았다. 뮬러는 그날 쓸 비용이 없었기 때문에 고아들에게 빵과 우유를 제공할 수 있는 기부금이 있는지 우편물을 기다렸다.

1842년 3월 9일, 뮬러는 일기에 다음과 같이 썼다.

우리의 필요가 매우 컸고, 나의 영혼이 은혜를 통해 주님을 진정으로 기다리고 있었기 때문에, 나는 아침 동안 보급품을 기다렸다. 그러나 우편물은 배달되었고, 식량은 오지 않았다. 이것은 나를 조금도 낙담시키지 않았다. 나는 속으로 "주님은 집배원 없이도 보급품을 보내실 수 있다. 지금도 우편물이 왔음에도 불구하고 이 편지를 통해서는 아직 내 손에 돈이 없지만 하나님께서 응답을 보내셨을 수도 있다."

우편 집배원이 보급품을 배달하지 않자 뮬러는 계속해서 기도했다. 얼마 지나지 않아 다른 고아원으로 보내졌던 10파운드가 그에게 전달되었다. 그날의 비용으로 충분했다. 하나님은 놀라운 방법으로 자원을 공급하셨다.

나는 뮬러가 자금이 우편으로 오지 않았음에도 불구하고 "이것은 나를 조금도 실망시키지 않았다."라고 쓴 글귀를 좋아한다. 무슨 믿음! 뮬러는 하나님께서 "우리 가운데서 역사하시는 능력대로 우리가 구하거나 생각하는 모든 것에 더 넘치도록"(엡 3:20) 하실 수 있다고 믿었다. 고아들에게 식사를 제공할 자금이 제공되었다. 자금이 오고 있었다. 그는 기도를 계속하기만 하면 되었다.

우연? 행운? 이게 일회성 사건이라면 의심할 만한 이유가 있을 것이다. 그러나 뮬러는 반복해서 비슷한 경험을 했다.
가장 간단한 설명이 가장 그럴듯하다. 하나님께서는 우리의 기도를 들으시고, 우리를 돕기 기뻐하시며, 우리가 가장 필요할 때 도움의 손길을 보내신다.

세 가지 도전적인 질문

세 가지 질문으로 도전하겠다.

첫째, 당신은 정기적으로 하나님께 대한 당신의 완전한 신뢰를 인정하는가? 뮬러는 기도했을 때 그는 "명백히 응답된 기도는 깊은 겸손, 의식적인 무가치함, 완전한 자기 부정, 그리스도의 중보를 통한 하나님의 약속에 대한 단순하고 진지한 의지의 소산이었다."

당신은 당신의 필요와 하나님의 도움에 대한 의존성을 아는 정도까지만 하나님과 가까워질 것이다.

당신은 당신의 궁핍함과 하나님의 도우심에 대한 의존을 아는 정도까지만 하나님과 가까워질 것이다. 능력이 필요하다는 것을 모르는 사람에게는 능력이 흘러갈 수 없다.

매일 당신은 이렇게 기도할 수 있다. "하나님, 당신은 내가 얼마나 당신의 도움이 필요한지 알고 있나이다. 나는 하나님께 도움을 청할 자격이 없다는 것을 알고 있나이다. 그러나 하나님은 나를 사랑하시며 내가 필요한 모든 것을 하나님께 간구하기를 바라시나이다. 나는 스스로 모든 것을 할 수 있다는 생각의 자존심을 버리나이다. 오늘 당신과 하나님의 왕국을 섬기는 데 필요한 것을 공급해 주실 것을 믿나이다."

당신이 그렇게 하루를 시작할 때 하나님의 축복이 하나님의 손에서 나에게로, 심지어 당신의 손을 통해 다른 사람에게로 흘러갈 수 있다.

둘째, 오늘 당신은 구체적으로 무엇이 필요한가?

아마도 당신은 금전적인 도움이 필요할 수 있다. 아마도 당신은 당신이 직면한 결정에 평안이 필요할 수 있다. 아마도 당신은 방탕한 아들이나 딸을 집으로 데려오려면 하나님의 도움이 필요할 수 있다. 아마도 당신은 사업을 계속 유지하려면 하나님의 도움이 필요할 수 있다. 아마도 당신은 너무 외롭지 않게 도와줄 사람이 필요할 수도 있다.

당신이 필요로 하는 것을 구하는 것을 두려워하지 말라. 하나님께서는 당신이 구하거나 생각하는 것보다 "측량할 수 없을 만큼 더" 하실 수 있다는 것을 믿으라.

우리의 소망과 꿈이 무엇이든 하나님께서는 언제나 더 많은 일을 하실 수 있다. 하나님께서 당신을 통해 무엇을 하실 수 있는지 생각하라. 하나님께서 당신의 교회를 통해 당신의 지역사회에서 하실 수 있는 모든 일을 생각해 보라. 그것이 하나님께서 생각하시는 방식이다. 하나님께서는 당신에게 성령을 보내셔서 하나님의 꿈이 현실이 되는 것을 보게 하셨다.

"예수를 죽은 자 가운데서 살리신 하나님의 영이 너희 안에 거하시느니라 하나님이 그리스도 예수를 죽은 자 가운데서 살리신 것 같이 너희 안에 거하시는 이 성령으로 말미암아 너희 죽을 몸도 살리시리라"(롬 8:11).

당신 안에 계시는 하나님의 강력한 영은 생명과 도움과 희망의 근원이시다.

당신이 가장 필요로 하는 것을 말씀드려라. 하나님께서 당신의 기도를 들으시고 하나님께서 기꺼이 도울 준비가 되어 있으시다는 것을 믿어라.

셋째, 궁극적으로 도움을 기대하는 곳은 어디인가?

당신의 길을 주님께 맡길 때, 하나님께서는 당신이 생각지도 못한 곳에서 도움을 주실 수 있다. 하나님께서 어떻게 기도에 응답하시는지 지켜보라. 예상치 못한 곳에서 도움을 기대하라. 시편 기자는 이렇게 썼다.

"내가 산을 향하여 눈을 들리라 나의 도움은 어디에서 오는가? 나의 도움은 천지를 지으신 주께로다"(시 121:1-2, ESV).

도움은 산에서 오는 것이 아니라 산을 만드신 분에게 온다. 도움은 산의 힘에 있지 아니하고 산을 지으신 분께 있다. 하나님께서는 모든 것을 만드시고 모든 것을 소유하시며 모든 것을 허락하신다. 우편물이든 빵이든 넘치는 복이든 당신이 받는 모든 선물은 당신이 인정하든 그렇지 않든 주님의 손에서 나온다.

시편 50편 10절은 주님께서 '뭇 산의 가축'을 소유하신다고 말씀한다. 우리는 유한하고 제한적일 수 있지만 하나님께서는 풍부하고 무한한 자원을 가지고 계신다. 그분은 이렇게 말씀한다.

"나는 산의 모든 새를 알고 들판의 곤충도 내 것이다… 세상과 그 안에 있는 모든 것이 내 것이다"(시 50:11-12).

하나님께서는 넘치는 선물과 그 자원들을 우리에게 전달할 수천 가지의 전달 체계를 가지고 있으시다. 하나님께서는 미국 우편 서비스(U.S. Postal Service), 유나이티드 소포 서비스(United Parcel Service), 또는 페더럴 익스프레스(Federal Express)를 이용하실 수 있다. 그분은 벤모(Venmo), 페이팔(PayPal), 젤(Zelle) 또는 무수한 다른 수단들을 사용하실 수 있다. 하나님께서는 가족, 친구, 낯선 사람, 심지어 적까지 이용하실 수 있다.

"확신하라." 조지 뮬러는 이렇게 말했다. "그분과 함께 걸으

면서 그분을 바라보고 그분의 도움을 기대한다면, 그분은 결코
당신을 실망시키지 않으실 것이다."

기도 원칙 #4:
하나님께서 기도에 응답하시는 놀라운 방법들을 지켜보라.

5. 알파벳 기도

"항상 기뻐하라 쉬지 말고 기도하라 범사에 감사하라 이것이 그리스도 예수 안에서 너희를 향하신 하나님의 뜻이니라"(살전 5:16-18).

매주 화요일 아침, 나는 우리 교회의 필요한 것에 대해서 기도하기 위해 시간을 갖는다. 아침 약속이 있더라도 적어도 90분은 기도하는 것이 목표지만, 두 시간 동안 내가 생각할 수 있는 모든 것을 하나님께 가져가는 것이 목표이다.

때로는 산만함을 극복하기가 어렵다. 그래서 더 긴 시간을 계획하는 것이 중요하다. 나의 경험은 종종 내가 돌파구를 마련했다고 느끼기까지 30분 혹은 심지어 한 시간이 걸렸다. 하나님께서 나의 마음이 산만하고 근심하고 상한 마음을 진정시키시고 그분의 임재 안으로 기울어지도록 도우셔야 한다. 종종 나는 부담스럽고 지치기 시작하지만 활기차고 용기를 얻는다.

A부터 Z까지 기도하기

나는 이상하게 보일지 모르지만 내가 발견한 기도 습관을 사용한다. 매우 효과적이다. 알파벳으로 기도하는 것이다. 나는 A부터 시작하여 하나님의 성령께서 내가 기도해야 할 것을 생각나게 해달라고 구한다. 먼저 나는 이름이 A로 시작하는 성도들을 위해, 아파트에 사는 사람들에게 하나님의 도우심을 위해, 천사들이 우리 아이들을 지켜주시도록 기도한다. 그런 다음 B로 이동한다. 더 많은 침례(세례)와 청소년들의 복을 위해 기도한 다음 C로 대학 사역 등등으로 이동한다.

우리 교회의 주요 지도자 세 명이 있는데, 제이니(Jaynie), 잰(Jan), 짐(Jim)이기 때문에 J는 쉬운 것이다. 물론 아내 젠(Jen)을 위해서도 기도한다. 나는 X와 Z를 위해 무언가를 생각해내는 것이 힘들다는 것을 인정하겠다. 때때로 나는 기도의 미지의 인물 "X-factor"를 생각하며, 모든 것을 주님 앞에 가져오도록 도와주시고 이 핵심적이고 강력한 은사를 소홀히 하지 않도록 도와달라고 하나님께 간구한다. 한 친구는 Z를 위한 좋은 기도는 줌(Zoom-온라인 화상회의 플랫폼 중 하나-역주)이라고 추천했다. 너무 많은 사람이 온라인 도구를 사용하여 사람들과 원격으로 연결하는 데 어려움을 겪었기 때문이다. 우리 교회가 고립된 사람들을 하나되게 하시고 염두에 두도록 하나님께 간구하는 것이 급선무이다.

알파벳으로 기도하는 습관은 하나님께 너무 크거나 작은 것이 없다는 것을 인식하도록 도와준다.

알파벳을 통해 기도하는 연습은 하나님께 너무 크거나 작은 것이 없다는 것을 인정하는 데 도움이 된다. 모든 것은 기도의 문제이다. 무슨 일이든 중요하다면 모든 것이 중요하다.

때때로 나는 압도적으로 보이는 큰일을 위해 기도할 것이다. 나는 그 기도를 하나님 앞에 거듭거듭 들고 나갈 때 기도의 부담을 느낀다. 큰 항목을 위해 기도하는 것은 특히 내가 모든 일에 대해 하나님께 온전히 의존하고 있음을 기억하는 데 도움이 된다.

사도 바울은 그리스도인들이 끊임없이 기도해야 한다고 말했다. 예수님께서는 제자들에게 "항상 기도하고 낙심하지 말라"(눅 18:1)고 가르치셨다. 모든 일에 의미가 없다면 항상 그리고 지속적으로 기도한다는 것이 또 무슨 의미가 있겠는가?

조지 뮬러는 고아원을 여는 비전이 하나님께로부터 온 것이라고 믿었다. 그는 도움이 필요한 아이들을 돕고 싶었지만, 그 이상을 원했다. 그는 성경 전체에서 하나님께서 하셨던 것처럼 하나님께서 여전히 기도에 응답하신다는 것을 일상적인 사람들에게 '보이는 증거'를 제시하고 싶었다. 그러므로 뮬러는 모든 필요를 하나님께 가져갔다. 그는 결코 다른 사람에게 부족한 것을 공급해 달라고 요청하지 않았다. 대신에 그는 하나님께서 사람들을 감동시켜 주실 것을 믿었다. 그는 아이들의 가정에 관한 가장 작은 상황까지도 기도했다.

낮은 자세로 기도

뮐러가 간과한 중요한 기도가 하나 있었다. 그는 아이들의 집이 만들어지면 지원자가 많을 것이라고 당연하게 여겼다.

그러나 틀렸다. 첫 번째 고아원을 채울 시간이 되었을 때 지원자가 없었다. 하나도.

뮐러는 이 순간이 그를 기도로 하나님 앞에 '엎드려' 다시 한 번 고아원을 시작하게 된 동기를 검토하게 만들었다고 썼다. 그것이 그의 영광을 위한 것인가 아니면 하나님의 영광을 위한 것인가?

실제로 비전이 하나님의 영광을 위해 하나님께로부터 온 것임을 분별했기 때문에 뮐러는 "그것이 전체를 무위로 만들었음에도 불구하고 이 문제에서 하나님께서 영광을 받으시게 되어 내가 기뻐해야 한다고 내가 마음으로부터 말할 수 있었다"는 평안에 이르게 되었다. 다시 말해, 뮐러는 모든 기도와 계획과 준비를 마친 후에도 하나님께서 집을 세우지 않으실 목적을 가지고 계시더라도 여전히 하나님을 신뢰하고 하나님께서 더 큰 영광을 받으실 것이라는 믿음에 거할 것이다.

우리는 구체적으로 기도해야 한다. 우리는 하나님께서 방탕한 아들, 딸, 손주들을 집으로 데려오기를 원하시는지, 아니면 유혹에 대한 승리를 우리에게 주시기를 원하시는지 궁금해할 필요가 없다.

　모든 것을 하나님께 맡기는 삶에서 구체적인 기도가 흘러나온다. 그러나 우리는 모든 것을 하나님의 보좌 앞에 가지고 갔기 때문에, 우리는 또한 그분의 시간과 그분의 방법으로 우리의 기도의 간구를 해결하기 위해 하나님 안에 온전히 거하는 법을 배워야 한다. 우리는 기도의 결과를 하나님의 손에 맡겨야 한다. 우리는 무슨 일이 있어도 감사해야 한다. 하나님의 응답에 이르는 길에서 우리의 목적은 끊임없이 기도하는 것이다. 하나님께서는 우리의 거듭되는 기도의 응답을 연기하지 않으신다. 사실, 도전과 좌절은 또 다른 수준에서 기도하는 마음으로 하나님과의 신뢰와 참여를 제공한다.

　뮬러의 생애에서 이 일화를 읽으면서 나는 이런 생각이 들었다. "상황이 내가 믿는 대로 잘 풀리지 않을 때에도 나에게 하나님을 신뢰할 수 있는 충분한 믿음이 있는가? 내가 실망하는 순간에 하나님께서 내 소원을 들어주셨을 때보다 더 큰 영광을 받고 계신다고 믿는가?"

　짧은 시간 안에 첫 번째 지원자가 고아원에 도착했다. 그러자 지원자가 쇄도하여 사람들을 돌려보내야 했다.

하나님께서는 뮬러에게 무언가를 가르치고 싶으셨을 것이다. 아마도 하나님께서는 뮬러가 지금까지 하나님께서 하신 모든 일을 더 완전하게 인정하기를 원하셨을 것이다. 아마도 하나님께서는 뮬러가 교만하지 않도록 친밀한 교제 상태를 유지하기를 원하셨을 것이다.

선지자 하박국은 무거운 짐이 닥쳐올 때에도 믿음을 갖는 것이 무엇인지 알고 있었다. 그는 이렇게 썼다.

"무화과나무에 순이 없고 포도 열매가 없으며 감람나무가 흉년이 들며 밭에 먹을 것이 없으며 우리에 양이 없고 외양간에 소가 없을지라도 나는 여호와로 말미암아 기뻐하리로다. 나의 구원의 하나님으로 말미암아 기뻐하리로다"(합 3:17-18).

'낮추어진 자들은' 언제나 하나님의 강한 팔에 의해 다시 들어 올려질 것이다.

반면에 교만한 사람은 사다리에서 몇 개의 계단을 내려갈 것으로 예상할 수 있다.

자기를 높이는 자는 낮아지고 겸손한 자는 높아지리라(눅 18:14, 참조). 이 진리는 하나님 왕국의 중심에 있다.

극심한 어려움, 실패, 실망 또는 깊은 필요를 경험할 때, 바로 그때가 모든 것을 하나님 앞에 내놓을 때이다.

당신이 극도의 어려움, 실패, 실망, 깊은 필요를 경험할 때, 그때가 당신의 은밀한 기도 장소에 들어가 모든 것을 하나님 앞에 내놓아야 할 때이다. 지금은 몸을 낮추고 주님을 찾을 때이다. 하나님께서 당신의 마음에 역사하실 것이다. 그 일이 끝나면 당신은 다음 단계로 넘어갈 준비가 된 것이다. 준비와 정결의 시간을 거쳐 그 자리에 세우실 수 있는 분은 오직 하나님뿐이시다.

당신은 매주 규칙적이고 연장된 기도 시간을 갖고 있는가?
당신은 하루 종일 끊임없이 기도하는가?
당신은 모든 일에 기도하는가?

"무엇이든지 당신이 원하는 대로 구하면 그것이 당신에게 이루어질 수 있도록 살아 계신 하나님 안에 거하는가?"(요 15:7, ESV).

오늘 시작하라.

기도 원칙#5:
모든 것이 중요하기 때문에 모든 것을 기도로 하나님께 가져가라.

제2장

하나님을 향한 완전한 의존

6. 나는 부족함이 없을 것이다

"주님은 나의 목자시니 내게 부족함이 없으리로다"(시 23:1, ESV).

나는 목회자 훈련을 돕기 위해 탄자니아를 여러 번 여행했다. 나는 그곳의 목회자들이 일반적으로 미국의 목회자들보다 자원과 훈련에 대한 접근이 훨씬 적음에도 불구하고 그들의 믿음과 헌신에 항상 깊은 인상을 받았다. 그들은 교회를 돌보도록 부름을 받았을 때 기도하는 방법과 선한 목자를 신뢰하는 방법을 알고 있다.

내가 탄자니아 어디를 가든 길가에서 양 떼를 돌보는 사람들이 있었다. 그들 중 일부는 소를 가지고 있었지만 많은 사람들은 양과 염소를 가지고 있었다. 마사이족이라고 불리는 이 양치기들은 한 손에는 긴 지팡이를, 다른 한 손에는 창을 들고 다닌다. 그들은 지팡이를 사용하여 양을 인도하고 창을 사용하여 사자와 하이에나와 같은 포식자로부터 보호한다.

탄자니아의 집회의 주최 측은 나에게 마사이족에게 동물은 그들의 전부라고 말한 적이 있다. 나는 마사이족이 서로 인사할 때 스와힐리어나 다른 현지 언어로 "안녕하세요"라고 말하지 않는다는 것을 배웠다. 대신 그들은 "당신의 동물들이 잘 되길 바랍니다."라고 말한다.

나는 또한 마사이족이 그들의 양의 숫자를 세지 않는다는 것을 배웠다. 그들의 양을 숫자로 설명하기보다는, 대신에 그들은 색깔, 모양, 크기, 그리고 그것이 내는 독특한 소리와 같은 각 동물의 세부 사항을 알고 있다. 그들은 그들의 동물들에 대해 더 깊은 수준으로 알고 있다. 비슷하게, 양들은 그들의 마사이 목자에게 완전히 향한다. 양들은 양치기가 필요한 모든 것을 공급해 줄 것이라고 믿는다.

"나는 부족함이 없을 것이다."

시편 23편은 아마도 성경에서 가장 사랑받고 가장 잘 알려진 장일 것이다. 그것은 마음에 이야기하기 때문에 가장 많이 인용되는 성구 중 하나이다.

이 시편은 하나님께서는 양을 지키는 목자와 같아서 쓸만한 물가와 푸른 풀밭으로 인도하시는 분이라고 시작한다. 그런 다음 기록자인 다윗 왕은 주님께서 "내 영혼을 소생시키신다. 내가 가장 어두운 골짜기로 다닐지라도 주께서 나와 함께하신다."고 말씀한다. 시편은 하나님께서 다윗을 위해 행하신 선한 일들에 관한 것이다. 즉 그를 위해 상을 준비하시고, 그에게 기름을 바르시고, 그의 잔을 채우신다. 다윗은 "그분은 정말로 나에 대한 모든 것을 알고 계신다. 그분은 내가 필요한 것을 알고 계신다. 그분은 내가 필요한 모든 것을 제공하신다. 그리고 가끔이 아니라 항상 그렇다. 그분은 나를 먹이신다. 그분은 나를 좋은 곳으로 데려다주신다. 그분은 전적으로 신뢰할 수 있다."

이 시편은 장례식에서 수백만 명의 사람들에게 위로를 전했다. 하지만 그것은 또한 일상생활과도 관련이 있다.

이 시편은 장례식에서 수백만 명의 사람들에게 위로를 전했다. 하지만 삶의 끝이 아니라 일상에 관한 것일 수도 있지 않을까?

당신은 하나님께서 당신의 모든 필요를 공급하실 것과 이 세상 삶에서 당신이 원하는 것이 아무것도 없다는 것을 믿는가?

조지 뮬러는 그것을 믿었다.

때때로, 나는 그의 삶에 관해서 읽을 때, 약간 낙담한다. 비유하자면, 믿음이 자동차라면, 뮬러가 람보르기니를 타고 순항하는 동안 나는 포드 모델 T를 운전했을 것이다. 하나님에 대한 그의 믿음은 나의 '패스트 푸드' 믿음에 비하면 미식가의 식사였다.

나는 뮬러가 항상 그렇게 강한 믿음과 훌륭한 성격을 가진 사람이 아니었음을 알고 용기를 얻는다. 1800년대에 어린 소년이었던 뮬러는 종종 아버지의 물건을 훔쳤다. 그는 한때 호텔 요금을 내지 않았다는 이유로 감옥에 갇힌 적도 있다. 뮬러가 성경 대학에 다녔을 때 그는 성경 공부 모임보다 술집에 있었거나, 밀실에서 도박했을 가능성이 더 높은 사람이었다. 그는 또한 그리스도인의 믿음을 조롱했다.

요컨대, 뮬러는 하나님보다 자기 자신을 훨씬 더 신뢰했다.

하나님을 신뢰하는 법 배우기

한번은 뮬러는 친구의 초대를 받아 캠퍼스 밖 성경 공부에 참석한 적이 있었다. 뮬러는 나중에 그리스도인들을 놀리기 위해 가는 것이 흥미로울 것이라고 생각했다. 하지만, 그는 자신이 실제로 성경 공부를 즐긴다는 것을 알고는 놀랐다. 하나님의 말씀을 공부하고 성도들과 교제하며 기도할 때 느끼는 것에 비하면 그의 이전의 모든 즐거움은 하찮은 것이었다. "내가 집에 돌아왔을 때 무릎을 꿇었는지는 기억나지 않지만," 뮬러는 이렇게 말했다. "내가 침대에 평화롭고 행복하게 누워 있었다는 것을 나는 알고 있다." 그는 다음 날 밤에 또 다른 성경 공부에 참석했고, 그 다음 날에도 참석했다. 그는 다른 그리스도인들의 강력한 믿음과 그들이 단순하게 하나님을 신뢰하는 것을 보면서 변화되기 시작했다.

그의 삶의 변화는 즉각적이었다. 그는 술집에 가는 것과 그리스도인들을 조롱하는 일을 그만두었다. 그는 예배를 드리고, 성경을 읽고, 다른 사람들에게 하나님에 대해 이야기하는 데 더 많은 시간을 보냈다. 이것이 신앙생활의 시작이었다. 그러나 만물을 주관하시는 살아 계신 하나님에 대한 그의 신뢰가 싹트는 순간이 있었다.

뮬러가 그의 아버지에게 하나님이 자신을 선교사로 부르시는 것 같이 느꼈다고 말하자 그의 아버지는 격분을 했다. 그는 뮬러가 고투하는 선교사가 아니라 부유한 교구의 성직자가 되기를 원했고, 그가 그 길을 선택한다면 더 이상 학비를 지원하지 않을 것이라고 경고했다.

뮬러는 학비를 어떻게 내야 할지 모른 채 학교로 돌아갔다. 그는 그리스도인을 포함한 많은 사람이 어리석다고 생각할 수 있는 그런 일을 하기로 결심했다. 그는 무릎을 꿇고 하나님께 공급해 달라고 간구했다. 얼마 지나지 않아 뮬러는 학비를 충당하기에 충분한 유급 과외 일을 제안받았다. 뮬러는 놀랐다. 이것이 그가 하나님께 온전히 의존하게 된 시작이었다.

우리의 문제는 우리가 어떤 차원의 믿음을 가지고 있지만 다른 차원의 삶을 살고 있다는 것이다. 우리가 꼭 해야 하는 일일 스케줄, 재정 관리 방식, 또는 직업과 은퇴에 대한 생각에 의해서 우리의 행동이 다르게 나타나면서도 우리는 믿음의 언어를 사용할 수는 있다.

당신은 이렇게 말할지도 모른다. "하나님께서는 우리가 상식을 사용하기를 원하지 않으시는가? 하나님께서는 우리가 다른 사람들에게 짐이 되지 않도록 미래를 위해 저축하기를 원하지 않으시는가?"

하나님께서 우리에게 주신 모든 것은 지혜롭고 훌륭한 관리자가 되기를 원하신다는 것이 확실하다. 문제는, 어쩌면 복일지도 모르지만, 우리가 일반적으로 충분한 것 이상을 가지고 있다는 것이다. 우리는 일상의 빵이나 미래의 복을 하나님께 의지할 필요가 없을 정도로 많이 가지고 있다. 우리는 하나님의 선물이 넘치는 것이 다른 사람들이 필요로 하는 도움이 될 수 있다는 것으로 보지 않는다.

1856년 10월, 조지 뮬러가 나이가 들어가고 있을 때, 그의 친절한 기부자가 그의 은퇴 자금을 마련하도록 100파운드를 그에게 보냈다. 그때까지 뮬러는 자신의 미래를 위해 한 푼도 저축한 적이 없었다. 그는 하나님께서 그에게 일용할 양식을 공급해 주실 것을 믿었고, 그의 가족의 필요와 그가 돌보고 있는 고아들의 필요를 위해서 기도만 하고 있었다.

뮬러는 이렇게 회상했다. "하나님의 은혜로 나는 무엇을 해야 할지 조금도 망설이지 않았다. 나는 기부자의 큰 친절을 가장 높이 평가했지만, 이것은 하나님께서 그분 자신이 아닌 다른 것을 신뢰하도록 시험하시는 것으로 하나님께서 허락하신 것이라고 생각했다."

기부자에게 보내는 답장에서 뮬러는 다음과 같이 썼다.

나는 어떤 종류의 재산도 없고 사랑하는 아내도 없습니다. 나는 지난 26년 동안 복음 사역자로, 고아원의 원장과 다른 국내와 국외에서 성경연구기관의 책임자로서 단 한 푼의 정규 급여를 받지 않았습니다. 나는 무엇이든지 필요할 때 무릎을 꿇고 하나님께 필요한 것을 기꺼이 주시기를 간구합니다. 그러면 그분은 나를 돕기 위해 누군가의 마음에 그것을 넣으십니다. 그리하여 지난 26년 동안 나의 모든 필요는 충분히 공급되었으며 하나님께 감사하게도 나는 아무것도 부족한 것이 없다고 말할 수 있습니다 … 이 복된 삶의 방식에 대해 우리 중 누구도 지치지 않고 날마다 그 복을 더욱 확신하게 됩니다 … 이러한 상황에서 나와 가족을 위한 준비금으로 100파운드를 선물로 주신 귀하의 친절을 받아들일 수 없습니다.

뮬러의 편지를 받고 그의 마음을 이해한 그 기부자는 뮬러가 그 돈을 고아들을 위해 사용했으면 좋겠다고 답장을 보냈다. 그런 다음 그 기부자는 100파운드를 더 보냈고 나중에 100파운드를 더 보냈다.

당신은 그렇게 사는 것을 상상할 수 있는가? 시편 23편 1절의 말씀이 참되고, 당신의 믿음의 실제적인 표현이 된다면 당신의 삶은 어떻게 달라질까?

나는 당신에게 그 질문에 답을 줄 수 없다. 당신도 나를 위해 답을 줄 수 없다. 내가 아는 전부는 내 삶에서 일용할 양식과 미래의 필요에 대한 믿음의 부족이 부끄럽다는 것뿐이다.

하나님이시여, 나를 도와주소서. 하나님, 우리 모두를 도우소서.

조지 뮬러가 항상 대단한 믿음을 가진 사람은 아니었다. 하나님께서는 그의 마음을 바꾸셨다. 아마도 당신과 나도 너무 늦지 않앓을 수도 있다.

당신과 내가 남은 시간 동안 우리는 더 관대해지는 법을 배울 수 있을 것이다. 우리는 소유물을 좇는 것을 멈출 수 있다. 우리는 근본적으로 다른 사람들이 우리의 손을 통해 하나님의 복을 받지 못하게 하는 꿈을 놓을 수 있다. 우리는 은퇴를 다르게 계획할 수 있다. 우리는 더 무릎을 꿇고 하나님께 우리가 하나님의 방법으로 하나님의 돈을 쓸 수 있도록 우리에게 공급해 달라고 간구할 수 있다.

선한 목자를 신뢰하기에 아직도 너무 늦지 않았다.

시편 23편의 진리를 믿기

1800년대의 작자가 정확하지 않은 오래된 이야기가 있다. 영화와 텔레비전을 통해 오락을 즐기던 이전의 시절이었다. 대신에 사람들은 훌륭한 웅변가들과 이야기꾼들의 이야기를 듣기 위해 모였다. 그러던 어느 날, 역동적인 목소리를 가진 유명한 배우가 작은 마을을 여행했다. 마을 회관은 꽉 들어찼다. 그가 시를 읊은 후, 감격한 청중들은 몇 가지 요청을 하도록 초대받았다.

얼굴이 삶의 풍파에 찌들은 허약한 노인이 겁에 질려 손을 들어 "시편 23편을 낭송해 주시겠습니까?"라고 물었다.

배우는 한 가지 조건을 걸고 동의했다. 그가 끝나면 노인도 일어나 시편을 낭송하는 것이었다.

배우는 "주님은 나의 목자시니"라는 말로 시작했다. 그는 단어에 무게감과 억양을 불어넣어 사람들로 하여금 그늘이 드리워진 깊은 계곡을 상상하게 하고, 적들 앞에 놓인 테이블을 상상하도록 감동시켰다. 강력했다. 그가 낭송을 마치자 사람들은 기립박수를 보냈다.

그러자 시편을 요청한 사람이 일어났다. 그는 잘 생기거나 잘 차려입거나 웅변을 하지도 않았다. 그러나 그가 믿음과 감정으로 가득 찬 목소리로 낭송을 시작하자 군중은 조용해졌다. 그의 얼굴은 기쁨으로 빛났다.

그가 "내 평생에 모든 날에 선하심과 인자하심이 정녕 나를 따르리니 내가 주님의 집에 영원히 거하리로다"(시 23:6, ESV)라는 말씀으로 끝마쳤을 때 방안에는 군중이 눈물을 닦느라 손수건의 부스럭거리는 소리만 들렸다.

배우가 다시 말을 할 때에야 침묵이 깨졌다. "당신은 왜 목자가 주위의 다른 길이 아니라, 나를 따라오기를 원했는지 알고 있습니다."라고 그가 말했다. "당신들이 아시다시피, 나는 시편을 알고 있지만, 그-그는 목자를 알고 있습니다."

이것이 당신에게 개인적인 일인가? 당신은 하나님께서 당신의 모든 필요를 포함하여 당신을 친밀하게 아신다는 것을 알고 있는가?

오늘 시편 23편의 첫 구절을 의지하여 마음으로부터 기도하라. 진리가 당신의 영혼에 스며들 때까지 기도하라.

하나님께서 쉴만한 물가와 푸른 초장으로 인도하시도록 하라. 오늘도 하나님께서 당신의 영혼을 회복시켜 주시기를 기도하라.

기도 원칙 #6:
선한 목자께서 당신을 인도하시도록 할 때, 당신은 아무런 부족함도 없을 것이다.

7. 은밀한 친교

"너희는 가만히 있어 내가 하나님 됨을 알지어다 내가 민족들 사이에서 높임을 받고 땅에서 높임을 받으리라"(시 46:10).

2010년에 나는 목회자들과 함께 한국의 목회자들에게 배우기 위해 한국을 방문했다. 한국에는 세계에서 가장 큰 교회가 있다. 우리 목회자들은 한국교회가 어떻게 제자와 그룹을 늘리고 그러한 성공을 거두었는지 알고 싶었다.

미국에서는 10,000명 또는 15,000명의 교인이 있는 교회는 매우 큰 교회로 간주되지만 놀랍게도 한국교회에는 어떤 교회는 50,000명 또는 50만 명의 교인이 있다.

J목사가 세운 Y교회는 2010년 내가 그곳에서 예배를 드렸을 때 교인 수가 80만 명이 넘었다.

J목사는 교회성장 비결에 대해 끊임없이 질문을 받았다. 그럴 때마다 그는 종종 의외의 대답을 했다. 그는 세 손가락을 들어 올렸다. 한 번에 한 손가락을 세면서, 그는 말했다. "첫째, 기도! 둘째, 기도! 셋째, 기도! 그게 다예요!

J목사는 매일 기도할 시간이 거의 없다고 생각할 수도 있다.

그러나 그가 매일 2-3시간씩 기도했다는 것은 널리 알려진 사실이다. 주님께서 그의 손에 맡기신 모든 것을 감안할 때, 그는 지혜와 도움을 위해 더 오래 기도해야 한다고 생각했다.

그리스도인의 심장박동

기도는 결코 교회 성장을 위한 수단이 아니다. 도구 상자의 도구가 아니다. 오히려 그것은 건강하고 번성하는 교회의 DNA의 일부이다. 그것은 모든 진실한 그리스도인의 심장박동이 되어야 한다.

예수님을 따르는 모든 사람은 매일 고요한 시간을 보내며 하나님께서 하나님이심을 기억하고 지혜와 도움을 구해야 한다.

믿음의 한 가지 역설은 주님을 위한 분주함이 실제로 주님께로부터 멀어지게 할 수 있다는 것이다.

조지 뮬러는 영국 브리스톨에서 사역 초기에 자신의 삶에서 이러한 경향을 확인했다. 그는 1832년 4월 21일에 다음과 같은 일기를 썼다.

종종 주님의 사역 자체가 우리 자신의 영혼의 유익에 매우 중요한 그분과의 교제로부터 우리를 방해하는 시험이 될 수 있다. 19일에 나는 다트

머스를 떠나, 그날 많은 이야기를 나누고, 저녁에 설교하고, 그 후 8마일을 걷고, 그 후 약 5시간 정도만 자고, 다음날 다시 25마일을 여행하고, 두 번 설교하고, 그 외에도 매우 많은 이야기를 나누고, 11시에 잠자리에 들었고, 5시 전에 일어났다. 이 모든 것은 나의 몸과 영혼이 휴식을 필요로 한다는 것을 보여주며, 그러므로 내가 나의 형제들에게 주님의 사역에 대해 집중하지 않는 것처럼 보이더라도, 나는 기도하고 말씀을 읽을 수 있는 많은 조용한 시간을 가졌어야 했는데, 특히 그 날 내 앞에 긴 여정이 있었기 때문에 … 이것 대신에, 나는 몇 분간의 개인기도 후에 기도회에 서둘러 갔다. 그러나 아무도 단체 기도가 은밀한 교제를 대신할 것이라고 생각하지 말라. 한편, 그 후에 나는 사랑하는 형제자매들과 함께 있는 것을 강제로 철회하고 주님을 위해 간증을 해야 했을 때 … 내가 그들에게 주님과의 은밀한 교제가 필요하다고 말했지만, 나는 그렇게 하지 않고 마차가 올 때까지 그들과 대화를 나누며 시간을 보냈다.

뮬러는 주님을 위해 자신의 삶을 쏟아내고 있었다. 그러나 다른 활동과 마찬가지로, 그의 신앙적인 추구는 개인적으로 예수님의 면전에서 보내기 위한 필수적인 시간을 짜냈다.

이것은 내가 인정하고 싶지 않은 것 이상으로 나에게 일어났다. 25년간 사역한 후에도 여전히 바쁜 것이 나를 시험한다. 위험은 내가 헌신적이고 봉사하는 척하는 것이다. 그 순간 내 마음은 주님과 멀어질 수 있다. 나는 내가 하는 일이 매우 경건한 것처럼 보이지만 때로는 사람들을 예수님께로 이끌기보다는 무심코 나는 예수님으로부터 멀어지게 할 수 있다는 것을 발견했다. 나는 비즈니스적인 일을 사랑보다 더 중요하게 여긴다는 것을 보여준다.

그것은 또한 뮬러가 형제자매 모임을 떠난 후 느낀 것이다. 그는 "나 자신의 영혼은 양식이 필요했다. 그것을 가지고 있지 않았기 때문에 나는 야위었고 하루 종일 그 영향을 느꼈다. 그래서 나는 마차 위에서 언어장애인이 되었고 일부러 주머니를 가득 채웠음에도 불구하고 그리스도를 위해 한마디도 하지 않았고 소책자 한 장도 나눠주지 못하였다."

좋은 일에 너무 많은 시간을 보내는 것은 당신이 가장 좋은 일을 놓치게 할 수 있다. 하나님께서 당신의 손에 얼마를 맡기셨는가?

이 책의 머리글에서 배의 선장 이야기, 해도실의 기도 이야기, 기적적으로 걷힌 안개 이야기를 했다.

하나님을 최우선 순위로 모시기

우리 각자는 일종의 선장이다. 우리 모두에게는 하나님께서 주신 책임이 있다. 하나님께서 당신과 나의 손에 두신 관계, 임무, 기회가 있다.

주님 안에서의 깊고 지속적인 관계와 성령의 임재가 없다면 당신과 나는 그 책임을 잘 감당할 수 없을 것이다. 우리는 주님을 위해 바쁘게 보일지 모르지만 우리의 믿음을 나누거나 예수님의 이름으로 냉수 한 잔을 나누어 줄 기회를 놓치게 될 것이다.

무엇보다도, 우리는 하늘에 계신 아버지와 은밀한 교제라는 선물을 놓치게 될 것이다.

하나님께서는 "내가 열국 중에서 높임을 받으며 땅에서도 높임을 받으리라"(시 46:10)고 말씀하셨다. 다시 말해서, 그것은 당신의 가장 광적인 노력과 별개로 일어날 것이다. 예수님께서는 "내가 내 교회를 세우리니 음부의 권세가 이기지 못하리라"(마 16:18)고 말씀하셨다.

예수님께서는 결코 나에게 "브렌트야, 너는 나의 교회를 세울 책임이 있다. 나는 너의 능력과 두뇌와 희생적인 노력에 의지하고 있다."고 말씀하지 않으셨다. 예수님께서는 교회를 세우시는 분이다. 그분은 비전을 세우시고, 능력을 공급하시고, 성장하게 하신다. 그리하여 그분은 모든 영광을 받으신다.

그럼 우리의 역할은 무엇일까? 그렇다, 우리는 부지런하고 근면하게 봉사하라는 부름을 받았다. 나는 존 웨슬리(John

Wesley)가 "당신이 할 수 있는 모든 방법으로, 당신이 할 수 있는 모든 곳에서, 당신이 할 수 있는 모든 시간에, 당신이 할 수 있는 모든 사람들에게, 당신이 할 수 있는 모든 일을 하라"고 말한 것에 동의한다. 어느 날 우리는 "잘 하였도다 착하고 충성된 종아"(마 25:23)라는 말씀을 듣기를 원한다. 말하는 사람과 행동하는 사람 사이에는 큰 차이가 있다.

그러나 우리는 또한 사람들의 마음을 바꿀 수 없다는 것을 인식해야 한다. 우리는 하나님의 도우심 없이는 어떤 영향도 미칠 수 없다. 우리는 우리의 몫을 할 수 있지만, 하나님께서는 무거운 짐을 들어 주신다.

우리는 사람들의 마음을 바꿀 수 없다. 우리는 하나님을 떠나서는 어떤 영향도 미칠 수 없다. 우리는 우리의 역할을 할 수 있지만 무거운 짐은 하나님이 들어 주신다.

우리가 해야 할 일은 하늘 아버지의 마음에 가까이 있는 것이다. 우리는 기도하는 자세를 가져야 한다. 우리는 그리스도의 형상에 순응해야 한다. 우리가 이 신성한 일을 소홀히 한다면, 우리는 분명히 예수 그리스도의 왕국보다 우리 자신의 왕국을 추구하게 될 것이다. 우리는 걱정스러운 날들, 광란의 분주함, 그리고 방향 없는 행동의 결과를 곧 거둘 것이다.

하나님께서 당신에게 관리할 일을 더 많이 주실수록 당신은 여전히 기도하는 데 더 많은 시간이 필요하다. 그래야만 하나님께서 당신의 힘으로는 결코 볼 수 없는 것을 보여주실 수 있으시다.

놀라운 은혜를 찾기

프레드 크래독(Fred Craddock)이 소년이었을 때, 그는 월(Will)이라는 이름의 나이든 이웃과 인접한 농장에서 살았다. 6살 프레드는 80대의 남자에게 "월 할아버지! 할아버지는 교회에 가본 적이 있으신가요?"라고 물었다.

월이 대답했다. "교회에?, 나는 항상 교회에 있단다."

프레드가 말했다. "내 말은 교회에 다니시냐고 묻는 거예요."

"나는 매주 교회에 간단다." 월이 말했다.

"정말요," 프레드가 말했다. "어떤 느낌이에요?"

그의 이웃 월이 말했다. "너는 그것이 어떤 것인지 믿지 못할 것이다. 금색 문으로 걸어가서 은색 손잡이를 만지고, 문을 열면 100명의 목소리가 '어서 오세요, 월(Will)!'이라고 말한단다. 그리고 그 건물의 천장은 하늘의 천장처럼 푸르고 별들이 여기저기 흩어져 있단다. 그리고 천사를 포함하여 모두가 노래하고 있단다. 그것은 정말 믿을 수 없어. 내가 교회에 가냐고? 당연히 교회에 가지!"

프레드(Fred)는 윌(Will)의 교회에 간 적이 있었다. 교회는 약 60석이 앉을 수 있는 도색되지 않은 비막이 판자 프레임 건물이었다. 그 좌석들은 손으로 만든 것으로 낡았다.

프레드(Fred)는 윌(Will)이 자신이 볼 수 없는 것을 볼 수 있다는 것, 즉 종종 하나님께서 좋은 것을 위장해 놓으신다는 사실을 한참 후에야 깨달았다고 말했다. 당신이 그것을 보기 위해서는 눈을 그것에 맞추고, 기대치를 내려놓아야 볼 수 있다. 당신은 가만히 있어야 한다.

몇 년 후, 윌씨는 세상을 떠났다. 젊은 프레드와 그의 가족은 하나님께서 벽지에 있는 그 작고 겸손한 교회의 장례식에 참석했다. 그런데 예배가 시작되자 이상한 일이 벌어졌다. 합창단은 노래를 부르며 동요하기 시작했다. 회중이 합류했다. 그리고 갑자기 프레드가 고개를 들었다.

"알고 있나요? 천장은 파란색이었어요. 그리고 별들이 사방에서 빛나고 있었어요. 그리고 천사들의 사역자들이 윌 할아버지의 안식을 노래했었어요."

한 사람의 신앙의 가장 위대한 승리는 하나님을 위한 큰 임무를 성취하거나, 많은 영혼을 그리스도께 인도하거나, 하나님 나라를 위해 그 사람이 가진 모든 것을 파는 것이 아닐 수도 있다. 가장 큰 승리는 한 사람이 전능하신 분 앞에서 단순히 만족하고, 준비하고, 신뢰하는 법을 배울 때 올 수 있다.

그 고요한 그 자리에서 하나님께서는 교회를 성장시키실 수 있다. 하나님께서는 산을 옮기실 수 있다.

이 진리가 당신의 삶과 어떻게 교차하는가? 당신은 응답으로 무엇을 해야 하는가?

기도와 친교에 필요한 시간을 보낼 수 있도록 도와달라고 하나님께 간구하라. 당신의 하루를 재정비하여 하나님을 우선시하도록 하나님의 도우심을 구하라. 가만히 있으라.

기도 원칙 #7:
하나님께서 당신에게 관리할 일을 더 많이 주실수록 더 많은 기도의 시간이 필요하다.

8. 칠백 이십구 명의 영혼

"다시 한 번 주의 이름을 부를 수 있도록 우리를 소생시키소서"(시편 80:18, NLT).

나는 이상한 부활절 행진을 본 적이 있다. 이것은 꽃수레도, 봄에 입는 옷을 입은 아이들도, 알록달록한 계란도, 사탕도 없었다. 하지만 나는 그것이 부활 주일에 예수님을 미소 짓게 했을 종류의 행진이었다고 믿는다.

내가 댈러스에 있는 우리 교회로 들어가려고 가던 중, 나는 한 무리의 남녀가 일렬로 교회 문을 통과하는 것을 보았다. 나는 그들을 전에 본 적이 없었지만, 곧 그들이 지역 회복 센터에서 왔다는 것을 알게 되었다. 그날 부활절 아침, 한 직원은 그가 일하고 있음에도 불구하고 예배에 참석하기로 결정했다. 그는 회복 프로그램에 참여하고 있는 사람 중에 예배에 가기를 원하는 사람을 데려가도 되는지 내게 허락을 구했다.

그는 거의 60명의 남녀가 참여할 것이라는 것을 알지 못했다.

회복과 치료 프로그램을 통해, 이 여성들과 남성들은 새로운 시작을 모색하고 있었다. 그들의 삶은 종종 만신창이였지만 한 가지 좋은 점은 그들의 마음이 하나님의 음성을 잘 받아들이려고 했다는 것이다.

새로운 그리스도인들의 행진

그 부활 주일은 우리 교회의 2년의 복된 시작이었다. 매 주일, 앞뒤로 늘어선 남성과 여성의 무리는 우리 교회 건물까지 세 블록을 걸어왔다. 많은 사람이 매 예배가 끝날 때마다 제단에 나와서 도움과 소망과 치유를 위해 기도했다. 그들은 그들이 가장 가까운 사람들을 어떻게 대했는지 수치와 슬픔을 고백하며 그들의 가족을 위해 기도했다. 매주 새로운 사람이 침례(세례) 받기를 원했다. 점점 더 많은 사람이 그리스도께 돌아오리라 믿으며 우리는 침례(세례)를 주는 물통을 물로 가득 채웠다.

곧 우리는 예수님께서 들려주신 이야기를 중심으로 "이야기꾼"이라는 성경공부를 시작했다. 예를 들면 요한복음 4장에서 주님께서 우물가에서 사마리아 여인을 만나신 것과 같이 그룹 구성원들은 그들이 이야기에서 들은 것을 반복하도록 요청받았다. 처음으로 성경 이야기를 들었을 때 사람들의 반응을 보는 것은 매우 신선했다.

하나님의 말씀에 대한 믿음의 이야기는 처음 듣는 사람들에게 살아있는 이야기가 되었다.

2년 넘게 우리는 우리의 눈앞에서 변화하는 삶을 보았다. 그 부활절 아침 행렬은 수십, 수십 명의 새 신자들이 침례(세례)를 받는 꾸준한 흐름으로 발전했다. 그것은 부흥이라고 할 수밖에 없다.

당신은 그런 경험을 한 적이 있는가? 나는 그 부흥이 일어나는 것을 보면서 나의 믿음이 강해지고, 구원하는 복음의 능력에 대한 나의 믿음이 새롭게 되었으며, 예수 그리스도의 메시지를 더 잘 선포하게 되었음을 간증할 수 있다.

교회 부흥이 펼쳐지는 것을 보면서 내 믿음은 강해졌고 구원하는 복음의 능력에 대한 믿음이 새롭게 되었다.

조지 뮬러의 보살핌을 받은 아이들은 음식, 주거, 교육 등 다양한 직업에서 견습을 받았다. 그들은 또한 영적인 자양분을 받았지만 결코 예수 그리스도에 대한 믿음을 받아들이도록 압력을 받은 적은 없었다. 그러나 기도와 성경공부, 영적 상담을 통해 많은 어린이들이 뮬러의 사역을 통해 하나님의 사랑과 구원을 경험했다.

고아들을 위한 부흥

때때로 뮬러와 그의 동역자들은 고아원에 부흥이 오기를 기도 했다.

뮐러는 1871-1872년을 다음과 같이 회고한다.

고아들의 영적 상태는 일반적으로 우리에게 큰 마음의 슬픔을 안겨 주었
다. 이는 그들 중에는 그들의 영혼에 대해 진지하고 구원을 위해 주 예수님
의 속죄의 죽으심에 안식하는 사람들이 상대적으로 거의 없었기 때문이다.
이 슬픔으로 인해 우리는 보조원들, 사감들 및 교사들 및 모든 직원들에게
책임을 지우고 아이들의 영혼에 복을 주님께서 주시기를 간절히 구했다.

그 전체 사역자들이 아이들을 위해 기도하는 것을 상상해 보
라. 그들은 특별 모임에서 기도했다. 그들은 은밀히 기도했다.
그들은 간절히 기도했다. 그러자 하나님께서 진지하게 움직이
시기 시작하셨다. 불행하게도 그 움직임은 천연두가 창궐하는
와중에 일어났다.

뮐러는 이렇게 썼다.

1872년 1월 8일에 주님께서는 그들 가운데서 역사하시기 시작하셨고
이 일은 어느 정도 그 후에 계속되고 있었다. 새 고아원 3호실에, 천연두
가 그들의 손을 무겁게 얹고 주님께서 기뻐하실 때까지 기도했고, 그 동에
서 가장 적게 나타났다. 그때부터 성령의 역사가 일어나는 것을 그 건물에
서, 특히 한 부서에서 느꼈다. 1872년 7월 말, 나는 다섯 동의 모든 보모

들과 선생님들의 진술을 받았는데, 그들은 나에게 세심한 관찰과 대화 끝에 당시 우리가 돌보고 있던 고아들 중 729명이 주 예수님을 믿는다고 믿을 만한 충분한 이유가 있다고 보고했다. 이 믿음의 고아들의 수는 우리가 가졌던 그 어느 때보다도 훨씬 많으며, 우리는 이에 대해 주님을 경배하고 찬양한다! 주님께서 천연두로 인한 큰 시련을 어떻게 물리치시고 큰 복으로 바꾸셨는지 보라! 또한 우리를 간절한 기도로 이끈 비교적 어려운 상태 이후에 성령의 역사가 그 어느 때보다 더 분명하게 나타났다는 것을 보라!

은혜로, 종종 하나님께서는 당신을 기도해야 할 자리에 두실 것이다. 그곳에는 자신들이 회복되었다는 것을 알게 된 남성들과 여성들이 있을 것이다. 뮬러 고아원의 아이들과 사역자들도 마찬가지이다. 그것은 첫 번째 가족에게도 마찬가지였다.

아담과 하와의 범죄 이후 인류는 빠르게 혼돈 속으로 빠져들기 시작했다. 첫 인간과 그 가족에게 수치가 찾아왔다. 그들의 아들인 가인과 아벨은 격렬한 논쟁을 벌였다. 가인이 아벨을 죽였다. 하나님을 떠난 인간은 통제 불능 상태에 빠졌다.

성경은 이렇게 말씀한다.

"아담이 다시 자기 아내와 동침하매 그가 아들을 낳아 그의 이름을 셋이라 하였으니 이는 하나님이 내게 가인이 죽인 아벨 대신에 다른 씨를 주셨다 함이며 셋도 아들을 낳고 그의 이름을 에노스라 하였으며 그 때에 사람들이 비로소 주님의 이름을 불렀더라"(창 4:25-26).

이것은 누군가가 히브리인이나 기독교인이라고 불리기 전에 일어난 일이다. 모세와 아브라함과 선지자들 이전에 있었던 일이다. 예수님께서 이 땅에 오시기 전이었다. 하나님께로 돌아가는 인류의 여정은 사람들이 주님의 이름을 부르는 법을 배우면서 시작되었다.

하나님께로 돌아가는 인류의 여정은 사람들이 주님의 이름을 부르는 것을 배우면서 시작되었다.

부른다는 말은(곤경에 처했을 때) 외치거나 도움을 간청하는 것을 의미한다. 이것이 하나님의 귀에 닿는 기도의 마음이다.

하나님께서는 선지자 예레미야를 통하여 말씀하셨다. "너는 내게 부르짖으라 내가 네게 응답하겠고 네가 알지 못하는 크고 비밀한 일을 네게 보이리라"(렘 33:3). 하나님의 보좌에서 하나님께서는 은밀한 일에 대한 지혜와 지식을 나누어 주신다. 여기에서 부흥이 시작된다.

대각성이든, 제2의 대각성이든, 웨일스 부흥이든, 아주사 거리 부흥이든, 부흥은 사람들이 상한 마음으로 하나님께 부르짖으며 삶과 공동체의 변화를 갈망할 때 시작된다.

시편 80편에서 기록자 아삽은 그의 백성들의 끔찍한 상태에 대해 신음한다. 벽이 허물어졌다. 야생동물들이 거리를 뛰어다닌다. 덩굴이 베어졌다. 마지막으로 아삽은 "우리가 다시 한 번 당신의 이름을 부를 수 있도록 우리를 구하소서"(시 80:18, NLT)라고 외친다. 또 다른 번역(ESV)은 "우리에게 생명을 주소서"라고 말씀한다.

우리 모두는 부흥이 필요하다

어떤 사람이든, 어떤 교회든 주님의 이름을 부름으로 부흥이 있어야 한다. 어떤 생명, 영혼의 소생이 있어야 한다. 이것은 성령만이 할 수 있는 일이다.

부흥은 하나님에 의해서 먼저 부흥된 사람들을 통해서 올 수 있다. 사람들이 다시 주님의 이름을 부를 수 있도록 하나님께서 이미 창조하신 것에 자극이 있어야 한다.

당신의 교회에 부흥이 일어나는 것을 보고 싶은가? 당신의 영혼에서 부흥이 시작되기를 원하는가?

우리 모두에게는 신선한 자극이 필요하다. 성령과 새로운 만남이 필요하다. 그럴 때 우리는 주님의 이름을 부를 수 있다.

내가 주님 앞에 섰을 때, 예수님께서 다음과 같이 묻지 않으실 것이라고 믿는다. "브렌트(Brent)야, 너는 설교를 열심히 하고 즐겁게 했는가? 나에 대한 책을 많이 썼느냐?"라고 묻는 대신에, 나는 그분께서 다음과 같이 물으실 것이라고 믿는다. "너는 이 땅의 남성들과 여성들이 내 이름을 부르는 것을 돕기 위해 너의 마음을 쏟았느냐? 너는 사람들을 기도하도록 이끌었느냐?"

기도하기에 너무 늦지 않았다

짐 심벌라(Jim Cymbala) 목사는 그의 책 「신선한 바람, 신선한 불」에서 그의 큰딸인 크리시(Chrissy)에 대해 쓰고 있다. 그녀는 자라면서 모범적인 아이였지만, 열여섯 살이 되었을 때, 그녀는 하나님으로부터 멀어지기 시작했다. 심벌라 부부는 종종 그들의 딸이 어디에 있는지 궁금해했다.

상황이 악화되고 크리시가 나쁜 영향의 희생양이 되자 짐은 모든 것을 시도했다. 그는 그녀에게 간청하고, 말다툼하고, 돈으로 그녀를 통제하려 했다. 아무것도 효과가 없었다. 심벌라는 딸이 덜 유혹적인 환경을 가질 수 있도록 뉴욕을 떠날 생각을 했다.

한 목회자는 짐(Jim)에게 그렇게 열심히 노력하는 것을 그만

두고 크리시(Chrissy)가 하고 싶은 일을 하게 해야 한다고 그는 그 사실을 받아들여야 한다고 조언했다. 짐은 그의 말을 믿기를 거부했다. 그는 더 간절히 기도하겠다고 다짐했고 다른 사람이 아닌 오직 하나님께만 이야기했다. 그는 하나님께서는 손을 뻗으셔서 크리시의 마음을 바꾸실 수 있다고 믿었다.

몇 달 동안 그는 상한 마음으로 기다리고 또 기다렸다. 마침내 어느 화요일 밤 브루클린 태버내클(Brooklyn Tabernacle, 심벌라 목사가 시무하는 교회-역주)의 기도회에서 안내인이 짐에게 쪽지를 건넸다. 한 젊은 여성이 "심벌라 목사님, 저는 우리가 모임을 중단하고 모두 당신의 딸을 위해 기도해야 한다는 느낌을 받았습니다."라고 썼다.

심벌라 목사는 소수의 사람들에게만 무슨 일이 일어나고 있는지 말했지만, 그제서야 그는 자신의 마음을 성도들과 나누고 싶은 마음이 들었다. 그는 "문제의 사실은 내가 그것에 대해 많이 이야기하지 않았지만, 내 딸이 요즘 하나님과 매우 멀리 떨어져 있다는 것입니다. 그 아이는 위가 아래이고 아래가 위, 즉 어둠은 밝고 빛은 어둡다고 생각합니다. 하지만 나는 하나님께서 그 아이를 뚫고 나가실 수 있다는 것을 알고 있기 때문에, 나는 칼로 보크 스타프(Carlo Boekstaaf) 목사에게 크리시를 위한 기도로 우리를 인도해 달라고 부탁하려고 합니다. 성전을 가로질러 모두 손을 잡읍시다."라고 말했다.

기도실은 노동의 방이 되었다. 사람들은 크리시를 위해 주님께 "사탄은 이 소녀를 가질 수 없을 것이다."라고 신음하며 부르짖었다.

그로부터 32시간쯤 후에 짐(Jim)이 면도를 하고 있을 때 그의 아내 캐롤(Carol)이 소리쳤다. "아래층으로 내려가세요! 크리시가 왔어요! 그녀가 보고 싶었던 것은 당신이에요!"

그는 딸이 부엌 바닥에서 흐느끼는 것을 발견했다. "아빠, 아빠." 딸 크리시가 말했다. "나는 하나님께 죄를 지었어요. 나는 나 자신에게 죄를 지었어요. 나는 아빠와 엄마에게 죄를 지었어요. 나를 용서해주세요." 그러자 그녀는 갑자기 뒤로 물러나서 말했다. "누가 나를 위해 기도하고 있었나요? 누가 나를 위해 기도하고 있었나요?"

그는 물었다, "무슨 뜻이야, 크리시?"

"화요일 밤에, 아빠, 누가 나를 위해 기도했어요? 한밤중에 하나님께서 나를 깨워서 내가 이 심연을 향해 가고 있다는 것을 보여주셨어요. 거기에는 끝이 없었어요. 그것은 나를 무섭게 했어요. 나는 너무 놀랐어요. 내가 얼마나 힘들었는지, 얼마나 잘못되었는지, 얼마나 반항적이었는지 깨달았어요. 그러나 동시에 하나님께서 나를 감싸 안고 꼭 안아주시는 것 같았어요.

그분은 '나는 여전히 너를 사랑해!'라고 말씀하시면서 나를 더이상 미끄러뜨리지 못하게 하셨어요. 누가 화요일 밤에 나를 위해 기도하고 있었나요?"

기도에 큰 능력이 있음을 믿자. 우리 자신의 영혼을 위해 기도하자. 잃어버린 자들을 위해 기도하자. 전에 없던 불쌍히 여기는 마음으로 하나님께 부르짖자.

하나님만이 하실 수 있는 일을 하나님께서 하시듯 우리의 삶과 교회의 한가운데를 행진하는 퍼레이드가 펼쳐지도록 기도하자.

주여, 주님의 이름을 다시 부를 수 있도록 우리를 부흥시켜 주소서.

기도 원칙 #8:
때때로 하나님께서는 당신이 기도해야 할 자리에 당신을 두신다.

9. 우리는 하나님을 믿는다

"너는 마음을 다하여 여호와를 신뢰하고 네 명철을 의지하지 말라. 너는 범사에 그에게 복종하라 그리하면 네 길을 지도하시리라"(잠 3:5-6).

빌리 그레이엄(Billy Graham)은 한때 작은 마을에 있었고 우체국으로 가는 길을 찾고 있었다. 한 소년이 그곳에 가는 방법을 알려 주었고, 그레이엄은 그날 저녁 그의 십자군 운동에 그 젊은이를 초대했다. "천국에 가는 방법을 모든 사람에게 말하는 것을 들을 수 있단다."라고 그는 소년에게 말했다. 그러나 소년은 "당신은 우체국 가는 길조차도 모르시네요"라며 거절했다.

당신은 누구를 신뢰하는가?

대부분의 사람들은 가족, 친구, 목회자, 상담사, 재정 고문 또는 이웃으로부터 도움을 받는다. 그들은 이 사람들이 올바른 방향을 가리켜 줄 것이라고 믿는다. 당신은 그런 지인이 있을지도 모른다.

또한 재정 상황, 교육, 경력, 성공 또는 인생 경험에 어느 정도 신뢰를 둘 수 있다. 이런 것들을 추구하고 다른 사람들의 도움을 구하는 것은 잘못된 것이 아니다. 문제는 당신이 하나님에 대한 당신의 신뢰에서 벗어나는 방식으로 이러한 것들에 의지하기 시작할 때 온다.

하나님께서 조지 뮬러의 고아원 일을 확장하기 시작하셨을 때, 뮬러는 모든 것에 대해 하나님을 신뢰하기로 결심했다. 처음 17년 동안 뮬러가 받은 가장 큰 기부금은 100파운드(오늘날 돈으로 약 16,000달러)였다. 그것은 많은 것 같지만 매년 수백 명의 고아들이 그의 보살핌을 받았다. 그는 결코 사람들에게 돈을 요구하지 않았다. 살아 계신 하나님께 대한 믿음과 기도가 그의 유일한 전략이었다.

뮬러는 이렇게 썼다. "주님께서는 나를 격려하시고 고아들을 위해 500파운드의 기부금을 주심으로 내 믿음을 성장시키는 것을 크게 기뻐하셨다. 그 기간 동안 나는 한 번에 100파운드 이상 받은 적이 없었다."

큰 복이었다. 그 선물을 주면서 기부자는 뮬러에게 그 금액을 투자하여 그로부터 나오는 이자만 사용하라고 제안했다. 그의 생각은 얼마의 기금, 재산 또는 기타 자원을 비축하지 않고는 미래에 고아원을 지원할 수 있는 방법이 없다는 것이었다.

하나님을 신뢰하라

1850년 당시 뮬러는 두 개의 고아원만 운영했다. 기증자는 단지 제안을 했을 뿐이고, 뮬러는 그 돈을 받아 세 번째 고아원에 적용하여 30명의 고아를 더 받을 수 있었다.

뮬러는 그 사역의 시기와 믿음의 발걸음을 돌이켜보며 이렇게 말했다.

그 이후로 일은 점점 더 증가하고 있었다 … 자, 내가 17년 전에 본성에 따라 문제들을 보면서, "두 개의 자선 학교로 충분하다, 나는 더 이상 나가면 안 된다."라고 말했다면, 그 일은 거기서 멈췄을 것이다. 아니면 내 노력이나 친구들에 대한 신뢰가 조금만 더 있었다면 기껏해야 한두 걸음 더 나아갔을지도 모른다.

그러나 나는 나의 타락한 본성에 따라 사물을 보지 않았고, 나의 그리스도인 친구들의 모임을 신뢰하지 않았으며, 대신에 살아 계신 하나님을 신뢰했다. 그 결과 1834년 이래 다양한 주간 학교, 주일 학교, 성인 학교에서 우리의 가르침 아래 1만 명의 영혼이 있었다. 수백 명의 고아들이 길러졌다 … 수십만 장의 전도지와 수천 권의 하나님의 말씀이 배포되었다 … 그리고 각각 아버지도 없고 어머니도 없는 300명의 가난한 고아들을 수용하기 위해 집이 지어졌다. 그러므로 상황이나 친구들이 아니라 하나님을 믿고 그분을 믿는 것은 얼마나 복받은 일인가!

뮬러의 삶은 믿음의 그림이다. 이것이 진정한 신뢰의 모습이었다. 뮬러의 선택이 당신의 선택과 같을 것이라는 의미는 아니지만, 당신은 그가 매일의 필요와 미래의 사역 확장을 위해 정말로 하나님을 믿었다는 것을 부인할 수 없다.

조지 뮬러는 매일의 필요와 그의 사역의 미래 확장을 위해 정말로 하나님을 믿었다. 이것이 진정한 신뢰의 모습이다.

뮬러는 예수님을 믿고 그분의 삶을 모델로 삼았다. 예수님도 하늘에 계신 아버지를 신뢰하셨다. 오스왈드 체임버스(Oswald Chambers)는 그의 고전적인 묵상집인 「주님은 나의 최고봉」(My Utmost for His Highest)에서 다음과 같이 썼다.

우리 주님께서는 아무도 신뢰하지 않으셨다. 그러나 그분은 어떤 사람에 대해서도 의심하지 않으셨고, 비통해하지 않으셨으며, 결코 절망하지 않으셨다. 그분은 하나님의 은혜가 모든 사람을 위해 할 수 있는 일을 절대적으로 신뢰하셨다. 사람을 먼저 믿으면 모든 사람에게 절망하게 될 것이다. 나는 결코 될 수 없는 존재인 인간이 절대적으로 옳다고 주장했기 때문에 씁쓸해 질 것이다. 당신 자신이나 다른 사람 안에 있는 하나님의 은혜 외에는 어떤 것도 신뢰하지 말라.

믿음은 당신의 모든 무게를 일부분이 아니라 전적으로 예수님께 기대는 것이다. 나는 내 자신의 이해와 타고난 재능에 너무 오랫동안 기대어 왔다. 나는 하나님을 믿었어야 할 때 사람들을 믿었다. 어떤 면에서는 내가 다른 사람이나 사물을 지나치게 신뢰하고 있다는 사실조차 깨닫지 못했다. 그러나 나의 불안은 하나님의 영원하고 절대적인 성품을 신뢰하기보다는 일시적이고 불완전한 것에 지나치게 기대는 마음을 드러냈다.

일시적이고 불완전한 것에 의지하기보다 우리는 하나님의 영원하고 절대적인 성품을 신뢰해야 한다.

나는 다르게 살기를 원한다. 나는 내가 하나님을 의지하기보다 육신을 너무 많이 신뢰하고 있다는 것을 드러내 주시기를 하나님께 간구했다. 나는 목록을 만들었다. 때때로 나는 그 목록을 검토하고 하나님께서 그분의 영을 통해 내가 그분을 더 신뢰하도록 돕기 위해 무엇을 하셨는지 생각한다. 또한 살아 계신 하나님께 대한 신뢰가 부족한 영역이 얼마나 많은지도 깨닫는다.

세 가지 방향과 하나의 약속

잠언 3장 5-6절은 따라야 할 긴급한 세 가지 지침과 한 가지 놀라운 약속을 설명한다.

- "너는 마음을 다하여 여호와를 신뢰하라." 하나님에 대한 더 깊고 지속적인 신뢰를 달라고 하나님께 간구하라. 당신이 사물과 사람을 신뢰하고 있다는 것을 드러내 주시기를 하나님께 간구하라. 하나님께서는 당신이 마음을 다해, 즉 감정과 의지와 열정을 다해 그분을 신뢰하기를 바라신다.

- "네 명철을 의지하지 말라." 당신은 유한하지만 하나님께서는 무한하시다. 당신으로 하여금 하나님의 뜻을 구하지 못하게 하고, 시대적 불확실성을 신뢰하게 하는 것은 무엇인가? 매일 성경에 대한 이해를 구하라. 날마다 성령의 지혜를 구하라.

- "너는 범사에 그를 인정하라"(ESV). 당신이 가진 모든 것에 대해 하나님께 감사하라. 하나님의 은혜에 감사드리라. 당신은 그럴 자격이 없었지만 그럼에도 불구하고 하나님께서는 그것을 주셨다. 계곡을 통과할 때 하나님의 임재를 의식하라. 그분께 말씀하라. 그분께 복종하라. 그분께 도움을 청하라.

- "그분께서 네 길을 지도하시리라." 무슨 약속인가. 쉽지도 않다. 짧지도 않다. 똑바르다. 당신의 삶을 위한 올바른 길이다. 하나님을 신뢰하는 사람들에게는 올바른 길을 보여주실 것이다.

케이시 디아즈는 「총을 쏘는 소집자」라는 책에서 그의 인생 이야기를 들려준다. 디아즈는 로스엔젤레스 중남부에서 한 갱단에 속해 있었고 결국 2급 살인 혐의로 13년 형을 선고 받았다. 피치스 구치소에서 디아즈는 "총을 쏘는 사람"이라고 불려졌다. 그는 그의 갱단을 위해서 누가 칼을 들어야 하고 누가 공격을 해야 하는지에 대해 결정을 내렸다. 그는 사람을 죽이는 사람으로 찍혔었다.

　디아즈가 다른 감옥으로 이송되었을 때, 교도관은 네가 총격범이라는 것을 안다고 말했다. 그래서 교도관들은 그를 가로 8피트 세로 10피트의 창문 없는 독방에 가두었다. 디아즈에게는 TV, 라디오, 책이 없었다. 그는 식사가 나오는 시간의 흐름만을 알고 있었다.

　약 1년 후, 그는 교도관들이 감방으로 와서 "개신교 예배에 가고 싶은 수감자는 문 옆에 서세요."라는 말을 들었다. 그러나 디아즈는 종교를 원하지 않았다. 그는 예수님에 대해 아무것도 몰랐다.

"예수님께서는 당신을 사용하실 것이다."

　한번은 그가 침대에 누워 있을 때 밖에서 나이 든 여성의 목소리를 들었다. "그 감방에 사람이 있나요?" 그녀가 물었다. 그녀는 남부 특유의 목소리를 내며 끈적끈적한 느린 말투로 말했다.

"예, 부인." 교도관이 말했다. 당신은 디아즈를 상대하고 싶지 않잖아요. 만약 당신이 그를 상대하기 원한다면 당신은 시간을 낭비하고 있는 것입니다."

그녀는 "글쎄요"라고 말했다.
"예수님은 또한 그를 위해 오셨습니다."

그녀가 디아즈에게 "잘 지내세요?"라고 물었다.

"이보다 더 좋을 순 없어요."라고 그가 빈정거리며 대답했다.

"젊은이," 그녀가 말했다, "나는 젊은이를 위해 기도할 거에요. 그러나 내가 젊은이에게 말하고 싶은 다른 것이 있어요. 예수님께서는 젊은이를 사용하실 거에요." 그때쯤 그는 그녀가 미쳤다고 확신했다. 결국, 그는 독방에 갇혔다. 하지만 그녀는 고집을 부렸다. "젊은이, 내가 여기 올 때마다, 나는 예수님께서 젊은이를 사용하실 것이라는 것을 젊은이에게 상기시킬 거에요."

약 1년 후, 케이시 디아즈는 그의 감방에 누워 있었고, 그가 어렸을 때 로스앤젤레스에 있는 그의 옛 동네를 걷고 있는 자신의 모습을 보았다. 그는 또한 갱단과 함께한 어린 시절의 장면들을 보았다.

그때 그는 긴 머리에 수염을 기른 남자가 십자가를 들고 있는 것을 보았다. 그가 터벅터벅 걸어가자 화난 군중이 그에게 소리쳤다. 그 사람은 십자가에 못 박혔고, 십자가에 달린 다른 두 사람 사이에 십자가가 올려졌다. 그는 케이시 디아즈를 내려다보며 말했다. "다윈(Darwin), 내가 너를 위해 이 일을 하고 있단다."

케이시 디아즈는 몸서리쳤다. 교도관과 그의 가족을 제외하고 아무도 그의 실명(實名-실제 이름)을 알지 못했다. 십자가에 달린 사람이 떠나는 숨소리를 들었을 때 디아즈는 이 환상이 오직 전능하신 분에게서만 나올 수 있었다는 것을 깨달았기 때문에 눈물을 흘리기 시작했다. 그는 예수님께서 가장 깊고 어두운 곳에서 자신에게 하신 일을 이해하지 못했지만 무릎을 꿇고 자신의 죄를 고백하기 시작했다. "하나님, 이렇게 많은 가족을 찔러서 죄송합니다." "하나님, 너무 많은 가족을 강탈해서 죄송합니다." 고백할 때마다 그는 어깨에서 또 다른 무게가 내려오는 것을 느꼈다.

그가 죄를 모두 고백하고 났을 때, 그는 무언가가 바뀌었다는 것을 알았다. 그는 복음을 설명하는 목사와 이야기했다. 케이시 디아즈는 그리스도를 구세주로 받아들였다. 그가 독방에서 나왔을 때 그의 믿음 때문에 구타를 당했고, 그의 옛 친구들은 그를 버렸다. 하나님은 그를 총을 쏘는 사람으로 불리기보다는 다른 수감자들에게 예수님에 대해 전하는 사람으로 불리게 하셨다.

그는 자신을 위해 더 좋은 길을 만들어 주신 살아 계신 하나님을 신뢰하는 법을 배웠다.

미국 통화(通貨)에는 "우리는 하나님을 신뢰한다"라는 문구가 새겨져 있다. 당신은 그분을 신뢰하는가?

오늘 그분을 신뢰하라. 당신의 마음을 쏟아내라. 당신의 죄를 고백하라. 하나님께 모든 것을 맡기고 싶다고 말씀드리라.

기도 원칙 #9:
우리는 상황이나 친구보다 하나님을 더 신뢰할 수 있다.

10. 환난 날의 피난처

"내가 찬송 받으실 여호와께 아뢰고 내 원수들에게서 구원을 얻었나이다… 나는 내 하나님께 도움을 청했습니다. 그가 그의 성전에서 내 소리를 들으셨고 그를 향한 나의 부르짖음이 그의 귀에 들렸도다"(시 18:3, 6, ESV).

40년 동안 라몬 곤잘레스는 텍사스 주 오크 클리핀 댈러스의 중심부에 있는 제퍼슨 거리에서 작은 이발소를 운영했다. 그는 점잖고 겸손한 사람으로 그동안 같은 가게에서뿐만 아니라 같은 장소에서 일을 했다. 나는 그를 보러 가는 것을 좋아했는데, 이는 나는 나의 맘에 드는 머리 모양 이상을 얻을 수 있다는 것을 알았기 때문이다. 나는 또한 약간의 지혜와 격려를 받을 것을 기대했다. 내가 이발을 하기 위해 라몬을 방문하기 시작한 지 몇 년 후, 그는 이발소를 팔았지만 그곳에서 계속 일을 했다. 그리고 그 이발소는 다시 팔렸다. 라몬이 계속 이발을 했는데, 같은 자리였다. 그는 새로운 주인들이 일을 운영하는 방식이 마음에 들지 않았지만, 종종 주님께 대한 자신의 믿음과 하나님께서 그를 안정적으로 유지하도록 도우시는 방법에 대해 이야기했다.

어느 날 오후, 머리를 깎고 있는데 한 남자가 뒷문으로 들어왔다. 그 남자는 미친 듯이 비명을 지르고 저주를 퍼붓고 있었다.

그는 새 주인이 이발을 하고 있는 가게의 앞으로 나아갔다. 화가 난 남자는 그날 아침 해고 됐던 사람이었다. 그는 다시 돌아와 주인을 죽이겠다고 위협했다.

"라몬, 우리는 경찰을 불러야 해."라고 나는 말했다. "점점 더 악화될 것 같아."

"아닙니다. 그는 떠날 겁니다. 잠깐만 두고 보시지요." 라몬이 대답했다.

나는 납득이 가지 않았다. 솔직히, 나는 두려움을 느꼈다. 그래서 나는 전화를 요청했고 경찰에게 전화했다. 돌이켜보면, 라몬이 침착하게 내 머리를 자르는 동안 911 교환원과 이야기하는 것은 아주 이상한 광경이었다.

그 정신나간 남자는 마침내 떠났다. 모두들 안도의 한숨을 내쉬었다. 경찰이 나타나 남자가 돌아오면 다시 전화하라고 했다. 나는 라몬에게 돈을 주고 집으로 왔다.

몇 시간 후, 나는 이웃 카페에서 저녁을 먹고 있었는데 머리 위에서 헬리콥터 소리가 들렸다. 나는 즉시 이발소를 생각했다.

찰스 드웨인 훅스는 그의 전 주인인 알레한드로 페르난데스를 살해한 혐의로 현재 감옥에 있다. 내가 떠난 지 15분 후에 그는 다시 돌아와서 모든 사람들이 보는 앞에서 주인을 쐈다.

하나님께서 나와 친구 라몬을 포함한 다른 사람들을 지켜주신 것 같았다. 놀랍게도, 라몬은 그가 이 폭력적인 범죄를 목격했을 때 두려워하지 않았다고 말했다. 그는 하나님께서 그의 보호자라는 것을 알았다.

왕이 될 양치기 소년 다윗도 자신의 보호가 하나님으로부터 온다는 것을 알았다. 그는 사울 왕이 제정신이 아니어서 다윗과 그와 함께하던 사람들을 죽이기로 작정한 것을 알고 시편 18편을 썼다. 그래서 다윗은 고향인 베들레헴에서 가까운 사막 동굴에 숨었다.

밧세바와의 일로 인한 엄청난 실패를 제외하면 다윗은 그의 인생에서 가장 절망적인 순간에 있었다. 그가 아는 모든 것, 그가 의존하는 모든 것으로부터 떨어져서 그는 혼자라고 느꼈다.

"내가 큰 소리로 여호와께 부르짖으며 소리내어 여호와께 간구하는도다. 내가 내 원통함을 그의 앞에 토로하며 내 우환을 그의 앞에 진술하는도다, 오른쪽을 살펴보소서 나를 아는 이도 없고 나의 피난처도 없고 내 영혼을 돌보는 이도 없나이다"(시 142:1-2, 4).

그러나 다윗의 생명을 돌보신 분이 계셨다. 하나님이시다.

1847년 11월에 조지 뮬러는 자신이 '가장 놀라운 구원'이라고 표현한 경험과 하나님께서 어떻게 그분의 자녀들을 지켜보시는지에 대한 간증을 했다. 그는 그 경험을 다음과 같이 설명했다.

나는 10월과 11월에 바운스(Bowness)와 케스윅(Keswick)에서 잠시 동안 말씀 사역을 하고 있었다. 케스윅에 있을 때 나는 큰 하숙집에서 사랑하는 아내와 함께 지냈는데, 그 당시에는 신사 한 분을 제외하고는 우리 둘만 있었다. 우리가 케스윅을 떠나기 직전인 11월 24일 아침, 나는 같은 집에 묵고 있던 그 신사가 밤중에 자신을 향해 총을 쏘았지만 완전히 죽지는 않았다는 소식을 들었다. 폭풍우가 심하게 치는 밤이었고 집은 넓었기 때문에 우리는 권총의 총성을 듣지 못했다.

뮬러와 그의 아내는 하숙집을 떠났고 나중에 동료 하숙인이 2-3일 동안 그 신사가 "아주 정신이 나갔다"는 소식을 들었다. 한 그리스도인 형제는 이렇게 썼다.

아무런 통제도 받지 못한 채 그는 장전된 권총을 손에 들고 지난 이틀 밤낮 자기 방을 돌아다녔어요. 게다가 그는 당신이 그를 죽일 것이라고 생각했어요. 당신과 사랑하는 뮬러 부인에게 그분의 날개를 펴서 사탄이 울타리를 뚫고 당신의 머리털 하나라도 다치게 할 수 없도록 하신 하나님의 은혜가 얼마나 크신지요 … 엉킨 핏덩어리에 누워 있는 권총, 피 묻은 칼, 채혈침, 면도칼이 바닥에 널브러져 있었어요.

임박한 위험을 전혀 알지 못하는 뮬러 가족을 하나님께서 보호해 주셨다.

성경은 하나님께서는 보이는 것과 보이지 않는 것, 모든 적으로부터 구원자시라고 거듭 말씀한다.

성경은 하나님께서는 보이는 것과 보이지 않는 모든 원수들에게서 구원자이심을 반복해서 말씀한다. 하나님께서는 다니엘을 사자 입에서, 이스라엘을 애굽의 추격 병거에서, 여호사밧을 세 군대에서, 다윗을 사울의 손에서 건져내셨다.

사무엘하 22장 2-4절은 사울의 위협이 무력화되었을 때 다윗이 찬양한 것을 기록하고 있다.

"이르되 여호와는 나의 반석이시요 나의 요새시요 나를 위하여 나를 건지시는 자시요 내가 피할 나의 반석의 하나님이시요 나의 방패시요 나의 구원의 뿔이시요 나의 높은 망대시요 그에게 피할 나의 피난처시요 나의 구원자시라 나를 폭력에서 구원하셨도다 내가 찬송 받으실 여호와께 아뢰리니 내 원수들에게서 구원을 받으리로다."

당신은 문제가 생겼을 때 무엇을 하는가? 당신은 당신의 문제에서 벗어나려고 애를 쓰는가? 당신은 무서워서 얼어붙어 있는가? 당신은 미친 듯이 싸우는가?

어려움이 닥쳤을 때 다윗은 하나님께로 향했다.

하나님께 부르짖음

보이는 적과 보이지 않는 적으로부터 하나님의 보호를 받기 위해 할 수 있는 일은 다음과 같다.

첫째, 당신의 구원을 위해 부르짖으라. 살아 계신 하나님께 도움을 구하라. 하나님께서는 "구원하시는 능력을 가지신"(사 63:1)분이심을 믿으라.

둘째, 당신의 구원을 기다리라. 당신의 믿음의 가장 큰 승리는 하나님께서 당신을 최악의 상황에서 건져내시는 중요한 순간이 아니다. 하나님을 위해 큰 일을 이룬 것도 아니고, 인생의 절정에 이르러 큰 목적을 이룬 것도 아니다.

믿음의 가장 큰 승리는 가만히 있어 하나님께서 하나님이심을 아는 자리에 이를 때이다.

"그가 이르시되 너희는 가만히 있어 내가 하나님 됨을 알지어다 내가 열국 중에서 높임을 받으며 땅에서도 높임을 받으리라"(시 46:10).

원수가 당신을 둘러싸도 포학한 자가 당신을 위협할지라도 또는 상황이 어둡고 절망적으로 보일 때도 가만히 있으라.

코리 텐 붐(Corrie ten Boom)은 "기차가 터널을 통과할 때 어두워지면 표를 버리고 뛰어내리지 않는다. 당신은 가만히 앉아서 기관사를 신뢰한다."라고 말했다.

마지막으로 구원을 축하하라. 하나님께 영광 돌려드리기를 게을리 하지 말라. 그분이 당신을 위해 하신 일 때문에 개인적으로나 공개적으로나. 당신의 가장 큰 시험은 당신의 간증이 된다. 당신의 구원은 당신의 선언이 된다.

기도 원칙 #10:
어려움이 닥칠 때 하나님께서 당신을 구해 주실 것을 믿으라.

11. 항상 선하신 하나님

"여호와의 말씀이니라 너희를 향한 나의 생각을 내가 아나니 평안이요 재앙이 아니니라 너희에게 미래와 희망을 주는 것이니라. 그러면 너희가 내게 부르짖으며 내게 와서 기도하면 내가 너희 말을 들을 것이다"(렘 29:11-12, ESV).

내 친구 웨슬리는 텍사스 주 포트워스에 있는 교회에서 목회하고 있다. 수년 동안 웨슬리는 선교 사업을 위해 팀을 아이티(Haiti)로 데려갔다. 그곳에서 그는 알폰소라는 목사를 만났다. 1980년경 알폰소(Alphonso)는 많은 성인들이 그리스도께 나아오는 것을 보는 원대한 비전을 가지고 교회를 시작했다. 처음 몇 년 동안 그는 노력하고, 일하고, 기도했지만 아무도 그와 함께 교회를 시작하려고 하지 않았다. 아무도 예배하러 오지 않았다. 그는 패배감을 느꼈고 무엇을 해야 할지 몰랐다.

그리고 나서 그는 많은 젊은이들과 아이들이 그를 보러 올 것이라는 것을 알았다. 그들은 필요한 것이 많았다. 알폰소는 음식과 교복을 제공하며 그들을 섬기기 시작했다. 결국, 하나님의 도우심으로 그는 학교를 세웠다. 그것은 진료소와 병원을 시작하는 것으로 이어졌다. 마침내, 그는 예배를 위한 예배당을 지었다.

2010년 대지진이 아이티를 강타했을 때 모든 것이 바뀌었다. 200,000명이 죽었다. 다행히 쉬는 시간에 지진이 발생하여 알폰소의 학교 아이들은 모두 밖에서 축구를 하고 있었다. 그러나 그 건물은 모두 무너졌다. 아이들이 안에 있었다면 심하게 다치거나 죽었을 것이다.

알폰소는 피해를 보았을 때 정신이 혼란스러워졌다. 그는 주님께 "하나님, 이 건물을 짓는 데 34년이 걸렸지만 모두 무너뜨리는 데는 34초밖에 걸리지 않았어요. 나는 끝났어요."

알폰소는 아내와 함께 플로리다로 이주할 계획을 세웠고, 그곳에서 그의 대가족과 함께 살려고 했었다.

그러나 그들이 떠날 준비를 하고 있을 때, 한 아이가 그에게 와서 물었다. "알폰소 목사님, 당신이 떠나면 누가 우리를 돌봐줄까요?" 내 친구 웨슬리가 말했을 때, 알폰소는 그것이 하나님의 메시지라고 믿고 머물기로 결정했다. 그는 학교와 작은 성전을 재건했다. 고아와 부모 없이 버림받은 아이들을 데려왔다.

당신이 수고한 모든 것이 한순간에 무너진다면 당신에게 닥칠 믿음의 위기를 상상이라도 할 수 있는가?

하나님께서는 위대하시다, 하나님께서는 선하시다

아마도 어렸을 때, 기도를 들으며 성장한 분도 많을 것이다. "하나님께서는 위대하시고, 하나님께서는 선하시다. 우리의 음식에 대해 그분께 감사하자." 그 짧은 기도는 하나님께서는 위대하시며, 권세와 위엄으로 충만하시며, 사람들을 위해 선을 행하신다는 것을 뜻한다.

어떤 교회는 "하나님께서는 선하시다"라고 말하면서 예배를 시작한다. 사람들은 "항상"이라고 외친다. 그러자 예배 인도자는 "항상"이라고 묻는다. 교회는 "하나님께서는 선하시다"라고 응답한다.

하지만 그게 정말 사실인가? 하나님께서는 항상 선하신가? 지진이 발생하면 어떻게 되는가? 그러면 하나님께서는 선하신가? 누군가가 한 번이 아니라 계속해서 학대를 당해야 한다면 어떨까? 팬데믹이 지구를 뒤덮을 때는 어떨까? 암 진단을 듣는 사람은 어떤가? 하나님께서 주신 꿈이라고 생각했던 사업이 실패하면 어떨까?

성경은 하나님께서는 항상 선하시다고 대담하게 주장한다. 시편 23편 6절(ESV)은 "내 생애 모든 날에 반드시 선하심과 자비하심이 나를 따르리라."고 말씀한다.

성경은 "언젠가는 반드시 선하심과 인자하심이 내게 임하리라" 또는 "대부분의 날에는 반드시 선하심과 인자하심이 내게 임하리라"라고 말씀하지 않는다. 성경은 자신 있게 "분명히 선하심과 자비하심이 내 평생 모든 날들에 나를 따를 것이다."라고 선언한다.

다윗 왕은 죽음의 위협을 느꼈을 때, 적과 마주했을 때, 식량이 부족하고 안전이 위협당할 때에도 항상 하나님의 선하심과 사랑을 알고 있었다.

양치기였던 왕 다윗이 이 시를 지었다. 그가 돌아설 때마다 하나님의 선하심이 그곳에 있었다. 다윗이 골짜기를 걸을 때, 죽음의 위협을 느꼈을 때, 적과 마주했을 때, 식량이 부족하고 안전이 위협당할 때, 하나님의 사랑이 그에게 있었다. 마치 하나님의 사랑이 그를 쫓는 것 같았다. 그는 그것을 위해 하나님께 구걸할 필요가 없었다. 그는 하나님의 사랑을 받기 위해 자신의 가치를 증명할 필요가 없었다. 하나님의 선하심이 그를 따랐다.

예레미야를 통해서 하나님께서는 "너희를 향한 나의 생각을 내가 아나니 평안이요 재앙이 아니니라 너희에게 미래와 희망을 주는 것이니라"(렘 29:11, 참조)고 말씀하신다.

어려운 상황을 겪을 때 우리는 하나님의 변함없는 선하심을 믿기 어려울 수 있다. 삶은 우리의 숨을 멎게 할 수 있다.

천국의 모습

나는 한번은 소셜 미디어에서 감동적인 결혼식 영상을 본 적이 있다. 신랑은 그녀의 제자들로 들러리를 서게 하여 신부를 놀라게 했다. 비디오는 아름다운 드레스와 작은 턱시도를 입고 통로를 내려오는 아이들의 미소를 보여주었다. 그들 모두는 다운증후군이 있었다. 신랑과 신부는 웃고 울었다. 결혼식 하객들은 모두 웃고 울고 있었다. 나도 웃고 울고 있었다! 그것은 천국의 모습이었다.

우리는 다운증후군이 있는 아이들이 복과 많은 사랑으로 가득하다는 것을 알고 있지만, 그들이 태어났을 때, 부모는 많은 어려움을 겪고 있는 아이를 키우는 무게를 느낀다. 그들은 "하나님, 왜 이런 일이 일어나고 있나요?"라고 물을 수도 있다. 그런 상황에서 "하나님, 당신은 선하십니까?"라는 의문이 드는 것은 어렵지 않다.

삶의 정황들은 우리로 하여금 하나님의 선하심에 의문을 품게 한다.

조지 뮬러는 모든 일에서 하나님을 신뢰했지만 어려움으로부터 보호받지는 못했다. 그는 전적으로 주님을 의지하면서 아이들을 돌보려고 애쓰면서 고통을 겪었다. 사실 그는 1841년 12월 18일에 거의 한계점에 도달했다. 자서전에서 그가 말한 내용은 다음과 같다.

지금 당장 필요한 것이 있는데 손에 4펜스밖에 없다 … 그럼에도 나는 주님이 오늘도 우리에게 필요한 모든 것을 공급하시리라는 것을 굳게 믿는다 … 주님은 이 가난에 대해서 말씀하셨다. "지금 네가 진정으로 나를 의지하는지 볼 것이다." 이렇게 살아오면서부터 지금까지 내가 지나온 모든 시기 중에서, 나는 1841년 12월 12일부터 1842년 4월 12일까지의 4개월 동안처럼 나의 믿음이 이렇게 가혹하게 시련을 받은 것은 처음이었다.

1842년 2월 25일에 그는 이렇게 썼다.

우리가 지금보다 더 큰 위급할 때는 없었다. 우리 믿음의 시련은 이번 주만큼 가혹한 적이 없었다. 실제로 오늘날 대부분의 사역자들은 상당한 노력을 기울였다고 느꼈다. 그러나 오늘도 주님께서 우리를 부끄러워하지 않게 하셨다. 놀라운 상황을 통해 오늘 아침 사역자들 중 한 명이 약간의 돈을 구하여 오늘의 모든 요구를 충분히 충족시킬 수 있었다.

몇 번이고 뮬러는 하나님께서는 신실하다는 것을 알게 되었다. 하나님께서는 필요한 것이 돈이든, 식량이든, 물품이든, 의복이든, 견딜 수 없는 것처럼 보였을 때 제공하셨다. 뮬러는 하나님께서는 항상 선하시다고 선포하는 하나님의 말씀을 믿었다.

"여호와는 선하시니 그의 인자하심이 영원하고 그의 성실하심이 대대에 이르리로다"(시 100:5).

"주로다, 주 하나님은 자비로우시고 은혜로우시며, 오래 참으시고, 선하심과 진리가 풍부하시도다"(출 34:6, NKJV).

"여호와께서는 모든 것을 선대하시며 그 지으신 모든 것에 긍휼을 베푸시는도다"(시 145:9).

"주님은 선하시며 환난 날에 견고하시며 그 안에서 피난하는 자들을 아신다"(나 1:7, ESV).

하나님께서는 당신의 선하심을 나타내시는 가장 큰 방법은 우리에게 하나님의 아들 예수 그리스도를 주심으로 나타내셨다. 예수님께서는 우리를 위해 목숨을 버리셨다. 로마서 5장 6절(NLT)에서, 바울은 "우리가 완전히 무력할 때 그리스도께서 때마침 오셔서 우리 죄인들을 위해 돌아가셨다"고 말씀한다.

예수님께서는 우리가 형벌 외에는 하나님으로부터 아무것도 받을 자격이 없었을 때, 우리가 조금도 선하지 않았을 때 우리를 위해 죽으셨다.

다시 말해, 예수님께서는 우리가 조금도 선하지 못했을 때 우리를 위해 돌아가셨다. 우리는 형벌을 제외하고는 하나님의 손에서 아무것도 받을 자격이 없었다. 바울이 빌립보의 초기 교회에 보낸 편지에 따르면, 우리의 선행이나 친절한 행동, 다른 사람에게 베푸는 행위 중 어떤 것도 우리에게 하나님의 사랑을 얻을 수 없다. 그것들은 예수 그리스도의 선물에 비하면 쓰레기나 더러운 누더기와 같다(빌 3장 8절, 참조; 사 64장 6절, 비교).

하나님께서 우리에게 주신 좋은 선물은 우리의 가치나 공로와는 아무 상관이 없다. 그것들은 전적으로 하나님의 가치와 공로에 달려 있다.

당신은 하나님이 선하시다는 것을 믿기 위해 애쓰고 있는가? 당신의 잘못과 실패에도 불구하고 하나님이 당신에게 선하심을 믿는가?

당신은 미래가 어떻게 될지 모를 수도 있지만 하나님께서는 당신을 향하신 그분의 계획을 아신다. 그것들은 좋은 계획이다. 그것들은 당신이 가질 수 있는 최고의 계획이다. 당신의 환경이 아무리 나쁘더라도 하나님을 신뢰할 때 당신의 삶이 좋은 곳으로 가고 있음을 믿을 수 있다.

하나님의 선하심을 믿으라.
기도로 하나님의 선하심을 고백하라.
당신이 필요한 것을 믿음으로 구하라.

기도 원칙#11:
하나님의 선하심이 당신의 삶의 모든 날들에 따를 것이다.

12. 구름 위로 상승

"내가 여호와께 바라는 한 가지 일 그것을 구하리니 곧 내가 내 평생에 여호와의 집에 살면서 여호와의 아름다움을 바라보며 그의 성전에서 사모하는 그것이라"(시 27:4).

내가 가장 좋아하는 디즈니 영화 중 하나는 〈업(up)〉이다. 칼이라는 78세의 은퇴한 풍선 판매원의 이야기이다. 칼은 어렸을 때 남아메리카의 파라다이스 폭포라는 곳으로 가는 꿈을 꾸었다. 동네 친구 엘리도 가보고 싶어 했다. 그녀는 그들의 "클럽 하우스"였던 버려진 집을 파라다이스 폭포로 옮기는 꿈을 꾸었다.

칼과 엘리는 함께 자랐고, 사랑에 빠졌고, 결혼했고, 버려진 집을 샀다. 그들은 언젠가 남미에 갈 것이라고 자주 말했다. 그리고 나서 삶이 힘들어졌다. 엘리는 유산을 겪었고 생물학적으로 아이를 가질 수 없다는 말을 들었다. 황폐해진 그들은 파라다이스 폭포로 이사할 계획을 세웠다. 그들은 돈을 저축했지만, 여행을 떠나지 못하게 막는 일이 항상 일어났다. 마침내 노인 칼이 여행을 준비했지만 엘리는 병에 걸려 죽었다.

그 이야기는 같은 집에 있는 칼과 함께 시작된다. 그러나 많은 것이 바뀌었다. 고층 빌딩이 그의 작은 집을 둘러싸고 있다.

칼은 팔아야 한다는 압박감을 느끼지만 꿈쩍도 하지 않을 것이다. 그는 씁쓸하다. 그는 일종의 괴짜다. 그는 갇혀 있었다. 그는 일차원적인 삶을 살고 있다. 그는 매일 일직선으로 우체통까지 걸어갔다가 다시 걸어온다.

어느 날, 그는 우체통으로 가는 길에 우연히 건설 노동자를 다치게 한다. 판사는 칼에게 그의 집을 팔고 양로원에 들어가라고 명령한다.

그렇게 하는 대신 칼은 계획을 세운다. 그는 수천 개의 헬륨 풍선을 불어서 집에 고정시킨 다음 남아메리카로 가기 위해 공중으로 띄워 올렸다.

이야기에는 훨씬 더 많은 것들이 있지만, 영화가 끝날 무렵 그는 놀라운 모험을 했다. 그 집은 정말 파라다이스 폭포에 지었지만, 칼은 옛 동네로 돌아와 다시 살기 시작한다. 구름 속으로 올라가는 것은 뭔가 카타르시스가 있다.

삶의 상승을 위한 은유

칼은 짐을 푼다. 그는 자신을 방해하는 모든 것을 내려 놓는다. 삶을 상승시킨다는 것은 일종의 은유이다. 구름 위 하늘에서 일어나는 일이 지상에서의 그의 삶을 다시 변화시킨다.

많은 사람들이 일차원적이다. 그들은 일어나서, 일하러 가고, 집에 오고, 개를 산책시키고, 저녁을 먹고, 텔레비전을 보고, 잠자리에 들고 그리고 다음 날 똑같은 일을 다시 한다. 그들은 발전하지 않는다. 아마도 그들은 삶이 너무 고통스러워졌기 때문에 틀에 박힌 것 같다. 아마도 어떤 꿈들은 실망으로 이어졌을 것이다. 어떤 사람들에게는 그런 삶이 그저 괜찮다. 그러나 다른 사람들에게, 그것은 변함없이 반복되는 일로 지루하고 결코 끝나지 않는 영화의 한 줄일 뿐이지만 재치, 매력, 그리고 영적인 성장은 없다.

많은 그리스도인들이 2차원적인 세계에 살고 있다. 그들은 하나님의 생명에 얼마나 더 많은 것이 있는지 전혀 모른다.

그리고 2차원적인 사람들이 있다. 그들은 북쪽에서 남쪽으로뿐만 아니라 동쪽에서 서쪽으로 움직일 수도 있다. 그들은 삶은 위대하다고 생각하고 그들은 이런 여러 다른 방향들로도 움직일 수 있기 때문에 모든 것을 알고 있다고 생각한다. 그들은 목표도 있고, 그들은 성취도 있고, 그들은 평판도 좋다. 그러나 그들이 가지고 있는 것은 수평적인 전망뿐이며, 다른 차원에서 얼마나 많은 것을 놓치고 있는지 결코 알지 못한다.

많은 그리스도인들이 이런 구역에 살고 있다. 그들은 교회 일과 바쁜 신앙 생활을 한다. 그들은 하나님의 말씀을 안다. 그들은 그리스도의 몸, 선교, 전도, 영적 은사에 대해 이야기한다. 하지만 그들은 여전히 2차원 세계에 살고 있다. 그들은 하나님의 생명에 얼마나 더 많은 것이 있는지 모른다. 그들은 자유롭다고 말하지만 실제로는 자유롭지 않다는 느낌을 받는다. 그들은 시편 기록자가 "여호와의 선하심을 맛보아 알지어다"(시 34:8)라고 말씀하는 것을 들었지만 결코 맛보지는 못했다. 사실은 그들은 그저 탐구해야 할 천상의 영역이 있다고 믿으며, 성만찬으로 살아 계신 하나님과의 교제가 실제로 가능하다고 믿으며, 살아 계신 생명체가 아니라 그냥 은혜와 경이의 세계에서 살아가도록 창조되었다고 믿는다.

하나님을 추구하는 기쁨

그러나 3차원적인 그리스도인들은 다르다. 그들은 위로 올라가는 법을 배웠다. 예배는 더 이상 수평적이 아니라 수직적이다. 매일매일의 삶이 변화를 향해 출발한다. 위로 올라가고 확대하고 놓아주고 정화하는 것이다. 위로 올라가는 삶은 먼지와 교통체증과 이메일 너머에 있다. 그것은 광대하고 아름답고 무한하다. 위로 올라가는 삶은 보좌와 무지개와 나팔 소리가 있다. 위로 올라가는 삶은 큰 그림이다. 위로 올라가는 삶은 당신을 산 정상으로 인도하고 등반을 위해 당신을 부른다. 위로 올라가면 수평적 존재에 의미를 부여한다.

당신이 그런 삶을 원한다면 올라가는 법을 배워야 한다.

위로 올라가는 삶은 단순히 하나님을 믿는 것이 아니라 하나님을 추구하는 것이기도 하다. A.W. 토저는 "하나님을 찾았고, 여전히 그분을 추구하는 것은 영혼이 가진 사랑의 역설"이라고 말했다.

다윗은 어렸을 때 살아 계신 하나님을 만났다. 그러나 여전히 그는 다음과 같이 썼다.

"내가 여호와께 바라는 한 가지 일 그것을 구하리니 곧 내가 내 평생에 여호와의 집에 살면서 여호와의 아름다움을 바라보며 그의 성전에서 사모하는 그것이라"(시 27:4).

항상 하나님 앞에 올라가는 삶에 대해 알게 된 다윗은 날마다 더 많은 것을 원했다. 그는 일주일에 한 번, 심지어 하루에 한 번 성전을 왔다 갔다 하는 것에 만족하지 않았다. 그는 주님의 집에서 살기를 원했다. 그는 그 아름다움을 직접 보고 싶었다.

조지 뮬러는 그런 삶을 알고 있었다. 그의 일기는 하나님과 친밀한 이야기로 가득하다. 뮬러는 그와 같은 친밀감으로 기도에 대한 응답을 5만 번이나 받았다고 말했다.

사역 초기에 뮬러는 병에 걸려 브리스톨을 떠나 요양을 해야 했다. 몇몇 친구들은 그가 와이트 섬에 있는 그들의 집에 머물도록 설득했다. 어느 날 저녁, 그 집의 주인인 그 친구와 시간을 보낸 후, 뮬러는 쉬러 그의 방으로 갔다. 그는 잠을 자고 싶었지만, 또한 앞으로 일어날 일에 대하여 기도하고 싶었다.

뮬러는 짧은 시간 동안 기도한 후에 무슨 일이 일어났는지에 대해 다음과 같이 쓰고 있다.

밤의 추위는 더 이상 기도하지 못하게 하려는 시험이었다. 그러나 주님께서는 내가 무릎을 꿇도록 도우셨다. 그리고 내가 기도를 시작하자마자 그분은 내 영혼에 빛을 비춰 주셨고, 내가 몇 주 동안 누리지 못했던 그런 기도의 영을 내게 주셨다. 그분은 은혜롭게 다시 한번 그분의 일을 내 마음에 되살려내셨다. 나는 하나님과의 친밀함과 기도의 열정을 한 시간 이상 즐겼다. 지난 몇 주 동안 내 영혼이 그것을 위해 헐떡였다…나는 특히 행복하게 잠자리에 들었고 아침에 매우 평화롭게 일어났다.

그것이 그리스도인들이 올라가는 법을 배울 때 일어날 수 있는 일이다. 그들은 주님 안에서 자신들이 행복하다는 것을 발견한다. 그것은 아무리 고통스럽거나 지쳐도 어떤 상황도 건드릴 수 없는 영혼의 상태이다.

때때로 위로 올라가려면 먼저 겸손하게 고개를 숙이고 내려가야 한다. 그것은 피곤함과 고백으로 시작할 수도 있고, 살아 계신 하나님께 대한 완전한 의존을 표현할 수도 있다. 그러나 곧, 하나님께서는 당신을 일으켜 주실 것이다. 야고보서 4장 10절은 "주 앞에서 낮추라 그리하면 주께서 너희를 높이시리 라."고 말씀한다.

당신은 모든 차원을 초월하여 하늘과 땅에 거하시는 하나님 앞에 겸손한가?

지상에서의 예배는 보좌에 앉으신 분을 생각나게 한다. 우리 는 하나님만이 합당하시고 완전히 거룩하시다는 것을 기억한 다. 하나님께서는 창조주이시다. 우리는 피조물이다. 하나님 께서는 무한하시다. 우리는 유한하다. 우리는 깨어지고, 죄가 많고, 은혜가 필요하지만 하나님께서는 은혜와 진리가 충만하 시다. 하나님께서는 우리의 마음이 이해할 수 있는 것보다 더 높고 위대하시며 순결하시다. 예배 인도자이자 싱어송 라이터 인 매트 레드먼(Matt Redman)은 하나님의 '주체성'을 다음 과 같이 설명한다.

절대성은 우리에게 하나님께서 너무 순수하시고 비길 데 없 으시고 독특하셔서 그 누구도, 그 어떤 것도 가까이 오지 않는 다는 느낌을 준다. 그분은 전적으로 영광스러우시다. 그 영광 과 능력에 있어서 비길 데 없는 분이시다. 그분은 인간의 이성으로는 이해할 수 없는 존재이시며 가장 고상한 과학적 정신으로도 도달할 수 없는 존재이시다. 그분은 무궁무진하시고 측량할 수 없고 깊이를 헤아릴 수 없으며 영원하고 불멸하며 보이지 않는 분이시다. 가장 높은 산봉우리와 가장 깊은 협곡은 그분이 선포하신 위대하심의 작은 메아리일 뿐이다. 그리고 위에 있는 타오르는 별들은 그분의 영광의 충만함을 나타내는 가장 희미한 상징이다.

이것이 바로 히브리서에서 우리가 "경건함과 두려움으로 하나님께서 받으실 만한 예배를 드려야 함이라 우리 하나님께서는 소멸하는 불이심이라"(히 12:28-29, ESV)고 말씀하는 이유이다. 시편 96편 9절에서 우리는 "거룩함의 광채 가운데서 여호와께 경배할지어다 온 땅이여 그 앞에서 떨지어다."라고 격려를 받는다.

다윗은 하나님께 대한 더 크고 더 큰 경험을 원했다. 당신이 원하는 것, 당신이 찾는 것이 살아 계신 하나님의 임재 안에 있는 것이라고 말할 수 있는가?

오늘 시간을 내어 하늘 아버지께로 올라가라. 당신의 영혼이 하나님의 임재 안에서 편히 쉬게 하라. 주님을 찾고 하나님께 당신의 지평을 넓혀달라고 구하라.

위로 올라가라.

기도 원칙#12:

주님 앞에서 자신을 낮추라. 그러면 그분께서 당신을 높이실 것
이다.

13. 세 군대의 전투

"우리 하나님이여 그들을 징벌하지 아니하시나이까 우리를 치러오는 이 큰 무리를 우리가 대적할 능력이 없고 어떻게 할 줄도 알지 못하옵고 오직 주만 바라보나이다"(대하 20:12).

내 친구 스티브(Steve)는 선천적으로 힘이 있었다. 사실은 겉으로 드러난 것보다 더 큰 능력을 가진 스티브는 다른 사람들을 위해 일하기를 좋아했다. 그는 쓰러진 나무와 건설 프로젝트에서 낡은 나무를 가져다가 아름다운 도마와 가구를 만들었다.

스티브는 과거의 경험으로 인해 큰 고통을 가지고 있었다. 그의 삶은 복잡했다. 나는 스티브가 댈러스에 있는 우리 교회에 참석하기 시작하면서 지역 회복 프로그램에서 다른 몇 명의 친구들과 스티브를 만났다. 그는 40년 넘게 중독과 씨름했고 그의 모든 관계들을 거의 소진시켰다. 그가 분노, 정죄, 무자비함의 징후를 보이기 시작했을 때 그는 우리 교회가 함께한 첫 번째 그룹에 속한 사람이었다고 생각한다. 그와 그의 주변 사람들은 나락으로 떨어지는 느낌을 받고 있었다. 그의 정서적 욕구는 결코 충족되지 않았다.

예수님께서는 스티브에게 변화를 만드셨다. 스티브는 생애

처음으로 은혜를 깨닫기 시작했다. 그의 변화는 강력했다. 스티브의 간증을 통해 많은 사람이 교회에 등록하고 환영을 받았고, 복음을 들었다. 많은 남녀가 침례(세례)를 받았다. 스티브는 하나님께서 마침내 자신의 삶을 세우시고 그가 해야 할 일을 주시고, 그 일을 하고 있다고 느꼈다. 그것은 다른 사람에게 복이 되고 그들의 싸움에 처한 사람들을 격려하는 것이었다. 그는 미래를 위해 저축하기 시작했고 하나님께서 곧 그가 중독과 가난을 모두 극복하도록 도와주실 것이라고 느꼈다.

불행하게도 스티브의 약물 남용은 시간이 지남에 따라 그의 몸을 심각하게 마모되게 했다. 그는 심장의 문제들과 또 다른 문제들을 가지고 있었다. 어느 날 그는 피를 토하기 시작했다. 그는 3기와 4기 사이의 폐암 진단을 받았다. 그는 사투 중이었다. 스티브의 고통은 그를 다시 중독으로 몰아넣으려고 위협했다.

스티브에게는 중독, 암, 그리고 질병과 싸우기 위한 충분한 돈이 없다는 것 등 세 가지 위협이 있었다.

우리 그룹이 그의 주위에 모였다. 우리는 그의 진통제를 한 번에 한두 알씩 투약하도록 주었다. 그가 병이 재발하지 않도록 하겠다고 결심했기 때문에 내린 결정이었다. 스티브는 사투를 벌이며 끊임없이 주님을 찾고 있었다. 그는 종종 "이 싸움은 내 방식대로 싸워야 한다"고 말했다. 스티브에게 그것은 하나님이 그를 인도하실 것이라는 확신을 의미했다.

암이 그의 몸을 압도했을 때 나는 그의 인생의 마지막 주를 그와 같이 있었다. 끝까지, 스티브는 다시는 중독으로 돌아가지 않았다. 마지막에는 그가 진통제를 필요로 하지 않았다. 병은 그에게 관계를 개선하고 사랑을 표현하는 손을 뻗게 했다. 나는 그를 마지막으로 본 때를 기억한다. 나는 그를 병원에 내려 주었지만 2020년 코로나 대유행으로 인해 안으로 들어갈 수 없었다. 하지만 나는 스티브가 마지막 숨을 거두었을 때, 그가 혼자가 아니었다고 믿는다. 예수님께서는 문지방 너머에서 그를 보시고 그를 새 집으로 환영하기 위해 거기에 계셨다.

어떤 사람들은 "스티브에게 일어난 일은 비극이었다"고 말할지 모르지만 그것은 사실이 아니다. 그의 삶은 승리로 끝났다. 사도 바울처럼 스티브는 "나는 선한 싸움을 싸우고 나의 달려갈 길을 마치고 믿음을 지켰노라"(딤후 4:7)고 말할 수 있었다. 어찌할 바를 몰랐을 때 그는 하나님을 바라보았다.

문제는 생길 것이다

역대하 20장 1절에서, 모압 사람들, 암몬 사람들, 그리고 일부 마온 사람들의 세 군대가 유다와 그들의 왕 여호사밧을 상대로 한 대규모 공격을 모의했다. 확률적으로는 여호사밧에게 유리하지 않았다.

솔직히 때때로 우리도 확률적으로 좋지 않다. 문제가 생기면 한 가지 문제가 아니라 두세 가지 문제가 함께 오는 경우가 많다. 가정에서의 관계 문제는 자신의 일을 약화시킬 수 있다. 직장에서의 스트레스는 우울증으로 이어질 수 있다. 빈곤은 약을 살 돈이 없거나 진료소를 방문할 돈이 없는 등 정서적 스트레스를 유발하는 여러 가지 위기로 이어진다.

조지 뮬러는 가난과 절망에 맞서는 열정적인 선각자였다. 그는 고아들이 정서적 지원 부족, 빈곤과 질병에 직면했을 때 고아들을 두둔하고 편들어 지켰다. 뮬러는 더 이상 의지할 곳이 없는 만 명 이상의 아이들 그들 모두를 데려갔다.

그는 가난한 사람뿐 아니라 예수님과도 동일시하기 위해 일종의 청빈 서약까지 했다. 목회 초기에 뮬러는 자신이 목회한 첫 번째 교회의 사례비를 거부했는데, 그 이유는 그들이 목회자들에게 앞쪽에 있는 교회의 성도석(교회의 길게 나무로 된 좌석-역주)을 부유층에게 세를 내어주고 가난한 사람들은 뒤에 앉도록 지시했기 때문이다. 그는 야고보서 2장 2-4절에서 다음과 같은 교훈을 지적했다.

"만일 너희 회당에 금 가락지를 끼고 아름다운 옷을 입은 사람이 들어오고 또 남루한 옷을 입은 가난한 사람이 들어올 때에 너희가 아름다운 옷을 입은 자를 눈여겨 보고 말하되 여기 좋은 자리에 앉으소서 하고 또 가난한 자에게 말하되 너는 거기 서 있든지 내 발등상 아래에 앉으라 하면 너희끼리 서로 차별하며 악한 생각으로 판단하는 자가 되는 것이 아니냐"

뮬러는 가난한 사람들과 함께 자리를 잡았다. 그는 모든 상황에서 하나님을 신뢰했다. 때때로 그는 극심한 가난, 육체적 질병, 영적 고통이라는 삼중의 위협에 직면했다. 그때에도 그는 계속해서 살아 계신 하나님을 바라보았다.

조지 뮬러는 극심한 빈곤, 육신적 질병, 영적 고통이라는 세 가지 위협에 직면했을 때 계속해서 살아 계신 하나님을 바라보았다.

여호사밧이 세 군대와 맞닥뜨렸을 때, 그는 범상치 않은 지도자로서 대처했다.

첫째, 그는 백성들에게 하나님을 찾으라고 호소하였다. "여호사밧이 두려워하여 주님께로 낯을 향하여 간구하고 온 유다 백성에게 금식하라 공포하자 유다 사람이 주님께 도우심을 구하려 하여 유다 모든 성읍에서 모여와서 주님께 간구하더라"(대하 20:3-4). 그들은 모두 함께 모여 금식하고 기도하며 주님을 찾았다.

그들이 말했다.

"우리 조상들의 하나님 여호와여 주는 하늘에서 하나님이 아니시니이까 이방 사람들의 모든 나라를 다스리지 아니하시나이까 주의 손에 권세와 능력이 있사오니 능히 주와 맞설 사람이 없나이다. 우리 하나님이시여 전에 이 땅 주민을 주의 백성 이스라엘 앞에서 쫓아내시고 그 땅을 주께서 사랑하시는 아브라함의 자손에게 영원히 주지 아니하셨나이까 그들이 이 땅에 살면서 주의 이름을 위하여 한 성소를 주를 위해 건축하고 이르기를 만일 재앙이나 난리나 견책이나 전염병이나 기근이 우리에게 임하면 주의 이름이 이 성전에 있으니 우리가 이 성전 앞과 주 앞에 서서 이 환난 가운데에서 주께 부르짖은즉 들으시고 구원하시리라 하였나이다"(대하 20:6-9).

"우리의 시선은 당신께 있나이다."

그런 다음 그들은 성경에서 가장 강력한 기도 중 하나를 기도했다.

"우리 하나님이여 그들을 징벌하지 아니하시나이까 우리를 치러 오는 이 큰 무리를 우리가 대적할 능력이 없고 어떻게 할 줄도 알지 못하옵고 오직 주만 바라보나이다"(대하 20:12).

당신이 여호사밧처럼 "주여, 우리가 어찌할 바를 알지 못하나 주만 바라보나이다"라고 선언하는 기도를 할 수 있다면, 궁극적으로 모든 것이 잘 될 것임을 알 수 있다. 그것은 거짓된 희망이나 헛된 생각이 아니다. 그것은 당신을 꿰뚫어 보시고, 모든 것을 보고 계시는 하나님을 신뢰하는 것이다.

당신이 어떻게 해야 할지 모르겠다면 여호사밧처럼 하나님을 찾으라. 그것은 아주 간단하지만 가장 어려운 일이다.

둘째, 여호사밧은 하나님의 말씀을 따랐다. 그는 승리를 위한 하나님의 계획을 수행하기 위해 착수했다. 주님의 영은 다음과 같은 메시지를 전달하셨다.

"이 전쟁에는 너희가 싸울 것이 없나니 대열을 이루고 서서 너희와 함께한 여호와가 구원하는 것을 보라 유다와 예루살렘아 너희는 두려워하지 말며 놀라지 말고 내일 그들을 맞서 나가라 여호와가 너희와 함께하리라 하셨느니라"(대하 20:17).

여호사밧은 하나님의 음성을 듣고 행동했다. 주님의 메시지에서 능동태 동사를 주목하라. 당신의 위치를 잡으라. 굳건히 서라. 하나님께서 당신에게 베푸실 구원을 보라. 나가 그들을 대면하라.

하나님께서 당신에게 무엇을 하라고 말씀하실 때, 당신은 가능한 한 빨리 행동하라. 여호사밧은 출발하여 서서 말하였다.

하나님의 음성을 들을 때 그 기회가 빨리 지나갈 수 있기 때문에 당신은 곧 움직일 준비가 되어 있어야 한다. 당신은 주저할 수 없다.

여기가 바로 많은 사람이 갇히는 곳이다. 그들은 "내가 정말로 주님의 음성을 들었습니까? 하나님, 당신이 말씀하신 것입니까? 주님, 제가 당신의 말을 제대로 듣고 있다는 것을 알 수 있도록 한 가지 신호만 더 주시옵소서."라며 궁금해 한다.

믿음의 매우 유용한 팁

한 친구가 내가 믿음의 꿀팁이라고 부르는 것을 나에게 알려준 적이 있다. "브렌트, 하나님께서는 당신의 실수를 처리하실 수 있으시다네. 하나님께서는 그분의 생명과 그분의 뜻을 통해 당신의 실수를 처리하실 수 있으시다네. 하나님께서 감당하실 수 없는 것이 있다면 너의 행동이 부족한 것이라네. 첫 발걸음이 완벽하지 않더라도 반드시 발을 내디뎌야 한다네. 네가 모든 것을 알 때까지, 또는 하나님께서 행하실 모든 것을 보여주실 때까지 기다릴 수 없다네. 그래, 네가 실수할지도 모른다네. 너는 실패할지도 몰라. 네가 죄를 지을 수도 있다네. 그러나 예수님은 그 모든 것을 감당하실 수 있다네. 그분은 모든 것을 용서하실 수 있다네. 그러나 주저하는 사람, 달란트를 땅에 묻는 사람에게는 하나님께서 아무 일도 하실 수 없다네."

하나님께서는 당신의 실수를 처리하실 수 있다. 하나님께서는 하나님의 생명과 하나님의 뜻을 통해 당신의 실수를 처리하실 수 있다. 그러나 그분은 당신이 주저하고 행동하지 않을 때 아무것도 하실 수 없으시다.

하나님께서 당신과 함께하신다는 믿음으로 출발하라. 만세 반석 위에 서라. 하나님께서는 실패하지 않으실 것이기 때문에 하나님의 권위로 선포하라! 하나님께서 당신에게 무엇을 하라고 말씀하실 때 즉시 행동하라.

셋째, 여호사밧은 전쟁에 나서기 전에 하나님을 찬양하였다.

"백성과 더불어 의논하고 노래하는 자들을 택하여 거룩한 예복을 입히고 군대 앞에서 행진하며 여호와를 찬송하여 이르기를 여호와께 감사하세 그의 인자하심이 영원하도다 하게 하였더니 그 노래와 찬송이 시작될 때에 여호와께서 복병을 두어 유다를 치러 온 암몬 자손과 모압과 세일산 주민들을 치게 하시므로 그들이 패하였다"(대하 20:21-22).

전쟁에 나가면서 찬양하는 사람은 누구인가? 하나님의 사람들이 그렇게 한다. 세상에서 교회 외에 누가 함께 모여 찬양하는가? 우리는 집에서 찬양한다. 우리는 함께 있을 때 찬양한다. 우리는 슬플 때나 기쁠 때나 찬양을 부른다. 우리는 전투의 한가운데서 계속 찬양한다. 하나님께서는 하나님이시고 하나님께서 우리와 함께 계시기 때문에 우리는 계속 찬양할 것이다. 당신의 전투가 무엇이든 계속 찬양하라. 계속 기도하라. 계속해서 "하나님, 나는 무엇을 해야 할지 모르지만 내 눈은 하나님을 향하고 있나이다."라고 말씀드리라. 하나님께서 어떻게 구원하시는지 지켜보라.

기도 원칙#13:

당신이 무엇을 해야 할지 모를 때는 하나님을 주시하라.

제3장

죄를 버리라

14. 마음의 감옥

"서서 기도할 때에 아무에게나 혐의가 있거든 용서하라 그리하면 하늘에 계신 너희 아버지께서도 너희 허물을 사하여 주시리라"(막 11:25, ESV).

누군가에 대한 용서의 부족이 기도에 대한 더 많은 응답을 경험하지 못하는 이유가 될 수 있을까?

내가 20대였을 때, 나는 아버지에게 많은 분노를 품고 있었다. 나는 그분이 내가 성장하는 동안 감정적으로 내 곁에 계시지 않았다고 생각했다. 그것은 아마 사실이었을 것이다. 하지만, 사람이 누군가를 위해서 할 수 있는 것들 중에는 많은 다른 방법들이 있다. 아버지는 좋은 제공자였고, 구기 경기들을 보여주셨고, 또 나에게 골프 치는 법을 가르쳐 주셨다. 돌이켜보면, 나는 그분이 잘 해주신 것들에 대해 감사한다.

어쩌면 지금 내가 아이들을 키우고 있고, 아이들이 세상에 나올 수 있도록 해준 아빠이기 때문에, 나는 아버지가 요즘 아이의 필요들을 모두 채워주는 것이 얼마나 터무니없이 힘든 일인지를 이해할 수 있다.

한동안, 나는 아빠에 대한 분노가 내 인생의 진정한 장애물처럼 느껴졌다. 그것은 또한 나의 영적인 삶을 방해하는 것 같았다. 나는 자주 슬프고 부정적인 기분을 느꼈다. 이것은 과거의 원한과 쓰라림에 매달리는 커다란 아이러니이다. 나는 원한이 독약을 마시는 것과 같고 또 그것은 사람을 죽이고 싶은 마음이 생기게 할 수 있다고 들은 적이 있다. 그것은 나에게 사실이었다. 나는 내 마음속에 아빠를 죄수로 붙잡고 있었다.

용서하지 않는 것이 당신의 마음을 아프게 한다

어떤 마음도 감옥이 될 수 없다.

시간이 지남에 따라, 나는 나의 문제는 아빠가 아니라 나와 나의 용서가 부족하다는 것을 알게 되었다. 나는 서른 살 무렵에 아버지를 정말 용서하지 않았다는 것을 깨달았다. 용서하지 못하는 나는 스스로 상처만 입고 있었다. 용서하지 못하는 것은 상담을 받아야 하는 마음으로, 마음에 많은 문제들을 가진 마음이다. 상담과 일기를 쓰면서 나는 아빠가 자신의 문제나 감정에 대해 이야기하도록 양육받지 않았다는 것을 깨달았다. 아니면 그분은 그렇게 하시는 것이 두려웠을지도 모른다. 그는 자신의 아버지와 관련된 자신만의 문제가 있었다. 어떤 정말 엉망진창으로 이어질 수 있는 길을 따라 내려가는 것은 무서운 일이다. 나는 또한 그분이 이해하지 못하시는 것을 고칠 준비가 되어 있지 않다는 것을 깨닫게 되었다. 그분은 고통, 취약성을 치유하는 대화를 할 수 있는 감정적인 도구를 받지 못했다. 그분이 가지지 못한 것을 주실 수 없었던 것은 그분의 잘못이 아니었다.

결국 용서 없이는 평화도 있을 수 없다. 사과나 진실의 순간은 없을 것이고, 그분과 나 사이에는 돌파구도 없었다. 내 마음에 남은 것은 내 책임인 찌꺼기뿐이었다.

내 인생에서 특별히 어려운 시점에 한 친구가 앨라배마 주 걸프 해안에서 열리는 해변 결혼식에 주례자로 나를 초대했다. 우리 가족과 나는 해변에서 몇 마일 떨어진 비좁은 호텔 방에 머물고 있었다. 왠지 그 주말에 아버지에 대한 기억이 유난히 마음을 무겁게 했다. 어렸을 때 해변에 자주 갔기 때문일 것이다. 그 여행은 나의 아버지와의 가장 좋은 추억들 중 일부였지만, 그분은 여전히 감정적으로 멀리 떨어져 있는 것처럼 보였다.

용서할 수 없는 내 마음을 이겨내기 위해 하나님의 평화가 필요하다는 것을 느낀 나는 한밤중에 일어나 작은 욕실로 들어 갔다. 기도를 하려고 했지만, 내가 생각할 수 있는 것은 나의 아버지를 얼마나 원망하는가 하는 것뿐이었다. 한 시간 동안 고군분투한 끝에 나는 마침내 하나님의 사랑이 나를 가득 채우는 것을 느꼈고, 나 자신의 부족한 사랑과 마주하게 되었다. 하나님께서는 내게 "내가 당신을 용서합니다"라는 말을 할 수 있는 힘을 주셨다. 중간에 나는 어깨에서 무거운 짐이 빠져 나가는 것을 느꼈다. 나는 내 안의 무언가가 변했다는 것을 알았다. 나는 그 호텔 화장실에서 나의 아버지에 대한 모든 괴로움과 원망을 떠나보냈다.

나는 아버지를 용서하지 않고서는 진정한 평화를 누릴 수 없고 또 용서받지 못할 것이라는 것을 마음속 깊이 알고 있었다.

예수님께서는 용서를 기도와 연결하셨다. "서서 기도할 때에 누구에게든지 혐의가 있거든 용서하라"(막 11:25). 그분의 모본(模本)기도에서 그분은 또한 "우리가 우리에게 죄 지은 모든 사람을 용서하오니 우리 죄를 사하여 주옵시고"(눅 11:4) 라고 기도해야 한다고 가르치셨다.

예수님께서는 우리가 기도할 때 하나님 앞에 서서 다른 사람들을 용서하는 것의 중요성을 가르쳤다. 용서하지 못하면 우리의 하늘 아버지와의 교제가 막히기 때문이다. 그것은 하나

님과 친밀함을 제한한다. 용서하지 않는 것은 삶의 모든 것이
은총이라는 자세로 하나님께 다가가지 않고 있다는 신호이다.

용서는 우리의 마음을 쉽게 지배할 수 있는 원망, 보복, 비통함
의 능력을 깨뜨린다.

반면에 용서는 우리 마음을 쉽게 지배할 수 있는 원망, 보복,
비통함의 힘을 깨뜨린다. 그러므로 예수님께서는 "네가 예물
을 제단에 드리다가 거기서 네 형제에게 원망 들을 만한 일이
있는 줄 생각나거든 예물을 제단 앞에 두라. 먼저 가서 그들과
화해하라. 그런 다음 와서 예물을 드리라"(마 5:23-24)고 말
씀하셨다.

우리가 은혜를 받으려면 은혜를 베풀어야 한다. 우리가 용서
받기 위해서는 용서해야 한다.

좋은 소식은 하나님의 은혜가 모든 사람에게 미친다는 것이다.

조지 뮬러는 한 설교에서 이렇게 말했다.

"가장 큰 도둑, 가장 큰 강도, 하늘 아래 살았던 가장 악한 사
람 조차도 자신의 범죄에 대해 용서받을 수 있다. 하나님 안에
는 은혜가 있으시고, 그분은 모든 은혜의 하나님이시므로 아

무리 큰 은혜가 필요하다고 하더라도 그분 안에 있으면 된다. 용서는 하나님 안에서 찾아야 한다. 가장 큰 죄도 용서받을 수 있다."

내 죄에 비하면 아버지의 죄는 작아 보인다. 하나님께서 나의 모든 죄를 용서해 주신다면, 나는 확실히 나의 아버지를 용서할 수 있고, 나를 해치거나, 불쾌하게 하거나, 배신하는 어떤 사람이라도 용서할 수 있다. 하나님과의 화해는 나의 모든 관계들과 화해하게 될 수 있다는 의미이다.

뮬러는 이렇게 말했다.

이와 같이 그가 주 예수님을 믿음으로 하나님과 화목하게 되고 죄 사함을 얻었을 때, 그는 담대히 하나님 앞에 나아가 그의 구할 것을 그분께 알려야 한다. 그리고 그는 자신의 죄가 용서받았다는 것과 하나님께서 그분을 믿는 사람들을 기뻐하신다는 것을 더 많이 깨달을수록 현세적이든 영적이든 자신의 모든 필요를 가지고 그분께서 공급해 주시도록 그가 그의 하늘에 계신 아버지께 나아갈 준비가 더 잘 될 것이다.

우리가 기도로 무엇인가 받기를 기대한다면 먼저 다른 사람을 용서해야 한다. 우리가 용서할 때 우리는 기도에 대한 더 많은 응답을 받을 수 있도록 마음의 여지를 만든다.

하나님께서는 여전히 깊으시다

코리텐 붐(Corrie ten Boom)과 그녀의 가족은 2차 세계대전의 홀로 코스트 기간 동안 많은 유대인들이 그녀의 집에 숨어서 나치로부터 탈출하는 것을 도왔다. 그녀는 자신이 하나님의 뜻을 따르고 있다고 믿었다. 가족이 체포되었을 때, 코리와 그녀의 언니 베치(Betsie)는 라벤스브뤼크 강제 수용소로 보내졌다. 두 자매가 견뎌낸 잔학 행위는 상상하기 어렵다. 그럼에도 불구하고, 그들은 믿음을 고수했다. 베치는 "그분(하나님)은 아직도 더 깊지 않을 정도로 깊은 구덩이는 없다"는 말로 코리를 격려한 적이 있다.

12일 후 코리는 사무적인 실수로 인해 갑자기 석방되었다. 일주일 후, 베치를 포함한 그녀의 연령대에 속한 모든 여성이 가스실로 보내졌다.

코리는 작가이자 연사가 되었다. 그녀의 메시지는 하나님께서는 최악의 죄도 용서하신다는 것이었다. 1947년 코리는 독일 뮌헨의 한 교회에서 설교했다. 그녀는 성도들에게 "우리가 우리의 죄를 자백하면 하나님께서는 죄를 가장 깊은 바다에 던져 영원히 사라지게 하신다."고 설교했다.

사람들이 떠나려고 일어섰을 때, 그녀는 회색 옷을 입은 대머리의 뚱뚱한 남자를 보았다. 그리고 그녀는 그를 기억해 냈는데, 그는 여성 수감자들에게 강제로 옷을 벗기고 알몸으로 지나가도록 강요했던 전직 라벤스브뤼크 간수였던 사람이었다.

그는 그녀에게 다가와 손을 내밀어 인사했다. "좋은 메시지이군요, 아가씨! 당신의 말대로 우리의 죄가 모두 바다 밑바닥에 있다는 것을 아는 것이 얼마나 좋은 일인가요." 그는 그녀가 그곳에 있었다는 것을 기억하지 못했다. 그러나 그녀는 그를 기억했다. 그녀는 그의 손을 잡기보다는 얼어붙은 채 주머니를 더듬었다.

"당신은 당신의 연설에서 라벤스브뤼크를 언급했어요"라고 그는 계속 말을 이어갔다. "나는 그곳의 경비원이었어요. 하지만 그 이후로 나는 그리스도인이 되었어요. 하나님께서 내가 거기에서 한 잔인한 일들을 용서해 주셨다는 것을 알고 있어요. 그러나 나는 당신의 입에서도 그 말을 듣고 싶어요." 그는 손을 내밀며 말했다, "아가씨, 용서해 주시겠어요?"

용서는 의지의 행위이다

코리는 그녀 자신이 그렇게 해야 한다는 것을 알았다. 하나님의 말씀은 분명하다. 우리가 용서하지 않는다면, 하늘에 계신 우리 아버지가 어떻게 우리를 용서하실 수 있겠는가?

그녀는 심장을 움켜쥐고 차가움을 안고 서 있었다. 용서는 감정이 아니라는 것을 그녀는 알고 있었다. 그것은 의지의 행위이다. 그래서 그녀는 조용히 기도했다. 예수님, 저를 도와주소서! 나는 나의 손을 들 수 있나이다. 나는 그 정도는 할 수 있나이다. 당신은 생각을 제공하나이다." 기계적으로 그녀는 자신에게 뻗어 있는 사람에게 손을 내밀었다. 그녀가 그랬을 때 놀라운 감각이 일어났다. 전류가 그녀의 어깨에서 시작되어 그녀의 팔을 타고 내려가 두 사람의 맞잡은 손으로 뛰어들었다.

그런 다음 치유의 온기가 그녀의 온몸을 가득 채웠고 그녀는 이렇게 말했다. "형제님, 용서합니다! 내 온 마음으로!"

당신은 기도에 더 많은 능력을 원하는가?
당신은 당신이 너무 오랫동안 짊어진 짐에서 벗어나고 싶은가?
당신은 누구를 용서해야 하는가?

당신이 얼마나 많이 용서받았는지 기억하라. 당신의 손을 들고 하나님께 그 느낌을 달라고 구하라. 하나님께서 당신을 도우실 수 있다. 당신은 많이 용서받았으므로 당신도 용서할 수 있다. 당신의 온 마음을 다해.

기도 원칙#14:
용서하지 않으면 기도의 능력이 차단된다.

15. 잘라내라

"만일 네 오른 눈이 너로 실족하게 하거든 빼어 내버리라 네 백체 중 하나가 없어지고 온몸이 지옥에 던져지지 않는 것이 유익하니라"(마 5:29).

1921년, 에반 오닐 케인 박사는 펜실베니아 케인에 있는 케인 서밋 병원의 수석 외과 의사였다. 37년간 의사로 일한 후, 케인은 4천 번 이상의 맹장 수술을 했다. 당시의 일반적인 의료 관행과는 달리, 그는 모든 수술에 전신 마취를 사용하는 것이 최선의 선택이 아니며, 많은 경우 국소 마취가 더 나을 것이라고 믿었다. 하지만 누가 그의 이론을 검증할 수 있겠는가?

마침내 완벽한 경우가 나타났다. 케인은 그 자리에 노보카인(novocaine-국소 마취제의 하나-역주)을 주사하고 절개를 한 다음 혈관을 고정시키고 맹장 위치를 찾기 시작했다. 그리고 나서 역시 외과 의사인 그의 형과 다른 의료 전문가들이 대기하고 있는 가운데, 케인은 염증이 있는 장기를 제거했다.

산상수훈에서 예수님께서는 죄를 다루기 위한 매우 개인적이고 정밀한 수술에 대해 설명하신다. 이 절차는 가장 큰 죄와 가장 작은 죄에 사용된다.

예수님께서는 "언젠가 그 일을 처리하는 것이 좋을 것이다."

라고 말씀하지 않으셨다. 그분은 "그렇게 나쁘지는 않다. 누구나 한두 가지 악습이 있다." 아니다, 그분은 어떤 혼동도 없이 매우 간단한 용어로 말씀하셨다. 너희는 즉시 죄를 잘라버려야 한다.

예수님께서는 왜 그러한 과감한 조치를 옹호하셨을까? 당신의 영혼이 위태롭기 때문이다. 지속적인 죄는 궁극적으로 당신을 파괴적인 길로 이끌 것이다. 맹장염이 몸을 독살하듯이, 해결되지 않은 죄는 영혼을 독살한다.

같은 방식으로 나쁜 독이 몸을 독살하고 해결되지 않은 죄가 영혼을 독살한다.

물론 예수님께서는 과장되게 말씀하고 계신다. 그분은 정욕이나 탐욕에 대한 유혹과 죄에 대한 해결책으로 실제로 눈을 빼라고 요구하지 않으실 것이다.

죄의 높은 대가

죄는 하나님과의 관계를 차단하고 기도를 마비시킨다. 조지 뮬러는 "죄 가운데 살면서 동시에 하나님과의 교제를 통해 이 삶에 필요한 모든 것을 하늘에서 끌어내는 것은 불가능하다." 고 말했다.

우리는 항상 죄가 우리를 하나님으로부터 나누고, 하나님으로부터 분리시키는 부정적인 실체라고만 생각한다. 그러나 죄는 하나님께서 우리에게 주시고자 하시는 긍정적인 선물에도 영향을 미친다.

20세기 죄악의 실제 사역의 위대한 지도자 중 한 명인 마이크 야코넬리는 이렇게 말했다.

죄는 우리를 하나님께 등지는 것보다, 우리의 삶을 등지는 것이다! 부도덕은 간통과 부정직 그 이상이며, 단조롭고, 무색하고, 음울하고, 진부하고, 상상력이 없는 삶을 사는 것이다. 기독교의 가장 큰 적은 예수님을 믿는다고 하지만 더 이상 놀라게 하지 않는 사람들과 또 놀라지 않는 사람들이다. 예수 그리스도께서 우리를 나태함과 길 잃은 것으로부터 구원하여 주시고, 밋밋한 영혼과 타락한 영혼으로부터 구원해 주셨다.

"하나님께 내가 무엇을 하지 않기를 바라시느냐"고 여쭙기보다, 우리는 스스로에게 "내 삶에 죄가 남아 있기 때문에 내가 받지 못하는 것이 무엇인가? 어떤 기도가 응답되지 않는가? 내가 다른 것을 선택했기 때문에 내가 잃어버린 기쁨은 무엇인가"라고 물어볼 필요가 있다.

죄의 비용은 죄의 값보다 더 비싸다.

우리는 조지 뮬러와 같은 사람을 일종의 대단한 성자로 생각할지도 모른다. 그러나 뮬러는 자신에 대해 그런 생각을 갖고 있지 않았다. 그는 많은 사람이 그에게 물었을 것 같은 질문들을 일기에서 곰곰이 생각한 적이 있다. "고아들을 위한 기금이 무일푼이 되고, 그 일에 종사하는 사람들은 자기들이 바칠 것이 아무것도 없다면, 어떻게 되겠는가? 식사 시간이 왔는데 아이들을 위한 음식이 없었다고 가정해보자."

뮬러는 이렇게 썼다.

우리 마음이 '심히 사악'(렘 17:9)하기 때문이다. 만일 우리가 더 이상 살아 계신 하나님을 의지하지 않거나 죄를 우리 마음에 품어(시 66:18, KJV) 자리잡게 된다면 그러한 상태가 일어날 것이라고 믿을 만한 이유가 있다. 그러나 우리가 살아 계신 하나님을 신뢰할 수 있는 한, 우리가 마땅히 여겨야 할 모든 면에서 부족하더라도 죄 가운데서 살지 않는 한, 그러한 상태는 일어날 수 없다.

나는 뮬러가 옳았다고 믿는다. 뮬러는 하나님에 대해 추정하기보다 단지 영적 실재를 진술한 것뿐이다. 죄를 심각하고 신속하게 처리하는 사람들은 그러한 삶을 하나님께서 기뻐하실 것이라고 기대할 수 있다. 우리는 누구나 비틀거리고 넘어진다. 그러나 우리는 하나님을 계속 신뢰하도록 하나님께서 은혜로 지탱해 주실 때 우리는 하나님께서 우리의 모든 필요한 것을 계속 공급해 주실 것을 기대할 수 있다. 즉, 능동적으로 죄를 처리할 때 하나님의 주시는 복이 우리에게 더욱 활짝 열릴 것을 기대할 수 있다.

우리가 적극적으로 죄를 다룰 때, 우리는 하나님의 축복이 우리에게 더 완전하게 열릴 것을 기대할 수 있다.

당신의 삶에서 제거되어야 할 죄는 무엇인가? 색욕? 탐욕? 부정 행위의 형식? 정죄하는 생각?

그 죄에 이름을 붙이신 하늘에 계신 아버지 앞에서 지금 처리하라. 용서를 구하라. 앞으로 그 죄와 싸울 수 있도록 도와달라고 기도하라. 다시 실패한다면 하나님의 자비를 믿으라. 예수님께서는 우리에게 기도하라고 가르치신 대로 기도할 때마다 용서를 구해야 한다고 말씀하셨다(마 6:12, 참조).

우리의 죄를 영원히 속죄하기 위해 우리가 할 수 있는 일은 아무것도 없다. 동이 서에서 먼 것 같이 오직 그리스도의 십자가를 통해서만 우리의 죄가 우리에게서 분리될 수 있다(시 103:12, 참조). 그분은 "우리의 죄에 따라 우리를 대하지 아니하시며 우리의 죄악에 따라 갚지 아니하신다"(시 103:10). 하나님께서는 우리의 죄를 간과하시거나 혹은 별로 중요하지 않은 것으로 일축하지도 않으신다. 하나님께서 보시기에 죄는 너무나 심각해서 그분 자신이 큰 대가를 치러야 하셨다.

예수님께서는 당신을 위해 죽으셨다. 그분이 당신을 위해 죽으셨기 때문에 당신은 당신의 죄를 더 이상 짊어지지 않아도 된다. 그분이 당신을 위해 죽으셨기 때문에 당신은 완벽해지려는 노력을 멈출 수 있다. 그분이 당신을 위해 죽었기 때문에 당신이 용서받은 것처럼 다른 사람들을 용서할 수 있다. 그분이 당신을 위해 죽으셨기 때문에 당신은 인내와 친절을 배울 수 있다.

그뿐 아니라 그분이 무덤에서 다시 살아나셨기 때문에 이제 당신은 죄에 대한 승리를 경험할 수 있다. 예수님을 무덤에서 일으키신 바로 그 권능이 이제 당신이 죄와 죽음을 이기는 권세를 갖도록 도와준다.

"예수님을 죽은 자 가운데서 살리신 하나님의 영이 너희 안에 거하시느니라 하나님이 그리스도 예수를 죽은 자 가운데서 살리신 것 같이 너희 안에 거하시는 이 성령으로 말미암아 너희 죽을 몸도 살리시리라"(롬 8:11, NLT).

당신이 죄를 고백하고 거듭 용서를 구할 때, 하나님께서 당신에게 승리를 주실 것이다. 당신에게 가장 유혹적인 죄가 오히려 당신의 간증이 될 것이다.

그러나 당신은 그리스도의 용서의 선물을 반복해서 죄를 짓는 핑계로 사용할 수는 없다. 예수님의 가르침은 여전히 유효하다. 그것을 잘라 버리라. 그렇다, 당신은 하나님의 도움이 필요하다. 그러나 그리스도께서 당신에게 하라고 명령하신 것을 하나님께서 당신을 위해 하실 것이라고 기대하지 말라. 하나님의 은혜는 거저 주어지지만 예수님을 따르는 모든 사람은 예수님처럼 십자가를 지고 당신 자신의 죄를 버리고 오직 하나님만 의지하라는 부름을 받았다(마 16:24; 잠 28:13; 요일 2:6, 참조).

가짜 보상을 좇음

전설적인 설교자이자, 신학 교수이자, 이야기꾼인 프레드 크래독은 은퇴한 말하는 그레이하운드와의 만남에 대해 설교를 했다. 그 날렵한 동물은 경주 일에 대해 묻는 동안 발밑에 누워 있었다.

"그런데 왜 경주에서 은퇴했나?" 프레드가 물었다.
"나는 은퇴하지 않았어요. 그들이 그렇게 말했나요?"
"그럼, 다치셨나?"
"아니, 그런 일은 없었어요." 개가 말했다.
"너는 이기는 것을 멈췄나?"

"아니요." 개가 말했다. "나는 10년을 프로 경주용 그레이하운드로 보냈어요. 그것은 10년 동안 다른 개들과 함께 그 토끼를 쫓으면서 매일, 일주일 내내 그 트랙을 뛰어다닌다는 것을 의미해요. 그러던 어느 날 가까이 가서 그 토끼를 잘 보았지요. 그리고 당신은 아나요? 그것은 가짜였어요! 나는 가짜 토끼를 쫓느라 평생을 보냈어요! 나는 은퇴하지 않았어요. 그만뒀어요!"

그레이하운드의 가짜 토끼처럼 죄는 우리를 속여 그것을 쫓아가게 하고, 행복을 약속하고 아무것도 주지 못하게 한다.

기도 원칙#15:
지속적인 죄는 하나님의 선물의 흐름을 방해한다.

16. 그것이 올 것이라고 예상치 못했다

"정신 차리라. 조심하라. 너희 대적 마귀가 우는 사자같이 두루 다니며 삼킬 자를 찾나니"(벧전 5:8, ESV).

댈러스에서 내가 가장 좋아하는 달리기 길 중의 하나는 동물원을 지나는 것이다. 도시 중심부에 있으면서도 넓은 사바나(savannah-대초원, [특히 미국 남동부의] 나무 없는 평원, 초원-역주)가 내려다보이는 다리에서 코끼리, 얼룩말, 기린을 볼 수 있다는 것이 좋았다.

아프리카에서 사파리(safari-사냥, 탐험 등의 원정 여행-역주)를 하던 중 안전한 차량에서 그런 동물들을 관찰했던 때가 생각났다. 우리 차량이 포효하는 사자로부터 불과 몇 피트 떨어진 곳에 있었던 무서운 에피소드가 있었다. 또 다른 경우에는 코끼리가 우리에게 달려들었다.

어느 날 나는 동물원을 지나쳐 풀밭에서 쿵쿵거리며 걷고 있는 거대한 코끼리를 보기 위해 잠시 멈췄다. 그런 다음 나는 구부러진 곳을 돌아 인접한 동네로 뛰어갔다. 이 길에는 약간의 인도가 있었지만 종종 나는 갓길에 서서 잔해물을 조심해야 했다. 일반적으로 이 경로는 매우 안전했다. 그러나 그날 나는 잔디에서 튀어나온 작고 날카로운 금속 울타리를 보지 못했다.

눈에 보이지 않는 가시는 풀이 무성하게 자란 울타리의 더 큰 부분에 연결되었다.

내 오른발 윗부분이 금속 조각에 걸렸다. 울타리가 너무 무거 웠고 내가 너무 빨리 움직여 얼굴부터 땅에 부딪혔다. 이 모든 것은 순식간에 일어났다.

다행히 내 팔꿈치를 뻗어서 낙상을 어느 정도 벗어날 수 있었 다. 그러나 내 이마는 땅에 부딪쳤다. 즉시 숨이 나의 폐를 두 드렸다. 약 1분 동안 움직이지 않으면서 팔, 다리, 머리, 어깨 를 확인했다. 나는 괜찮을까? 고장난 곳이 있는가? 나는 여러 군데에 멍이 들었지만 다행스럽게도 그 정도에 그쳤다.

나는 내 주변을 살펴보았다. 그리고 내 앞머리가 땅에 닿은 데에서 불과 6인치 떨어진 곳에 크고 단단한 깨진 유리가 흙 속에 박혀 있었다. 0.5피트만 떨어져 착지했더라면 눈을 잃거 나 뇌 손상을 입을 수 있었다.

어떤 사람들은 길 바로 너머에 있는 코끼리, 사자, 누(wild-beest-소과에 속하는 포유류-역주)와 같은 사나운 동물들이 내 생명에 가장 큰 위협이 되었다고 말할지 모른다. 그렇지 않 았다.

'작은' 죄의 위험

가장 큰 위험은 너무 작아서 나는 그것이 올 줄도 몰랐다.

우리 삶의 유혹과 죄도 마찬가지이다. 우리는 종종 큰 도덕적 실패보다 사소한 죄로 인해 더 큰 위험에 처한다. 작은 위협은 무해한 것 같아서 더 큰 것으로 바뀔 때까지 간과된다. 이러한 위협에 직면하지 않으면서 예수 그리스도를 따르는 사람은 없다.

우리는 종종 큰 도덕적 실패보다 사소한 죄로 인해 더 큰 위험에 처한다. 작은 위협은 무해해 보이지만 더 커질 수 있다.

결혼 생활에 불성실한 사람은 큰 스캔들에 휘말릴 수도 있다. 그러나 배우자에 대한 부정은 실패의 중요한 어떤 순간에 일어나는 것은 아니다. 그것은 끓어오르도록 허용된 생각에서 시작하여, 약간 더 큰 무분별함으로 이어진다. 사무실에서의 희롱, 암시적인 문자 메시지는 큰 몰락으로 이어진다.

작은 것이 중요하다. 그래서 바울은 고린도 교인들에게 "그런즉 섰다고 생각하거든 넘어질까 조심하라"고 했다(고전 10:12).

베드로는 마귀가 으르렁거리는 사자와 같아서 누가 잡아먹힐 수 있는지 지켜보기 때문에 항상 정신을 차리고 조심하라고 교회에 가르쳤다. 정신을 차리는 것은 정신적으로 주의 깊고 자제력이 있는 사람을 의미한다. 조심하는 것은 깨어있고 경각심을 갖는 것을 의미한다. 하나님께서는 전능하시고, 하나님의 자녀들이 시험 가운데 있을 때 도움을 주시지만, 우리는 영적으로 우리의 경계를 늦출 여유가 없다. 우리는 사탄이 가차없이 어둠 속에서 먹을 기회를 기다리고 있다는 사실을 인식하는 것이 중요하다.

예수님께서도 광야에서 사탄에게 살그머니 접근을 당하셨다. 그분은 돌을 빵으로 바꾸고 싶으신 단순하고 미묘한 유혹을 받으셨지만, 예수님께서는 그분 자신의 굶주림을 빨리 해결하시는 것이 사실은 하나님에 대한 그분 자신의 단순한 의존을 부정하는 것임을 알고 계셨다(마 4:1-11, 참조).

그분은 유혹에 굴복하지 않으셨다. 그러나 그분을 따르는 우리는 계속해서 굴복한다. 예수님께서는 우리가 걸려 넘어져 죄에 굴복한 경우에 올바른 대응은 그것을 견디거나 무시하거나 합리화하는 것이 아니라고 가르치셨다. 대신 주님께서는 우리에게 그것을 인정하고 용서를 구하고 즉시 잘라내라고 말씀하신다.

"만일 네 손이나 네 발이 너를 범죄하게 하거든 찍어 내버리라 장애인이

나 다리 저는 자로 영생에 들어가는 것이 두 손과 두 발을 가지고 영원한 불에 던져지는 것보다 나으니라 만일 네 눈이 너를 범죄하게 하거든 빼어 내버리라 한 눈으로 영생에 들어가는 것이 두 눈을 가지고 지옥 불에 던져지는 것보다 나으니라"(마 18:8-9).

앞서 언급했듯이 예수님께서는 말씀 그대로 우리가 눈을 빼거나 발을 자르는 것을 원하지 않으신다. 그러나 그분의 생생한 말씀은 죄가 심각하며 신속하게 처리되어야 함을 암시한다. 우리의 세상에서의 선택에는 영원한 결과가 따른다.

응답받은 기도의 영역과 같은 실시간 결과도 있다.

어떤 아는 죄가 남아 있다면 우리는 하나님 면전으로 들어올려지거나 우리의 기도가 응답되기를 기대할 수도 없다.

우리가 아는 죄가 남아 있도록 허용된다면 우리는 하나님의 면전으로 들어올려질 수 없다. 그러한 상태에서 우리는 우리의 기도가 응답될 것이라고 기대해서는 안 된다.

조지 뮬러는 "우리는 '흰옷'을 입어야 한다. 더러운 옷에 비유되는 우리 자신의 죄는 제거되어야 하며, 우리는 주 예수 그리스도의 공로와 고난을 전적으로 신뢰하여 그분의 속죄의 권능으로 우리의 모든 죄에서 깨끗함을 받아야 한다."고 말했다.

뮬러는 하나님께서 자신을 깨끗하게 하셨다는 것을 알았다. 그는 또한 작은 죄가 어떻게 더 큰 문제로 바뀔 수 있는지도 알고 있었다.

뮬러는 죄와 싸웠다

뮬러는 그의 자서전에서 "나의 아버지는 당신의 자녀들에게 이 땅에서 살아갈 수 있는 원리를 가르치셨고, 또 아버지는 우리의 나이를 고려하여 많은 돈을 주셨다. 결과적으로 그것은 나와 내 형제들을 많은 죄를 짓도록 만들었다. 열 살이 되기 전에 나는 아버지께 맡겨진 정부 돈을 반복적으로 훔쳤다. 어느 날, 아버지는 내가 있는 방에 돈을 세어서 놓아두고 잠시 동안 나만 혼자 있게 함으로써 나의 도둑질의 현장을 잡으려고 하셨다. 그래서 혼자 남겨진 나는 돈의 일부를 가져다가 신발 속 발밑에 숨겼다."고 썼다.

뮬러의 아버지는 그를 붙잡았지만, 처벌들이 뮬러의 행위를 막지 못했다. 대신 그의 방법은 더욱 교묘해졌다.

뮬러의 죄의 습관들은 청구서를 지불할 돈도 없으면서 값비싼 호텔 두 곳에서 묵었다가 결국 감옥에 갇히게 되었다.

그는 "나는 지금 열여섯 살에 절도범, 살인범들이 들어가는 감옥에 수감되어 있었다. 나는 감방에서 나가라는 허락도 없이 밤낮으로 이곳에 갇혀 있었다.”고 썼다. 그는 크리스마스를 그곳에서 보냈다. 1821년 12월 18일부터 1822년 1월 12일까지 24일 동안 그는 감옥에 수감되었다. 그는 그의 아버지가 여관 빚과 감옥 생활비를 갚음으로써 석방되었다. 그분은 또한 아들이 집으로 돌아올 수 있도록 충분한 돈을 주셨다.

뮬러는 마침내 죄의 결과를 알았지만 그가 주님을 찾기까지는 여전히 시간이 걸렸다.

그의 인생의 방향은 엄청난 강도짓으로 시작된 것은 아니었다. 그것은 무분별한 행동, 사소한 절도, 속임수가 수십 번에 걸쳐서 이루어진 산물이었다. 하나님의 은혜는 그 시간에서 구속하시고, 뮬러를 그분께 더 가까이 데려가는 데 그것을 사용했다.

기도하지 않는 시간이 기도에 영향을 미친다

기도하는 삶에 대해 내가 배운 가장 큰 교훈 중 하나는 내가 기도하지 않는 것이 나의 기도의 능력에 영향을 미친다는 것이다. 불결한 생각으로 마음을 채운 저녁은 아침의 산만한 기도 시간으로 이어진다고 생각한다. 충분한 휴식을 취하지 않거나 정신없는 활동을 추구하는 것과 같은 잘못된 일련의 선택은 한

주 동안 나의 삶의 성과에 영향을 미친다. 부정적인 생각은 찬양으로 가득 찬 생각을 몰아낸다. 용서하지 않으면 용서를 받을 수 있는 하나님의 은혜에 접근할 수 없다.

내가 죄를 해결하지 못할 때 나는 모든 것에 대해 내가 하나님께 전적으로 의존하고 있다는 것을 부인하게 한다. 내 기도에는 힘이 없다. 내 삶은 고갈된 느낌이다. 그 순간에는 많은 노력과 기도가 필요하지만, 정신을 차리고 깨어 있는 상태로 돌아갈 수 있도록 자비와 도움을 하나님께 구한다. 하나님께서 나의 훈련을 새롭게 해주시기를 기도한다. 나는 미래의 공격으로부터 보호를 요청한다.

당신은 어떤가?

당신을 계속해서 걸려 넘어지게 하는 것, 결국 큰 추락을 초래할 수 있는 어떤 것이 있는가? 빛 속으로 들어와야 할 숨겨진 어떤 것이 있는가?

하나님께 당신의 죄목(罪目)을 밝히고 직시하고 잘라내도록 도와달라고 기도하라. 당신은 스스로 자신을 구원할 수 없다. 당신은 하나님의 도움이 필요하다.

하나님께 당신의 죄목을 밝히고 마주하고, 잘라내도록 도와

달라고 기도하라. 당신은 당신 자신을 구원할 수 없다. 당신은 하나님의 도움이 필요하다.

오늘, 기도할 때 힘이 부족해지는 원인이 될 수 있는 것들의 목록을 만들어라. 그런 다음 당신의 삶에서 그 장애물들을 하나씩 제거하는 계획을 세우라.

당신이 변화할 때 하나님께서 당신을 강하게 해 주시기를 기도하라.

하나님께서 그 좋은 선택을 사용하셔서 당신이 그의 왕국을 추구하는데 더 빠르고, 더 멀리 달릴 수 있도록 어떻게 도와주시는지 바라보라.

기도 원칙#16:
작은 걸림돌이 기도의 힘을 떨어뜨린다.

17. 모래 위에 우뚝 솟은 배

"너희 중에 누구든지 지혜가 부족하거든 모든 사람에게 후히 주시고 꾸짖지 아니하시는 하나님께 구하라 그리하면 주시리라"(약 1:5).

호주 뉴캐슬은 시드니에서 북쪽으로 약 75마일 떨어진 산업 항구 도시이다. 2007년 6월 8일 아침, 약 50척의 배가 석탄을 싣기 위해 뉴캐슬 항구에서 기다리고 있었다.

그런데 폭풍이 몰려와 36시간 동안 배와 해안을 강타했다. 항만 당국은 무선으로 대기 중인 선박들에게 "피항하라"고 경고했지만, 그 중 10척은 경고를 무시했다.

폭풍이 심해지면서 파나마 화물수송함 파샤 벌커호는 해안쪽으로 휩쓸려갔다. 보도에 따르면 배의 선장은 경험이 부족한 선원들이 폭풍우를 헤쳐나가는 동안 갑판 아래에서 아침을 먹고 있었던 것으로 알려졌다. 마침내 선장이 직접 배를 지휘하게 되었을 때, 이미 배는 통제할 수 없었고 그는 그 거대한 배가 해변으로 파도타기를 하게 되는 치명적인 실수를 저질렀다.

오전 10시, 파샤 벌커호는 도심 바로 옆 노비스 해변에서 좌초했다. 비록 그 거대한 배는 아직 화물을 싣지는 않았지만, 여전히 엄청난 무게가 나갔다.

선원들과 도시 지도자들은 모두 그것이 도시에 영향을 미칠 것을 두려워했다. 그래서 그들은 배에 밸러스트(ballast-배의 바닥짐-역주)를 실어서 배를 모래 속으로 더 깊이 가라앉히고 해변의 위로 더 이상 이동하는 것을 막았다.

배는 한 달 동안 거기에 있었다.

선주는 어떻게 하면 배를 다시 바다에 띄울 수 있을지 궁리했다. 한 농담꾼은 이베이(eBay-세계 최대 규모의 오픈 마켓. 인터넷 경매와 고정가 방식의 쇼핑을 운영하는 미국 회사-역주)에서 배를 판매한다고 짧게 광고했다. 경매가 종료되기 전까지 입찰가는 1,600만 달러까지 올랐다.

한편, 파샤 벌커는 관광 명소가 되었다. 군중들이 그 배를 구경하기 위해 모여들었다. 아이스크림 트럭과 커피 판매대가 나타났다. 한 방문객이 언급했듯이, "수천 명의 사람들이 모래 위에서 조용히 쉬고 있는 우뚝 솟은 배의 모습에 매료되었다. 그것은 자발적이고 꽤 즐거운 공동체의 전시였다."

당신의 영혼의 선장은 누구인가?

이 교훈적인 이야기에서 무엇을 배울 수 있는가? 다음은 개인적인 적용으로 안내하는 두 가지 질문이다.

첫째, 당신의 영혼의 선장은 누구인가?

나는 친절하지만 대체로 자기중심적인 사람의 장례를 치러 달라는 요청을 받은 적이 있었다. 내가 말하려고 일어서기 직전에 사회자는 프랭크 시나트라(Frank Sinatra)의 '마이 웨이(My Way)' 음악에 맞춰진 슬라이드 쇼(Slide show-스마트폰 따위의 휴대용 단말기나 컴퓨터, 프로젝터 등의 기기를 활용하여 사진이나 그림 따위를 한 장씩 차례대로 연속해서 보이도록 늘어놓는 일-역주)를 요구했다. 그 남성은 편안한 삶을 살았다. 그는 많은 돈을 벌었고, 많은 돈을 낭비했다. 불행하게도, 그의 삶을 요약하자면, 나는 그가 다른 사람들의 삶에 얼마나 큰 변화를 주었는지 몰랐다.

당신은 그의 배가 결코 그의 편안한 항구를 떠나지 않았다고 말할 수 있다. 그는 결코 사명감을 가지고 인생의 모험을 무릅쓰지 않았다. 그는 자신의 삶을 책임지고 있었다. 나쁜 삶은 아니었지만, 최고의 삶도 아니었던 것 같았다.

당신의 삶은 누가 책임지고 있는가?
둘째, 당신은 어디서 지혜를 얻는가?

파샤 벌커호는 화물을 나르는 목적으로 설계되었다. 그러나 선장의 결정과 행동은 그 임무를 좌초시켰다. 선장은 자신의 지혜를 너무 중시하고 다른 사람들의 지혜를 너무 사소하게 생각했다.

조지 뮬러는 사람들의 믿음을 강화하기 위해 고아원을 설립했다. 굶주리고 집 없는 아이들을 돌보는 것은 부차적인 목적이었다.

당신은 조지 뮬러가 배고프고 집 없는 아이들을 돌보기 위한 유일한 목적으로 고아원을 설립했다고 생각할지도 모르지만, 그것은 부차적인 목적이었다. 그의 첫 번째 목적은 영국 브리스톨과 그 너머 사람들의 믿음을 강화하는 것이었다.

뮬러는 하루에 14시간에서 16시간을 일하면서 몸이 고통받고 영혼이 약해지고 마음이 하나님 안에서 기쁨을 누리지 못하는 사람들을 자주 만났다. 그는 사람들이 돈을 벌기 위해서만 일하며 그들에게 공급해 주시는 하나님을 믿는 믿음이 거의 없다는 것을 느꼈다. 그분은 그들이 '믿음이 더 굳건해지는' 것을 보기를 간절히 원하셨다. 우리가 먼저 하나님의 나라와 의를 구해야 하며 "그리하면 이 모든 것을 너희에게 더하시리라"(마 6:33)는 진리를 확고히 잡지 못했다.

하나님의 신실하심의 증거

뮬러는 사람들이 궁극적으로 그들의 가족을 부양하는 것은 그들의 일이 아니라, 그들이 일을 할 수 없을 때, 그분의 수단으로 그들을 먹이시고 옷을 입히시는 살아 계신 하나님의 일이라는 것을 알기를 원했다.

뮬러는 우리의 하나님 아버지께서 전과 같이 신실하신 하나님이심을 "가시적으로 증거할 목적"으로 고아원을 설립했다. 그는 예전과 마찬가지로 우리 시대에도 그분을 신뢰하는 모든 사람들에게 그분이 살아 계신 하나님임을 증명하고자 했다.

그는 남성과 여성이 어떤 상황에서도 하나님께서 주실 수 있는 지혜를 알기를 원했다. 그는 인생이 난파선처럼 느껴질 때에도 사람들이 하나님을 신뢰하기를 원했다. 그는 그들이 하나님의 말씀을 그대로 받아들이고 말씀을 의지하기를 원했다.

그러한 지혜는 믿음이 필요하다. 야고보는 이렇게 썼다.

"너희 중에 누구든지 지혜가 부족하거든 모든 사람에게 후히 주시고 꾸짖지 아니하시는 하나님께 구하라 그리하면 주시리라"(약 1:5).

우리 모두가 여기에 포함된다. 우리 모두는 인생의 폭풍우를 헤쳐나갈 때 하나님의 도움이 필요하다. 지혜가 필요할 때 하나님께 간구하기만 하면 된다. 하나님께서는 '흠을 찾지 않고' 관대하게 지혜를 주신다. 다시 말해, 당신이 얼마나 멀리 떨어져 있느냐는 중요하지 않다. 당신이 일을 얼마나 엉망으로 만들었는지도 중요하지 않다. 당신이 하나님께로 돌이키기 전에 자신의 지혜를 백 번이나 의지했는지도 중요하지 않다. 하나님께서는 당신의 과거를 거론하셔서 비난하지 않으시고 관대하게, 즉 아주 후하게, 아낌없이, 풍성하게 지혜를 주신다.

우리 모두는 삶의 폭풍을 헤쳐나가는 데 하나님의 도움이 필요하다. 당신이 지혜가 필요할 때 하나님께 지혜를 구하기만 하면 된다.

당신이 만일 죄를 지었거나 하나님을 향하여 완악하게 화를 내며 주먹을 휘둘렀다고 하더라도 과거가 당신의 미래를 결정하게 하지 말라. 하나님께서는 당신의 최악의 태도와 행동을 용서하실 수 있다. 하나님의 성품과 약속이 과거의 어떤 잘못보다 우선한다는 것을 믿으면서 당신에게 필요한 것을 하나님께 확신을 가지고 구하라.

"그러나 너희가 구할 때에 믿고 의심하지 말라 의심하는 자는 마치 바람에 밀려 요동하는 바다 물결 같으니라"(약 1:6).

일부 다른 성경 번역본에서는 "믿음으로" 구해야 한다고 말씀한다. 믿음과 믿음을 갖는다는 것은 하나님을 신뢰하고 그분을 신뢰한다는 것을 의미한다. 하나님께서 거기 계시고 하나님께서 들으시고 응답하신다는 확신을 가지고 하나님 앞에 나아가는 것이다.

하나님께서는 오직 한 종류의 기도, 즉 믿음의 기도에만 응답하신다. 예수님께서 그들을 보게 하실 수 있다고 믿는다고 말한 두 시각 장애인을 고치실 때 주님께서는 "너희 믿음대로 되라"(마 9:29)고 말씀하셨다.

믿음이란 무엇인가? 당신은 "하나님께서 하실 수 있다고 믿는다."라고 말할 수 있다. 그러나 그것은 믿음이 아니다. 물론 당신이 믿든 믿지 않든 하나님께서는 하실 수 있다. 당신은 또한 "나는 하나님께서 그것을 하실 것이라고 믿는다."라고 말할 수도 있다. 그것도 믿음이 아니다. 그것은 좋은 결과를 바라는 것이다.

하지만 "나는 하나님께서 하실 줄 믿는다"라고 말한다면 그것이 믿음이다.

평생 하나님을 신뢰하고, 하나님의 뜻대로 살고, 예수님께서 가르치신 것처럼 남을 용서하고, 예수님께서 그분 자신을 내어주신 것처럼 당신의 생명을 내어주고, 하나님을 기쁘시게 하고, 믿음으로 구할 때, 하나님께서 당신의 기도에 응답해주실 것을 기대할 수 있다.

그것은 하나님을 당신의 선장으로 삼으라는 것을 의미하는 것이다.

하나님께서는 너그럽게 지혜를 주신다. 그러나 "의심하는 자는 … 주님으로부터 어떤 것도 받기를 기대해서는 안 된다"(약 1:6-7).

의심하는 사람들은 그들 자신이다. 그들은 하나님을 반쯤 바라보면서 대부분 자신의 지혜에 의존한다. 그들의 삶은 하나님의 방식대로가 아니라 '내 방식대로' 산다. 잠시 동안은 괜찮을 수 있지만, 하나님께서 그들을 창조하신 목적을 결코 받아들이지 않고 곧 좌초될 것이다.

자신의 지혜에 의존하는 사람들은 잠시 동안은 괜찮을 수 있지만 곧 무너질 가능성이 있다.

사이드쇼(side show-서커스 등에서 손님을 끌기 위해 따로 보여주는 소규모 공연-역주)가 된 우뚝 솟은 배 파샤 벌커호처럼 그들의 삶은 결국 시나트라(Sinatra) 곡조로 설정된 흥미로운 슬라이드쇼에 지나지 않는다.

예수님께서는 제자들에게 십자가를 지라고 말씀하셨다. 십자가는 목적을 나타낸다. 예수님의 십자가는 타락한 인류를 위해 죽으신 그분의 사명이었다. 당신의 십자가도 때로는 다른 사람을 위해 목숨을 버릴 때 고통스럽고 값비싼 대가를 치르게 될 것이다.

사명을 위해 지음받았다

당신은 사명을 위해 지음받았다. 파샤 벌커호처럼 당신은 항구를 위해 지음받지 않았다. 당신은 하나님의 사랑, 소망, 평화라는 귀한 화물을 난파된 사람들의 삶에 전달하기 위해 지음을 받았다.

당신은 더 많은 것을 위해 지음을 받았다.

한 가지 확실한 것은 우리가 선장(船長-배의 항해와 배 안의 모든 사무를 책임지고 선원들을 통솔하는 최고 책임자-역주)이 되겠다고 선언하면 당신과 나는 결코 하나님께서 우리를 지으신 목적의 모습이 되지 못할 것이다. 우리에게는 오직 한 분이 계신다.

"주도 한 분이요 믿음도 하나요 침례(세례)도 하나요 한 하나님 곧 만유의 아버지 그는 만물 위에 계시고 만유를 통하여 만유 안에 계시느니라"(엡 4:5-6).

지혜가 부족한가? 오늘 하나님께 구하라. 하나님께서는 흠을 찾지 않으시고 너그럽게 주신다. 구하라 그러면 그것이 당신에게 주어질 것이다.

목적이 필요한가? 하나님께서는 당신에게도 그것을 계시하실 수 있으시다.

살아 계신 하나님의 인도하심을 받는 오늘이 되게 하라. 지금 하나님의 지혜를 구하라. 하나님의 말씀에 귀를 기울이라. 경고를 무시하지 말라. 선장의 모자를 벗고 십자가를 짊어지라.

기도 원칙#17:
하나님의 지혜와 동떨어진 삶은 결국 좌초된다.

18. 다시 시작하라

"하나님께 가까이 가면 하나님이 너희에게 가까이 오실 것이다"(약 4:8, ESV)

1998년 텍사스 라그랑(LaGrange) 주에 사는 랄프(Ralph)와 산드라 피셔(Sandra Fisher)는 사랑하는 애완동물 찬스(Chance)를 잃었다. 랄프에 따르면 찬스는 '그저 사랑의 큰 묶음'이었다. 그는 그들의 얼굴을 핥고 그들에게 코를 비벼댔다. 이것은 2,000파운드나 나가는 다 자란 브라만 황소에게는 특이한 행동이었다.

아이들은 그를 사랑했다. 찬스는 황소라기보다는 개에 가까웠다. 그는 가족을 따라 마당을 돌아다녔다. 그들은 그를 컨벤션(convention-다수의 사람들이 특정한 활동을 하거나 협의하기 위해 한 장소에 모이는 회의(meeting)와 같은 의미-역주)과 바비큐에 데려갔다. 그는 영화와 텔레비전 쇼에 출연했다.

찬스가 열아홉 살의 나이로 세상을 떠났을 때, 그 가족은 황폐해졌다.

하지만 랄프는 텍사스 A&M 대학의 새로운 동물 복제 프로그램에 대해 듣고 지원하기로 결정했다. 그리고 약 11개월 후,

최초의 복제 황소가 태어났다.

그들이 그의 이름을 무엇으로 지었는지 추측할 수 있는가?

세컨드 찬스.

이상하게도, 랄프가 그를 집으로 데려왔을 때, 세컨드 찬스는 찬스가 마당에 누워 있던 자리로 곧장 갔다. 그는 찬스가 걸었던 것처럼 걸었다. 랄프는 사랑하는 찬스를 되찾았다고 믿었지만, 의사는 찬스가 같은 동물이 아니라고 여러 번 경고했다.

세컨드 찬스의 네 번째 생일 파티까지는 모든 것이 괜찮아 보였다. 황소는 뿔로 파고들며 랠프를 땅에 쾅 내려쳤다. 랄프는 그후에 "그는 작은 단계를 거쳐 정착해야 할지도 모른다."고 말했다.

당신이 사랑할 때는 당신이 보고 싶은 것만 보게 된다.

거의 2년 후, 세컨드 찬스는 갑자기 랄프의 가랑이를 꿰뚫어 80바늘을 꿰매야 했다. 공격은 또한 랄프의 척추에 미세한 골절을 일으키고 코를 부러뜨렸다. 랄프는 "당신이 아시다시피 우리는 일이 잘 풀릴 것이라는 믿음만 있으면 된다고 생각해요. 그래서 나는 그를 용서해요. 그에게 그렇게 가까이 가지 말았어야 했어요"라고 말했다. 사랑은 어디까지 해야 하는가?

하나님께서는 우리를 가장 좋게 보신다. 우리가 하나님의 마음을 아프게 할 때라도 하나님께서는 어쨌든 우리를 사랑하신다. 하나님께서는 용서하시고 계속 용서하신다.

세컨드 찬스에 대한 랄프의 사랑은 하나님께서 우리를 얼마나 엄청나게 사랑하시는지를 반영한다. 하나님께서는 우리에게서 가장 좋은 것을 보신다. 우리가 하나님께 상처를 줄 때에도 하나님께서는 우리를 사랑하신다. 하나님께서는 용서하시고 계속해서 용서하신다. 왜? 사랑할 때는 보고 싶은 것만 보게 되기 때문이다.

유죄 판결을 받았지만 변하지 않았다

하나님께서는 조지 뮬러에게서 최고를 보았다. 그는 삶이 궤도를 벗어났을 때 여러 번 주님께 돌아갈 기회를 얻었다. 학교에서 뮬러는 예배당에서 성경을 읽을 때 종종 감동을 받았다. 그러나 그는 계속해서 떨어져 나갔다. 유죄 판결을 받았지만 변하지 않았고, 하나님의 뜻을 원했지만, 그 자신의 뜻을 더 원했다.

성경을 읽는 대신, 그는 영적인 책, 선교 논문, 설교, 경건한 사람들의 전기를 읽으며 시간을 보냈다. 그것은 영성의 한 형태였지만, 뮬러는 항상 주변을 돌고 있었다. 그는 다음과 같이 썼다.

나는 나의 삶 속에서 성경을 읽는 습관을 가져본 적이 없다. 15세 미만일 때, 나는 가끔 학교에서 성경 중 일부를 읽었다. 그 후에 나는 하나님의 소중한 책을 완전히 제쳐두고, 하나님께서 내 마음속에서 은혜의 일을 시작하실 때까지 성경을 단 한 장도 읽지 않았다. 나는 실제로 내 영적인 삶의 첫 4년 동안 살아 계신 하나님의 말씀보다 영감을 받지 못한 사람들의 작품을 선호했다.

이 책들과 소책자들은 훌륭했지만, 뮬러에게 그리스도인으로서 삶을 살아갈 힘은 거의 주지 않았다. 이와 같이 뮬러는 종종 하나님으로부터 멀어져 갔으며, 약하고, 성령의 능력이 없었다. 그리고 그는 이른바 "두 번째 개종"이라고 부르는 것을 경험했다고 썼다.

주님께서는 내가 주석이나, 그와 같은 다른 모든 책을 제쳐두고 단순히 하나님의 말씀을 읽고 연구함으로써 그것을 경험의 시금석으로 삼았다. 그 결과, 기도와 성경 묵상에 몰두하기 위해 방에 틀어박힌 첫날 저녁, 나는 몇 달 전에 배웠던 것보다 몇 시간 만에 더 많은 것을 배웠다. 그러나 특별한 차이점은 그렇게 함으로써 내 영혼에 진정한 힘을 얻었다는 것이다.

뮬러의 영혼은 살아났다. 그는 에너지와 기쁨으로 가득 차 있었다. 그것은 살아 계신 하나님을 신뢰하는 삶의 새로운 시작이자 복된 시작이었다.

하나님께서는 구속하시기를 좋아하신다

랄프가 세컨드 찬스를 포기하지 않는 것처럼 하나님께서는 뮬러를 포기하지 않으셨다.

하나님께서는 당신 역시 포기하지 않으실 것이다.

하나님을 등한시하는 것은 상관없다. 중요한 것은 앞으로 어떻게 하느냐다. 하나님을 가까이 하면 하나님도 가까이 하신다. 하나님께서는 당신의 과거의 죄를 당신에게 돌리지 않으실 것이다. 하나님께서는 당신의 부끄러움을 짓밟지 않으실 것이다.

"하나님이여 상하고 통회하는 마음을 주께서 멸시치 아니하시리이다"(시 51:17, ESV).

하나님께서는 두 번째, 세 번째, 네 번째 기회의 하나님이시다. 하나님께서는 구속하시기를 좋아하신다.

두 번째 기회가 필요하다면 먼저 당신의 방법이 통하지 않는다는 것을 인식하고 마음을 다해 하나님을 찾아야 한다.

두 번째 기회가 필요하다면 어떻게 하나님께 돌아갈 수 있는가?

첫 번째 단계는 당신이 지금 사는 방식에 몹시 지쳐 있다는 것을 깨닫는 것이다. 알코올 중독자 갱생회의 문화에는 "나는 아프고 피곤해서 지겹고 지쳤다."라는 말이 있다. 이제 당신이 "난 지쳤어."라고 말할 때이다. "나는 영적인 나약함에 지쳤다. 나는 과로하고, 결실이 없고, 하나님 아버지와 멀어지는 느낌에 지쳤다."

하나님께서는 "너희가 온 마음으로 나를 구하면 나를 찾을 것이요 나를 만나리라"(렘 29:13)고 말씀하신다.

두 번째 단계는 자신의 죄를 인정하는 것이다. 당신의 실패를 밝히라. 자신의 죄를 고백하고 그러한 죄의 근본 원인을 밝히도록 성령님께 간구하라.

"만일 우리가 우리 죄를 자백하면 그는 미쁘시고 의로우사 우리 죄를 사하시며 모든 불의에서 우리를 깨끗게 하실 것이요"(요일 1:9).

하나님께 돌아가는 마지막 단계는 당신이 살았던 삶을 놓는 것이다. 하나님께서 당신의 마음을 통제하게 하시고, 하나님께서 당신의 삶에서 무엇을 하실 수 있는지 보라.

성경에서 용서라는 단어는 다른 어떤 것으로부터 어떤 것을 내던져 버리는 것을 의미한다. 그것은 분리하는 것이며, 전적으로 분리하는 것이다. 하나님께서 당신을 용서하실 때, 하나님께서는 그것에서 놓아주신다.

매일 당신은 "하나님, 오늘 내 삶을 내려놓겠나이다. 나는 그것을 하나님의 손에 맡기나이다. 나를 용서하시고 오늘 하나님께로 돌이킬 수 있는 또 다른 기회를 주셔서 감사하나이다."라고 기도할 수 있다.

세컨드 찬스에 대한 랄프의 사랑은 거의 희화적이다. 그것이 우리를 향한 하나님의 사랑이다.

모든 기도는 일종의 두 번째 기회이다. 그것은 믿을 수 있는 기회이다. 하나님께로 돌이키면 새로운 가능성이 열릴 수 있다.

두 번째 기회를 줌

2004년 11월, 뉴욕의 롱아일랜드에서 한 무리의 십대들이 훔친 신용카드를 사용하여 놀이기구를 탔다. 그들은 그것을 DVD와 비디오 게임을 빌리는데 사용했다. 그들은 쿠키, 음료, 새우, 크리스마스 모자, 그리고 얼린 칠면조를 샀다. 그들 중 한 명은 칠면조를 그들의 차창 밖으로 던지기로 마음을 먹었다.

20파운드나 되는 이 새는 빅토리아 루볼로가 운전하는 자동차의 앞 유리를 뚫고 돌진했다. 그 충격으로 그녀의 얼굴에 있는 모든 뼈가 부러졌고, 그녀의 왼쪽 눈이 손상되었고, 그녀의 뇌에 멍이 들었다. 그녀는 9개월 후 직장에 복귀하기까지 얼굴에 광범위한 재수술과 몇 달간의 재활치료를 필요로 했다.

서퍽 카운티 검찰은 칠면조를 던진 라이언 쿠싱(당시 18세)에게 1급 폭행과 기타 범죄로 최대 25년의 징역형을 구형했다. 그러나 빅토리아는 그렇게 긴 형량은 쿠싱을 상습적인 범죄자로 만들 뿐이라고 주장했다.

그녀가 사면을 요청했기 때문에 라이언은 6개월의 징역형과 함께 5년의 지역 사회 봉사 및 정신과 치료와 집행유예를 받았다.

선고를 받은 후에 쿠싱은 빅토리아가 앉아 있는 자리로 걸어갔다. 나중에 그녀는 이렇게 회상했다.

그가 하고 있는 일이라곤 펑펑 울기만 했다. 그는 나를 바라보며 말했다. "나는 결코 당신에게 이런 일이 일어나도록 의도한 것이 아니었어요. 나는 매일 당신을 위해 기도했어요. 잘 지내시고 있다니 정말 다행이예요." 그때 어머니 같은 본능이 나를 덮쳤고, 내가 할 수 있는 일은 그를 어린애처럼 껴안고 말하는 것뿐이었다. "그저 너의 삶으로 좋은 일을 하렴, 이 경험을 가지고 너의 삶으로 좋은 일을 하렴."

어떤 사람들은 빅토리아가 어떻게 그렇게 용서할 수 있는지 이해할 수 없었지만, 그녀는 설명하면서 "하나님께서는 나에게 두 번째 기회를 주셨고 나는 그것을 돌려주고 싶었다."고 말했다.

하나님의 놀라운 사랑과 용서에 비추어 볼 때 당신도 다시 시작할 수 있다. 당신은 다시 살 수 있다. 새로운 출발을 위해 하나님께 간구하라. 하나님께 새 마음을 구하라. 하나님께서는 당신의 상한 마음을 멸시하지 않으실 것이다. 하나님께서는 당신이 다시 시작할 수 있도록 도와주실 것이다. 당신은 절대로 실망하지 않을 것이다.

기도 원칙#18:
모든 기도는 하나님을 더 신뢰할 수 있는 또 다른 기회이다.

19. 당신의 성을 지켜라

"끝으로 형제들아 무엇에든지 참되며 무엇에든지 경건하며 무엇에든지 옳으며 무엇에든지 정결하며 무엇에든지 사랑할 만하며 무엇에든지 칭찬할 만하며 무슨 덕이 있든지 무슨 기림이 있든지 이것들을 생각하라"(빌 4:8).

사람이 살지 않고 방치되어 쇠퇴한 아일랜드의 웅장한 성에 대한 오래된 이야기가 있다. 때때로 인근 농민들은 돼지우리를 짓거나 도로를 수리하기 위해 건설에 필요한 돌을 성에서 가져왔다.

소유주인 런던데리 경은 그의 사유지를 방문하고 있었고 이 야만 행위(비문화적인)를 끝내기로 결정했다. 그는 침입자를 막기 위해 6피트 높이의 벽을 주문했다. 그리고 그는 떠났다.

그가 3, 4년 후에 돌아왔을 때, 놀랍게도 그 성은 사라지고 없었다. 그 자리에는 커다란 돌담이 둘러쳐져 있었다. … 그는 담당 요원을 불러다가, "성이 어디에 있느냐?"고 물었다.

이에 담당 요원은 "성이요? 여하튼, 나는 그것으로 벽을 세웠지요, 영주님. 나의 바로 옆에 아일랜드에서 가장 좋은 돌이 있는데 재료를 얻기 위해 멀리 가는 것이 내가 할 일인가요?"

모든 그리스도인은 도전, 공격, 유혹, 어려운 상황, 좌절에 직면한다. 우리가 가장 소중히 여기는 것이 외부 세력에 의해 심각하게 위협받을 수 있다. 그러나 모든 그리스도인이 직면하는 가장 큰 싸움은 내면의 싸움이다.

그것은 마음의 싸움이다.

사람이 마음속으로 생각하는 대로 그렇게 된다(잠 23:7, 참조). 우리의 생각은 우리 삶의 기초를 형성하며 우리의 행동과 말에 나타난다. 우리의 생각이 우리의 운명을 결정한다. 이것이 사실이기 때문에 우리의 마음은 항상 대적에게 포위되어 있다.

당신의 마음은 반드시 지켜야만 할 성이다. 그것은 돌멩이로 돌멩이를 치는 것처럼 칠 수 있거나, 운반되거나, 하나님께서 계획하신 것이 아닌 다른 것으로 만들어질 수 있다.

당신의 마음은 당신이 지켜야 할 성이다. 부패는 언제나 가능하다. 당신의 마음은 돌멩이로 돌멩이를 치는 것처럼 칠 수 있거나, 그것은 운반되거나 하나님께서 계획하신 것이 아닌 다른 것으로 만들어질 수 있다.

당신의 생각을 지켜라

아무도 부정적이거나 비관적인 사람이 되려고 하지 않는다. 그러나 적의 첫 번째 되는 타킷은 당신의 생각이다. 만약 적이 당신의 생각을 통제할 수 있다면, 그는 당신의 태도, 자아상, 행동을 통제할 수 있다. 이러한 행동은 나쁜 습관, 부적절한 사고 패턴 및 부정적인 반응으로 이어질 것이다. 시간이 지남에 따라, 그러한 습관들은 당신의 성격을 형성하고, 그것은 결국 당신의 운명에 영향을 미친다.

성경이 "너희는 땅 위에 있는 것이 아니라 위에 있는 것에 마음을 두라"(골 3:2, ESV)고 말씀하는 이유이다. 하나님의 더 높은 것에 집중해야 한다. 그렇지 않으면, 당신은 기도할 때 아무것도 기대하지 말아야 한다.

바울은 "주 안에서 항상 기뻐하라. 내가 다시 말하노니 기뻐하라!"(빌 4:4). 계속해서 긍정적인 것에 마음을 집중시키는 방법을 설명한다. 그러나 분명히 하자. 바울은 긍정적인 사고의 힘을 가르치고 있는 것이 아니다. 그의 대답은 "그냥 긍정적인 마음가짐을 유지하라"가 아니다. 그의 대답은 "기뻐하라!" 이다. 바울은 그리스도인들에게 일반적이고 긍정적인 생각이 아니라 하나님의 성품과 그분의 선하심에 마음을 고정하라고 권고하고 있다.

여기서 기쁨을 뜻하는 헬라어 단어는 '작별'로도 번역될 수 있다. 바울은 빌립보 교회와 마지막 작별을 고하고 있다. 그는 본질적으로 "너희는 너희의 모든 문제들의 희생자가 되지 말라. 내면의 문제, 교회 내부의 문제, 외부 환경의 문제에 압도 당하지 말라. 당신의 문제가 당신의 기쁨을 빼앗아 가지 못하게 하라." 바울은 다음과 같이 말씀했다. "당신의 합리성을 모든 사람에게 알리라. 주님께서 가까이 계신다(빌 4:5, ESV). 기쁨과 함께, 합리성과 온유함은 세상에서 당신의 증언에 매우 중요하다.

바울은 빌립보 교인들에게 하나님께서 매우 가까이 계시다는 사실을 상기시킨다. 하나님께서는 당신을 버리지 않으셨다. 그러나 바울은 또한 "하나님의 때가 가까웠다. 모든 것이 바로 잡히고 이 세상의 모든 고통과 절망이 끝날 때가 오고 있다."

하나님께서 가까이 계시고 때가 가까웠기 때문에 계속 기도 해야 한다. 계속해서 하나님께 감사하고 필요한 것을 구하라. 예수님께서는 제자들에게 항상 기도하고 결코 포기하지 말아 야 한다고 가르치셨다.

당신이 스스로 모든 것을 이해하는 것에 실패했다고 인식 할 때 하나님의 평강이 그리스도 예수 안에서 당신의 마음과 생각에 파수꾼(guard)을 세우실 것이다(빌 4:7, 참조). 가드

(guard)란 말은 군사 용어이다. 파수꾼처럼 하나님의 평강이 여러분의 마음과 생각을 지키실 것이다. 하나님께서는 당신이 길을 잃고 혼란스러워할 때 유혹과 죄에 빠지지 않도록 보호해 주실 것이다.

만일 당신이 위협을 느끼거나 주변 상황에 의해 공격을 받거나, 매번 반대를 받는다고 하더라도 당신은 당신의 영혼을 잃어버리지 않는다는 것을 알라. 온전한 확신을 가지고 당신은 기도와 감사와 찬양에 시간을 바치면서 다른 사람들에 대해서 참을 수 있고 마음에 기쁨을 경험할 수 있다. 하나님의 평화가 당신 안에 있다면 당신은 위협이 있는지 계속해서 지평선을 살필 필요가 없다. 전화, 이메일 또는 소셜 미디어를 통해 들어오는 나쁜 소식에 대해 걱정할 필요가 없다.

하나님의 평강이 당신 안에 있다면, 당신은 위협에 대해 계속해서 지평선을 살피지 않아도 된다.

숙고해야 할 가장 좋은 점

바울은 이렇게 권고한다.

"끝으로 형제들아, 무엇에든지 참되고 무엇에든지 경건하며 무엇에든지 옳으며 무엇에든지 정결하며 무엇에든지 사랑할 만하며 무엇에든지 기쁠

만하며 무슨 덕이 있든지 무슨 기림이 있든지 이것들을 생각하라"(빌 4:8).

'무엇에든지 참되며…' 구체적으로 바울은 당신의 삶의 기준으로 복음의 진리를 말씀하고 있다. 디도서 1장 2절은 "영생의 소망을 위함이라 이 영생은 거짓이 없으신 하나님께서 영원 전부터 약속하신 것"이라고 말씀한다. 참된 것에 초점을 맞춘다는 것은 속임수나 절반의 진실에 근거하지 않고 세상에서 옳고 건전하다고 알고 있는 것을 반영하는 것을 의미한다.

'무엇에든지 경건하며…' '경건하며'라는 말은 '존경할 가치가 있다', '존엄하다', 또는 '높다'를 의미한다 십대들이 학교 복도에서 돈이 가득 든 지갑을 발견하고, 그것을 보관하기보다는 분실물 센터에 가져간다면 그것은 고귀한 일이다. 버스에서 노인을 위해 자리를 양보하는 것은 고귀한 일이다. 우리는 그런 것들에 대해 생각해야 한다.

'무엇에든지 옳으며…' '옳으며'라는 말은 정의로운 것, 명예로운 것, 또는 도덕적인 것을 의미할 수 있다. 공정하고 공평한 것들을 생각해 보라. 이것들은 더럽거나 음습하지 않은 것들이다. 성경의 이 부분은 우리를 위한 하나님의 뜻과 조화롭게 하나님의 의(義)의 기준에 초점을 맞추도록 요구한다.

'무엇에든지 정결(순수)하며…' '순수'라는 말은 '더러움에서 자유롭고, 깨끗하고, 티끌 하나 없는 것'을 의미한다. 그것은 우리 마음의 상태와 행위와 관련이 있다. 우리는 매우 지저분한 세상에서 순수하도록 부름을 받았다. 바울은 이렇게 기록하고 있다.

"너희 몸은 너희가 하나님께로부터 받은 바 너희 가운데 계신 성령의 전인 줄을 알지 못하느냐 너희는 너희 자신의 것이 아니라 값으로 산 것이 되었으니 그런즉 너희 몸으로 하나님께 영광을 돌리라"(고전 6:19-20, ESV).

'무엇에든지 사랑받을 만하며…' 이 구절은 보기에 즐겁고 아름다운 행동을 언급하고 있다. 하나님께서는 우리가 아름다움의 사람이 되기를 원하시며, 우리 안에 경외심을 키우는 아름다운 것들을 창조하신다. 이처럼 하나님께서는 우리가 천박하고 저속한 것을 모두 물리치기를 원하신다.

'무엇에든지 칭찬(존경)받을 만하며…' 칭찬받을 만한 것은 다른 사람에게 말할 가치가 있는 것을 가리키는 '좋게 보고 될 가치'로 번역될 수도 있다. 칭찬할 만한 일을 생각한다는 것은 다른 사람의 잘못과 죄에 초점을 맞추거나 일러바치지 않는 것을 의미한다. 그것은 각 사람의 최선을 반영하는 것을 의미한다. 탁월하고 칭찬받을 가치가 있는 것들에 대해 생각해 보라.

당신은 당신이 생각하는 것을 결정할 수 있다. 매일 당신은 당신의 태도를 선택할 수 있다. 당신은 당신의 마음속에 들어오는 내용을 선택할 수 있다. 위에 있는 것들에 마음을 두기로 결정하라.

하나님의 평화를 구하는 기도

하나님께서 당신의 삶 위에 두신 파수꾼을 신뢰하라. 하나님의 평화는 당신의 생각과 마음을 보호할 수 있다. 당신이 해야 할 일은 그것들을 그냥 두는 것뿐이다. 매일 당신은 이렇게 기도할 수 있다. "하나님, 내 삶을 지켜주소서. 나를 보호하시고 악에서 구하소서. 오늘 하나님에 대한 나의 확신을 흔들고 나의 영을 약하게 할 일들이 일어날 것이나이다. 나는 내 마음을 돌멩이로 빼앗기는 것을 원하지 않나이다."

조지 뮬러는 좋을 때도 나쁠 때도 주님을 주시했다. 그는 자신의 사역의 미래에 대한 하나님의 방향을 찾으면서 기도의 확신이 올 때까지 며칠, 몇 주, 몇 달을 기다리기 일쑤였고, 1850년 12월에는 더 많은 고아들을 돕기 위해 그의 사역을 확장할 것인지에 대해 기도하면서 다음과 같이 썼다.

"나는 그분이 나에게 그분의 뜻을 분명히 보여주실 것이라는 가장 완전하고 가장 평화로운 확신을 가지고 있다 … 이 마음의 평온함, 이 문제에 있어서 나 자신의 뜻이 없다는 것, 이것은 하늘에 계신 아버지를 기쁘시게 하기를 바라는 것, 이것은 단지 그분의 영광을 찾는 것이지 나의 영광을 찾는 것이 아니다. 이런 마음의 상태는 내 마음이 육적인 흥분의 지배 아래에 있지 않고, 내가 하나님의 도움을 계속해서 받고 있다면 하나님의 뜻을 온전히 알게 될 것이라고 확신하는 것이다."

뮬러의 마음은 차분했고 하나님께 머물렀다.

당신도 하나님의 선하심과 신실하심을 묵상할 때 하나님의 임재 안에서 지속적인 평화와 기쁨을 느낄 수 있는 비슷한 마음 상태를 가질 수 있는가? 당신도 '그런 것들을 생각'해 볼 수 있는가?

"마음이 견고한 자를 평강으로 지키시리니 이는 그들이 주를 의뢰함이니이다"(사 26:3).

지금 당장 하나님께 시선을 고정하고 그분의 평안을 받아 보지 않겠는가?

기도 원칙#19:
확고한 마음은 완전한 평화로 이어진다.

제4장

믿음을 행사하라

20. 견고하게 지으라

"인내를 온전히 이루라. 그러면 너희가 온전하고 구비되어 조금도 부족함이 없게 될 것이다"(약 1:4, NKJV).

한때, 유럽의 모든 대성당들은 돌로 지어졌다. 그렇게 지었기에 그것들이 아직도 남아 있는 것이다. 그것들은 석공들과 숙련된 장인들에 의해 지어졌다. 중세 시대에는 한 사람의 석공이 대가가 되기까지 7년이 걸렸다. 오늘날, 그것은 여전히 3-4년의 교실 수업과 현장 훈련을 필요로 한다. 고수가 되고 싶은 사람은 먼저 견습생이 되어야 하며, 청사진을 읽고, 회반죽을 섞고, 특정 위치에 가장 적합한 돌을 결정하고, 수평, 사각형, 그리고 흙손과 같은 다양한 도구를 사용하는 방법을 배워야 한다. 고수가 되기 위해서는 많은 시간과 인내심이 필요하다.

어떤 사람들은 그런 종류의 시간과 인내심이 없다. 슬프게도 많은 사람이 그런 우수한 고수가 되는 것에는 관심이 없다.

그래서 100여 년 전, 건축업자들은 건물 외부에 실제 돌 대신 1인치의 돌 베니어판을 붙이기 시작했다. 건물에서 보이는 것은 단지 얇은 암석층일 수 있다. 돌처럼 보이도록 착색되고 모양이 있는 시멘트일 수도 있다. 보통 사람은 그 차이를 구분할 수 없다.

돌 클래딩(돌의 표현에 옷처럼 입히는 건축 기술)이라고 불리는 이 기술은 실제 돌의 약 3분의 1이 든다. 하중을 견디는 것도 아니고 진짜 돌만큼 오래 버티지도 못할 테고, 석공이 필요하지도 않다.

사람은 마음과 생활방식의 근본적인 변화 없이도 기독교적인 삶의 겉모습을 가질 수 있다. 대부분의 사람들은 강력하고 지속적인 기도의 삶에 투자하기보다는 기도의 겉치레만 풍긴다. 겉만 번지르르한 기도는 금세 무너질 것이다. 오래가지 못할 것이다.

대부분의 사람들은 평생 지속되는 강력하고 지속적인 기도의 삶에 투자하기보다는 기도의 겉치레만 보여준다.

당신은 오로지 자신의 특정한 목적을 위한 엉성한 구조물의 얇은 기도를 하는가? 아니면 평생 지속되는 기도를 통해 하나님과 강한 친밀감을 쌓는 방법을 아는 사람인가?

기도하면서 하나님을 기다림

1845년 11월 4일, 죠지 뮬러는 많은 기도를 한 후에 동료 그리스도인들과의 상의 끝에, 그가 영국 브리스톨의 월슨 스트리트에 있는 임대 부동산에서 이사하기를 원하신다고 확신하게 되었다. 그는 하나님께서 마을 외곽에 아이들에게 더 크고 적합한 집을 지으라고 부르신다고 믿었다. 그는 하나님께서 새 일을 위해 어떤 토지를 선택하셨는지에 대한 재정적인 수단과 방향을 위해 매일 기도하기 시작했다. 그 프로젝트는 적어도 만 파운드가 드는 것이었다.

뮬러가 새 고아원을 지으려는 것이 하나님의 뜻임을 확신한 지 35일이 지났는데도 단 한 푼의 돈도 그 일을 위해 주어지지 않고 있었다. 그럼에도 불구하고, 뮬러는 "이것은 나를 조금도 낙담시키지 않았고 오히려 하나님께서 그분의 시간과 방식으로 물질을 주실 것이라는 확신은 점점 더 커졌다." 그의 일기는 인내와 믿음으로 매일 주님을 기다리는 그의 일상이 요약되어 있다.

12월 24일, "아직 어떤 기부도 없었다. 그러나 하나님께 대한 나의 소망은 흔들리지 않는다. 그분은 가장 확실하게 도우실 것이다." 1월 6일, "나는 지금 조용히 주님의 기쁨을 기다리고 있다." 1월 31일, "고아원의 건축에 대해 매일 하나님을 기다려온 지 이제 89일이 되었다. 이제 주님께서 우리에게 땅을 주실 때가 가까워진 것 같고, 나는 평소 토요일 저녁 기도회가 끝난 후, 그리고 오늘 저녁 형제 자매들에게 그렇게 말했다."

2월 2일, "오늘 나는 애슐리 다운의 적절하고 저렴한 땅에 대해 들었다." 2월 3일, "땅을 보았다. 그것은 내가 본 모든 것 중에서 가장 바람직한 것이다." 2월 4일, "오늘 저녁 애슐리 다운에 있는 땅의 주인을 방문했지만… 그는 집에 없었다. 그러나 나는 그의 사업장에서 그를 찾아야 한다는 정보를 얻어 그곳에 갔지만, 그가 떠나기 직전에 그랬던 것처럼 그곳에서도 그를 찾지 못했다. 나는 그의 거주지에 다시 전화할 수도 있었지만, 어느 곳에서도 그를 찾지 못하는 데 하나님의 인도하심이 있다고 판단하여 그렇게 하지 않았다. 그래서 나는 그 문제를 강요하지 않고 '인내심으로 성령께서 완벽한 일을 하게 하는 것이 최선'이라고 판단했다."

뮬러는 다음날 주인을 만났고 그가 그날 새벽 3시에 깨어 5시까지 다시 잠들 수 없었다. 잠에서 깨어 있는 동안 주인으로 하여금 고아원을 짓도록 땅을 팔아야 한다는 생각을 주셔야 한다는 생각을 떨칠 수 없었다. 그는 뮬러가 정말로 그 땅을 원한다면 에이커당 200파운드의 요구 가격 대신 120파운드에 팔 겠다고 결정했다.

1846년 2월 5일 뮬러는 이렇게 썼다.

어젯밤 집에서 주인을 찾지 못한 하나님의 손길을 지켜보라! 주님께서는 잠 못 이루는 밤에 이 문제에 대해 먼저 그의 종에게 말씀하시고 내가 그를 보기 전에 그가 완전히 결정하도록 인도하고자 하셨다.

뮬러는 분명히 깊고 지속적인 믿음을 가지고 있었다. 일이 뜻대로 되지 않아도 그는 계속 믿었다. 하나님께서 움직이지 않으시는 것 같았을 때에도 뮬러는 하늘을 바라보며 하나님의 솜씨를 바라보았다. 그는 궁극적으로 집을 지으실 분은 하나님이시거나 아니면 아예 짓지 않으실 것이라는 것을 알고 있었다.

조지 뮬러는 기도의 대가였다.

당신은 어떤가? 당신은 그런 기도의 사람인가? 당신은 이런 제자가 되고 싶은가? 그렇다면, 그것이 당신에게 큰 변화를 의미할 것이라는 것을 알아두라. 복음은 깊은 변화에 관한 것이다.

당신이 인간에게는 거부되었지만 선택받은 살아있는 돌이신 그분께 올 때, 당신 역시 산 돌같이 영적인 집으로 세워지고 예수 그리스도로 말미암아 하나님께서 기쁘게 받으실 영적인 제사를 드릴 거룩한 제사장이 될 것이다(벧전 2:4-5).

하나님께서는 당신을 다른 사람이 원하는 대로 만들지 않으셨다. 하나님께서는 당신을 부모가 원하는 사람, 여자 친구나 남자 친구가 원하는 사람, 배우자가 원하는 사람, 직장 상사나 친구들이 원하는 사람으로 만들지 않으셨다.

하나님께서는 당신을 하나님의 집에서 아주 특별한 자리를 차지하는 돌로 만드셨다.

당신은 기도하고, 하나님의 말씀을 묵상하는 데 투자하고, 예수님의 삶을 본받고, 믿음으로 인내하는 견고한 구조로 형성되었다.

당신이 주춧돌이 아님을 항상 기억하라. 주춧돌은 그리스도이시다. 당신과 다른 그리스도인들은 "사도들과 선지자들의 터 위에 세워지고 그리스도 예수님 자신이 모퉁잇돌이 되신다. 그분 안에서 건물 전체가 서로 연결되어 주 안에서 성전이 되어 올라간다"(엡 2:20-21).

오늘 당신은 이렇게 말할 수 있다. "오늘부터 나는 다른 사람들이 나를 그들의 틀에 밀어 넣지 못하게 할 것이다. 나는 다른 사람의 설계도에 포함되도록 만들어진 게 아니라 하나님께서 원하시는 대로 될 것이다. 나는 하나님께서 원하시는 일을 할 것이다. 모든 것이 그분의 계획하심에 달려 있을 것이다."

그분은 건축자들이 버린 돌이심을 기억하라(시 118:22; 마 21:42, 참조). 이전과는 달리 그분을 더 깊이 신뢰하고 끈기 있는 기도를 통해 그분을 의지한다면 사람들도 당신을 거부하기 시작할 것이다. 그들은 당신이 미쳤다고 생각할 수도 있다. 가족, 동료 또는 친구로부터 따돌림을 받거나 조롱을 당할 수 있다. 그러나 당신은 결코 하나님께 거절당하지 않을 것이다. 하나님의 영적인 집의 일부가 되는 것이 당신이 거할 수 있는 가장 안전한 곳이다.

전에 없이 인내심 있는 기도를 통해 하나님께 의지하기 시작하면 사람들이 당신을 거부하기 시작할지도 모르지만, 당신은 결코 하나님께 거부당하지 않을 것이다.

몇 년 전 내가 이스라엘에 있었을 때 우리 순례에 합류한 한 청년이 질문을 많이 했다. 나는 그가 정말로 그 경험에 잠길 수 있다고 말할 수 있었다. 그는 성경 이야기는 알고 있었지만 하나님을 깊이 알지 못했다고 고백했다. 성지는 더 깊은 믿음과 더 확실한 기초에 대한 그의 열망을 일깨우고 있었다.

충분하진 않지만 딱 맞다

우리의 긴 밴을 타고 여행 중 한 날에 그는 종종 나에게 자신이 '충분하지 않다'고 느끼는 경우가 많다고 말했다. 그는 충분히 강한 남자도, 충분히 좋은 남편도 아니었다. 그는 남들이 기댈 수 있는 교인(church member)도 아니었다. 나는 그저 귀를 기울여 들어줬다. 그는 뭔가를 해결하려는 것처럼 보였다. 그는 지속적으로 그렇게 사는 것이 필요하다는 것을 알았다. 그는 그렇게 사는 방법을 몰랐을 뿐이다.

예루살렘에서의 마지막 날에, 우리는 2천 년 전 헤롯 대왕이 거대한 돌들을 쌓아올린 거대한 서쪽 성벽 앞에 섰다. 우리는 이 돌들에 놀랐다. 그 중 일부는 160,000파운드나 나갔고 그가 "나는 이 돌들 중 하나와 같아요."라고 말했다.

"무슨 말이에요?" 나는 물었다.

"그들 가운데 하나도 채석장에 나올 때 완벽한 돌은 없었어요." 그가 말했다. "누군가가 돌들을 가져가서 모양을 만들어 딱 알맞은 곳에 놓았어요. 나는 내가 완벽하지 않다는 것이 중요하지 않다는 것을 깨닫고 있어요. 그 돌은 채석장에 있는 동안 충분했어요. 그것은 단지 모양을 만들고 적절한 위치에 맞추기만 하면 되었어요."라고 말했다.

하나님께서는 당신을 그렇게 보신다. 하나님께서는 엉망진창 속에서 걸작을 보신다. 하지만 당신은 기꺼이 알맞게 빚어져야 한다. 변화하려는 의지가 있어야 한다. 변화는 어렵다. 위대한 예술 작품이나 웅장한 건물은 하룻밤 사이에 만들어지지 않는다. 주님을 끈기 있게 바라는 더 깊은 신뢰의 삶에는 시간과 관심과 노력이 필요하다.

당신이 완벽하고 완전할 때까지, 아무것도 부족하지 않을 때까지 인내가 그 역할을 할 것이라고 믿으라.

오늘 하나님께서 당신의 태도를 정하시도록 기도하라. 하나님께서 당신을 강하게 해 주시도록 기도하라. 모퉁잇돌이신 예수 그리스도께서 당신을 보호해 주시도록 하나님께 기도하라.

기도 이야기만 하지 말라. 지금 기도하라. 하늘에 계신 아버지 앞에서 진짜가 되라. 평생 지속될 충실한 기도의 견고한 구조를 세우라.

기도 원칙 #20:
영속적인 삶은 견고하고 강한 기도 위에 세워진다.

21. 다이아몬드의 땅

"너희를 위하여 보물을 땅에 쌓아 두지 말라 거기는 좀과 벌레가 해하며 도둑이 구멍을 뚫고 도둑질하느니라 오직 너희를 위하여 보물을 하늘에 쌓아 두라 거기는 좀과 벌레가 해하지 못하며 도둑이 구멍을 뚫고 도적질하지 못하느니라 네 보물이 있는 곳에 네 마음도 있느니라"(마 6:19–21).

한때 인더스 강 근처에 살았던 알리 하페드라는 페르시아 농부가 있었다. 그는 부자였지만 나이 많은 승녀가 그에게 다이아몬드에 대해 이야기하기 시작했을 때 알리 하페드라는 현실에 불만을 느꼈다. 그는 농장을 팔고 가족을 떠나 다이아몬드를 찾기 위해 전 세계를 여행했다. 가난하고 가난해진 그는 돈을 다 쓰고 바다에 몸을 던지고 익사했다.

한편 알리 하페드라의 농장을 구입한 사람은 정원 개울에서 낙타에게 물을 주고 있을 때 물속에서 번쩍이는 빛을 발견했다. 그는 빛의 눈이 있는 것 같은 예쁜 검은 돌을 꺼내 벽난로 위에 올려놓았다. 며칠 후 승녀가 방문하여 벽난로 위의 희미한 빛을 발견했다. 흥분한 그는 새 지주에게 그것이 무엇인지에 대해서 말했고 그들은 함께 정원 개울에서 모래를 휘젓고 더 많은 보석을 발견했다.

그리하여 인도 골콘다의 유명한 다이아몬드 광산이 시작되었다.

이 실화는 템플 대학의 설립자인 러셀 콘웰 박사에 의해 6,000번 이상 전해졌다. 그것은 종종 큰 가치가 있는 것이 우리가 생각하는 것보다 더 가까이 있다는 원리를 보여준다.

하나님께서는 선물을 주시는 것을 기뻐하신다

당신과 나는 땅의 다이아몬드 위에 서 있다. 기도를 통해 우리는 우주의 창조주의 권능을 통해 우리가 사용할 수 있는 막대한 자원을 갖게 된다. 당신은 필요한 것을 찾기 위해 멀리 여행할 필요가 없다. 하나님께서는 그분의 자녀들과 그분의 왕국의 선물을 나누기를 기뻐하시는 사랑의 아버지이시다(눅 12:32, 참조).

알리 하페드라가 땅을 연구하고, 가공되지 않은 다이아몬드의 모양을 식별하고, 부지런히 살피는 방법만 알았다면, 그는 바로 그의 발 아래서 다이아몬드를 발견했을 것이다.

비슷한 방식으로 우리가 이용할 수 있는 자원을 보고, 평생 하나님을 찾고, 필요한 것이 있을 때 하나님께 구할 수 있는 눈을 가질 수 있다면, 우리는 예수님께서 '하늘에 있는 보물'이라고 부르는 것을 경험할 수 있을 것이다.

결코 충분하지 않다

문제는 우리 문화가 소비주의로 만연해 있다는 것이다. 우리는 위에 있는 것보다 땅에 있는 것을 신뢰한다. 우리 자신을 위해 점점 더 많이 모을 때, 우리는 더 많은 것이 결코 충분하지 않다는 것을 발견한다. 우리는 우리가 가진 것을 비축한다. 다른 날에 필요할 것이라고 생각한다. 우리는 도움이 필요한 다른 사람과 나눌 수 있지만 두려움 때문에 하나님의 좋은 선물을 너무 꽉 움켜쥐게 된다.

우리가 우리 자신을 위해 점점 더 많이 모을 때, 우리는 그것이 결코 충분하지 않다는 것을 발견하고, 우리는 우리가 가진 것을 비축한다.

미국의 그리스도인들은 종종 격려, 힘, 소망과 같은 영적 공급을 위해 하나님을 바라지만 현세적 공급은 아니다. 우리는 재물을 땅에 쌓아 두지 말고 오늘날 우리가 충분히 가질 수 있도록 하나님을 신뢰하라는 예수님의 말씀을 읽는다. 그러나 우리는 주님을 통해 더 큰 유산을 받기 위해 이러한 것들을 포기하는 것을 상상할 수 없다.

조지 뮬러는 급진적인 경제 모델을 받아들였다. 그의 삶은 대부분의 사람들이 재물과 소유에 접근하는 방식에 대한 대안을 보여준다.

그의 사역 초기에 뮬러는 자신의 현실적으로 필요한 물품, 가족, 돌보는 고아들을 포함하여 모든 것에 대해 하나님을 신뢰하겠다고 다짐했다. 그는 누구에게도 돈을 요구하거나 아이들을 위해 기부를 요청하지 않고 대신에 믿음으로 기도함으로 하나님께서 공급하시는 것을 보았다. 뮬러는 사역이 끝날 무렵에는 한 푼도 요구하지 않았다고 다음과 같이 말했다.

"우리의 수백 명의 사역자들 중의 한 명에게도 충분한 봉급을 줄 수 있을 만큼도 가지고 있지 않았다."

물론, 그분은 모든 것을 거의 다 주셨다. 하나님께서 해마다 손에 더 많이 부어주시더라도 전년보다 저축을 조금 줄이는 것이 그의 매년 목표였다.

누군가는 그것이 매우 스트레스가 많은 삶이 될 것이라고 말할 수 있다. 하지만 뮬러는 자신의 인생이 행복했다고 말했다. 그는 모든 사람이 믿음과 넉넉함의 렌즈를 통해 생계를 유지하는 방법을 고려하도록 격려했다.

그의 비결은 단순했다. 살아 계신 하나님을 의지하는 단순한 기도였다. 우리가 하나님을 온전히 의지하며 사는 것이 가능한가?

뮬러는 그러한 삶을 살기 위한 네 가지 열쇠를 제시한다.

첫째, 사람들은 "자신들이 하나님을 믿는다고만 말할 것이 아니라 정말 그렇게 해야 한다. 종종 사람들은 하나님을 믿는 다고 공언하지만, 그들은 그들의 필요를 직간접적으로 드러낼 수 있는 모든 기회를 사용한다. 따라서 사람들이 그들을 돕도 록 유도하려고 한다. 나는 우리의 필요를 알리는 것이 잘못되 었다고 말하지 않는다. 그러나 나는 사람들이 우리를 돕도록 유도하기 위해 우리의 필요를 드러내는 것은 하나님께 대한 신 뢰와 일치하지 않는다고 분명히 말한다."

둘째, "이 방법을 따르고자 하는 사람은 부자가 되든지 가난 해지든지 주님의 뜻대로 기꺼이 해야 한다. 그는 풍족함과 거 의 없음이 무엇인지를 기꺼이 알아야 한다. 그는 어떤 소유물 도 없이 기꺼이 이 세상을 떠날 수 있어야만 한다."

셋째, 그 사람은 "큰 재정뿐만 아니라 작은 재정도 기꺼이 하 나님의 방법으로 돈을 받아야 한다. 하나님은 되풀이 해서 나 에게 단 1실링을 주거나 보내시곤 하셨다. 그러한 그리스도인의 사랑의 징표를 거절하는 것은 무례한 일이었을 것이다."

넷째, 이런 키를 사용하려고 하는 사람은 "기꺼이 주님의 청지기로 살기를 원해야 한다. 어떤 사람이 이 생활방식을 시작하고 주님께서 그에게 주시는 것을 나누어 가지지 않고 그것을 쌓아 두거나, 소위 수입에 따라 살고자 한다면, 자녀들의 마음에 영향을 주고, 재물을 마련하는 데 도움을 준다면 곧 그 통로가 고갈될 것이다."

뮬러의 삶의 다이아몬드

이것이 나에게 어떻게 적용되는가? 당신은 퇴직 연도에 고정 수입이 있을 수 있다. 대부분의 미국인이 하는 방식으로 기부가 아니라 일을 통해 급여나 월급을 받을 수 있다.

뮬러의 삶이 극단적이고 비현실적으로 보이는 것은 사실이다. 그러나 나는 그의 이야기에서도 진실의 '다이아몬드'를 얻을 수 있다고 믿는다.

우리는 복의 근원을 결코 잊어서는 안 된다. 그들이 어떻게 우리에게 왔는지에 관계없이 그들은 하나님의 선물이다.

첫 번째 진리는 우리는 복의 근원을 결코 잊어서는 안 된다는 것이다. 우리는 전통적 방법이든 관습에 얽매이지 않는 방법이든 하나님께서 우리에게 주신 것에 대해 항상 감사해야 한다. 우리 대부분은 충분히 가지고 있다. 하나님께서 우리의 일용할 양식의 근원이시라는 것을 매일은커녕 규칙적으로 인식하는 사람도 거의 없다. 하나님과 하나님만을 신뢰하는 것이 믿음의 목표이다. 감사를 드리는 것은 그러한 신뢰를 재확인하는 것이다.

두 번째 진리는 하나님께서 하나님의 영광을 위해 우리를 더 많이 사용하시기로 선택하셨다면 우리는 작은 삶을 살 준비가 되어 있어야 한다는 것이다. 그렇다고 해서 우리가 더 작은 삶을 살라는 요청을 받을 것이라는 의미는 아니다. 우리가 다른 사람들에게 더 관대할 수 있도록 하나님께서 우리의 공급을 늘리실 수도 있다. 요점은 하나님께서는 비용이 많이 들더라도 부름에 응답할 수 있는 사람들을 찾고 계신다는 것이다.

세 번째 진리는 하나님께서 참으로 작고 단순한 선물의 형태로 '다이아몬드의 땅'을 우리에게 주셨다는 것이다. 다른 사람을 축복하는 것은 많은 돈을 쓰는 것을 의미하지 않는다. 하나님께서는 우리가 가진 작은 것으로 다른 사람들을 돕기를 원하신다. 미소, 작은 선물, 전화, 격려의 메모, 도움의 손길 등 이 모든 것은 하나님께서 이미 우리에게 풍성하게 복주셨기 때문에 주어질 수 있는 것이다.

예수님께서는 "아주 작은 것에 충성된 자는 큰 것에도 충성되고 지극히 작은 것에 정직하지 아니한 자는 큰 것에도 정직하지 아니하니라"(눅 16:10. ESV)고 말씀하셨다.

네 번째 진리는 우리가 항상 자신을 주인이 아닌 청지기라고 생각해야 한다는 것이다. 하나님께서 우리에게 많은 것을 맡기셨다면, 하나님께서는 우리가 그 자원을 관리하는 방식에 많은 것을 기대하신다.

이것이 하늘에 보물을 쌓는다는 의미이다.

청소년을 위한 마음

마이크 야코넬리는 그의 책 「뒤엉킨 어그러진 영성」에서 교회의 젊은이들을 걱정하게 된 76세의 여성에 대한 "거티-청소년 집단에 잠입한 할머니"라고 부르는 이야기를 들려준다.

거티는 고등학교 그룹을 돕기 위해 자원 봉사하기로 결정했다. 그녀는 모든 청소년의 사진을 찍고 신상 정보가 적힌 카드를 만들었다. 이것은 그녀가 각 사람에 대한 세부 사항을 기억하는 데 도움이 되었다.

거티는 매 주일 저녁 청소년실 문 앞에 서 있었다. 학생들이 들어오자 그녀는 그들의 이름을 부르며 환영했다. 청소년들은 거티가 성경을 많이 알고 있다는 것을 알게 되자, 질문과 몸부림으로 그녀에게 다가오기 시작했다.

10년 동안 청소년 사역을 한 후 86세의 거티는 뇌졸중을 세 번 앓았다. 젊은이들은 망연자실했다. 그들은 그녀를 돕고 싶었지만 무엇을 해야할지 몰랐다.

어느 날 오후 「모리와 함께 화요일」이라는 책을 읽은 후 청년 목사는 한 가지 생각이 떠올랐다.

"거티, 당신 장례식을 치르고 싶어요."라고 그가 말했다.

"알아요. 그녀가 말했다. "당신이 내 장례식을 치러주길 바랍니다. 하지만 문제가 있어요. 나는 아직 죽지 않았어요."

"네, 알아요. 하지만 우리 젊은이들이 당신이 그들과 우리 교회에 얼마나 큰 의미가 있는지 말할 수 있도록 당신이 살아있는 동안 당신의 장례식을 치르고 싶어요."

그녀는 그 생각을 좋아했다. 그들은 살아있는 예배를 계획했다. 예배가 시작된 날 저녁이 되자 그곳은 만원이었다. 대학을 졸업하고, 결혼하고, 자녀를 둔 많은 사람이 예배를 위해 돌아왔다. 거티가 그들에게 준 변화에 대한 이야기들이 연이어 들려왔다.

예배가 끝나자 한 무리의 고등학생들이 방 뒤쪽으로 모여들었다. 그들은 특별한 깜짝 선물을 계획했다.

거티는 값비싼 디자이너 향수(designer perfume-샤넬, 디올, 구찌, 아르마니, 베르사체 등과 같은 유명한 패션 하우스 또는 브랜드에서 생산되는 향수-역주)를 좋아했고, 특히 에스티 로더(Estée Lauder-미국 스킨케어, 화장품, 향수 및 헤어케어 브랜드-역주)의 아름다운 향수를 좋아했다.

젊은이들은 통로를 걸어 내려와 무언가를 숨기고 있는 것처럼 옹기종기 모여들었다. 거티가 도착했을 때 그들은 크고 값비싼 아름다운 병을 공개했다. 그들은 그녀가 한 일에 대한 감사의 표시로 그것을 그녀의 발에 부었다.

예수님께서 십자가에 못 박히시기 전에 한 여자가 그분의 장사를 준비하기 위해 값비싼 향유를 그분의 발에 부었다(막 14:3-9, 참조). 예수님께서는 그녀에 대해 이렇게 말씀하셨다. 그녀가 할 수 있는 것을 바쳤다(8절). 거티도 그녀가 할 수 있는 것을 바쳤다. 그것은 청년들에게 풍성한 축복을 주기에 충분했다. 거티의 사랑, 시간 및 사려 깊은 제물은 영원히 울려

퍼질 것이다.

당신은 당신이 줄 것이 별로 없다고 생각할지도 모른다. 당신은 이미 당신이 이용할 수 있는 풍부한 공급이 있다는 것을 모를 수도 있다.

당신은 당신이 다이아몬드의 땅 위에 서 있다는 것을 모를 수도 있다. 하나님께서는 당신이 필요로 하는 모든 것을 공급하실 수 있고 다른 사람들과 함께 나눌 수 있는 충분한 것 이상을 공급하실 수 있으시다.

기도를 통해 오늘 다이아몬드를 당신의 손에 넣을 수 있다.

기도 원칙 #21:
보물을 찾으려면 무릎을 꿇어야 할 것이다.

22. 당신 차례다

"그러나 하나님께 감사드려라! 그분이 주 예수 그리스도로 말미암아 우리에게 승리를 주신다"(고전 15:57).

샬레인 플래너건은 2017년 뉴욕시 마라톤 여자부에서 우승했다. 그녀의 승리는 단순한 개인적인 운동 성취 그 이상이었다. 그녀는 40년 만에 처음으로 우승한 미국 여성이었다. 그녀는 경이로운 2시간 26분 53초로 경기를 마쳤다.

샬레인은 자신을 '당당하게 경쟁하는 사람'이라고 부르며 자신이 달리는 모든 경주에서 이기기 위해 끈질기게 노력한다. 하지만 아마도 그녀의 더 큰 업적은 그녀가 다른 주자들을 육성하고 홍보하는 방법에서 찾을 수 있을 것이다. 그것은 프로 육상 선수에게는 드문 특성이다. 보통 달리기는 격렬한 운동이다. 달리기 선수들은 일반적으로 서로 돕지 않는다.

하지만 그것이 샬레인이 다른 점이다. 그녀의 11명의 훈련 파트너들은 모두 그녀와 함께 훈련하는 동안 올림픽에 진출했다. 그녀는 다른 달리기 선수들을 격려하고, 도전하게 하고, 도와준다.

그들은 그것을 샬레인 플래너건 효과라고 부른다. 그녀는 다른 사람들이 이륙하는 것을 돕는 일종의 로켓 추진체 역할을 한다. 샬레인은 수천 명의 프로 선수들과 아마추어 선수들이 훈련하고, 개인 기록을 깨고, 지구력을 가지고 달리도록 영감을 주었다.

샬레인이 뉴욕시 마라톤에서 우승한 뒤 동료 미국 마라토너 데지레 린덴은 트위터를 통해 축하의 뜻을 전했다. 샬레인은 "이제 당신 차례입니다."라고 대답했다. 5개월 후 데지레는 보스턴 마라톤에서 우승했다. 33년 만에 처음으로 미국 여자 선수가 우승했다.

미국인 몰리 허들은 트위터에 데지레의 승리를 찬사하는 글을 올렸고, 데지레는 이렇게 답했다. "머리를 드세요. 다음은 당신 차례입니다."

당신은 당신을 따르는 사람들을 얼마나 생각하는가?

예수님 따르기

전 세계 수백만 명의 그리스도인들이 매년 부활절을 축하한다. 그러나 너무 많은 사람들에게 그 이야기는 지루하고 일상적인 것이 되었다. 사람들은 기본적인 사실을 알고 있다. 예수님께서는 체포되셨다. 그분의 결백하심에도 불구하고 그분은 죄인처럼 십자가에 못박히셨다. 사흘 후에 하나님께서 그분을 죽은 자 가운데서 살리셨다. 부활절 주일은 이 모든 사건을 하나로 모으고 사람들은 이 이야기에 익숙해졌다. 우리는 부활절을 다차원적이고 삶을 변화시키는 삶의 방식이 되도록 허용하기보다 일차원적인 휴일로 만든다.

예수님의 부활은 단지 죽음 이후에 생명이 있다는 것을 증명한 것만이 아니다. 그것은 당신의 무덤 너머에 생명이 있다는 것을 증명한다.

우리는 부활 이야기가 예수님의 이야기일 뿐만 아니라 우리의 이야기이기도 하다는 사실을 놓치고 있다. 예수님께서는 승리하셨지만 그 승리는 단지 그분에 관한 것이 아니었다. 예수님의 죽으심과 부활하심은 단지 죽음 이후의 삶이 있음을 증명한 것만이 아니다. 부활은 당신이 죽음 이후의 삶이 있음을, 즉 당신의 무덤 너머에 삶이 있음을 증명한다.

그분이 무덤에서 살아나셨다면 당신도 살아날 수 있다. 이제 당신 차례다.

당신은 당신의 두려움을 초월할 수 있다. 당신은 당신의 시험을 극복할 수 있다. 언젠가 당신은 그분 안에서 영원토록 새로운 삶을 살게 될 것이다.

부활 때에 사망과 낙담의 권세에 주목하게 되었다. 그 세상은 종말을 맞이하고 있다. 새로운 세상이 도래하고 있다. 이것은 예수님께서 승리하셨기 때문에 우리가 함께 공동체로 일어설 수 있다는 것을 의미한다. 예수 그리스도의 죽으심과 부활하심에는 능력이 있다. 그것은 단지 대단한 성도만을 위한 것이 아니다. 그분은 그것을 당신과 공유하신다.

예수님께서 기도하신 것처럼 하늘에 계신 아버지 안에서 더 큰 평안과 기쁨으로 기도하는 법을 배울 수 있다.

당신의 기도가 실제로 변화를 가져온다는 것을 알고 다음 세대를 위해 기도할 수 있다.

조지 뮬러는 고아들을 돌보는 일, 성경과 소책자를 성경 지식 연구소를 통해 배포하는 일, 지역 교회를 목회하는 일 등 세 가지 분야에 일생을 투자했다. 그는 그의 이야기라는 책에서 하나님의 섭리와 신실하심에 대해 썼다. 그는 자신의 이야기를 통해 다른 사람들을 격려하고 하나님께서 자신의 경험을 통해 다른 사람들을 어떻게 복을 주시는지를 보는 것을 좋아했다.

사역을 성장시키는 교훈

1856년 11월, 제임스 맥퀼킨이라는 이름의 젊은 아일랜드인이 예수 그리스도의 제자가 되었다. 뮐러의 자서전을 접한 그는 곧바로 책에 기술된 기도와 신앙의 원리를 적용하기 시작했다. 그는 혼잣말로, "뮐러 씨가 단순히 기도로 얻는 것을 보라. 그러므로 나도 기도로 복을 받을 수 있다."

맥퀼킨은 하나님께서 그에게 복음을 나눌 영적 동반자를 주시도록 기도했다. 곧 한 젊은이가 그와 합류했다. 두 사람은 다른 사람들에게 그리스도에 대해 전파하고 가르치기 시작했다. 그런 다음 기도회 후에 두 명의 젊은이가 더 합류했다. 네 사람은 매주 금요일 저녁마다 만나 기도하며 그들의 사역을 위해 복을 달라고 하나님께 간구했다. 어느 날 저녁, 한 농부가 예배가 끝날 때 그리스도를 영접했다. 그는 다른 학생뿐만 아니라 그들과 합류했다. 그때까지 그들의 수는 6명이었다.

1859년 초에 그들은 아일랜드 전역의 교회에서 정기적으로 설교하고 간증을 나누었다. 어떤 사람들은 그들을 조롱했지만 다른 사람들은 메시지를 받아들였다.

그들이 1859년 5월에 아일랜드의 벨파스트에 갔을 때 성령께서 강력하게 움직이시기 시작하셨다. 이 젊은 성도들을 통해 수만 명의 사람들이 주님께 나아왔다. 그 일은 스코틀랜드와 다른 나라들로 퍼졌다.

뮬러는 자신의 책에서 그들의 이야기를 자세히 설명하고 "하나님께서 그분의 자녀들의 믿음 있는 기도에 풍성하게 응답하시는 것을 기뻐하시는 것"을 보도록 권유한다.

당신이 기도할 수 있는 가장 큰 기도는 무엇인가? 그 기도에 천이나 백만을 곱하라. 하나님께서는 그렇게 생각하신다.

오늘 당신의 기도는 한 세대나 그 이상 응답을 받지 못할 수도 있지만, 결국 결실을 맺을 것이다.

오늘 당신의 기도가 한 세대 이상 응답되지 않을 수도 있다. 지금 당신이 심은 씨앗이 다음 세대에 그늘을 제공할 수도 있다.

우리가 너무 빨리 다음 세대로 넘어가기 전에 부활하신 그리스도를 믿음으로 지금 하나님께서 당신에게 무엇을 하라고 부르시는가? 당신이 상상할 수 있는 가장 큰 꿈은 무엇인가? 성령의 능력으로 해야 할 일이 무엇인가?

당신 차례다.

하나님께서는 두려움에 대한 예수님의 승리를 여러분과 함께 나누고 싶어 하신다. 질병, 고통 또는 고난을 두려워할 필요가 없다. 그 무엇도 당신을 그리스도 예수 안에 있는 하나님의 사랑에서 끊을 수 없다.

하나님께서는 죄에 대한 예수님의 승리를 여러분과 함께 나누기를 원하신다. 예수님께서는 우리가 마땅히 죽어야 할 죽음을 죽으셨다. 그분은 영원한 생명이라는 선물을 대가 없이 나누어 주셨다. 바울은 부활 메시지를 이렇게 요약했다.

"네가 만일 네 입으로 '예수님은 주시라' 하고 또 하나님께서 그를 죽은 자 가운데서 살리신 것을 네 마음에 믿으면 구원을 얻으리라"(롬 10:9).

마지막으로 하나님께서는 죽음에 대한 예수님의 승리를 여러분과 나누고 싶어하신다. 예수님께서는 요한복음 11장 25-26절에서 "나는 부활이며 생명이다. 나를 믿는 사람은 죽을지라도 살 것이고, 나를 믿는 사람은 결코 죽지 않을 것이다"(ESV).

그것은 확실한 약속이다! 예수님께서는 무덤에서 살아나심으로써 그분 자신이 할 수 있다는 것을 증명하셨다. 그렇지 않으면 믿을 이유가 없다. 예수님께서 십자가에서 죽으시고 무덤에서 부활하지 않으셨다면 당신은 죽음 이후의 삶이 있다고 믿을 이유가 없었을 것이다. 내세에 대한 소망도 영생도 없을 것이다. 그러나 성경은 "하나님께서 그분의 능력으로 주를 죽은 자 가운데서 살리셨고 또한 우리도 살리시리라"(고전 6:14)고 말씀한다.

당신의 삶에서 예수님을 신뢰하기로 결정하라. 제자로 따르라. 인내를 가지고 당신 앞에 놓인 경주를 달려라(히 12:1, 참조).

나의 할아버지는 침례교 설교자였다. 그분은 순회 목사(말을 타고 다니며 설교하는 목사-역주)였다. 즉, 매달 각 주말마다 4개의 다른 교회로 가셨다. 한 시즌 후, 두 교회가 정말 성장했고 그분께 격주로 설교를 부탁했다. 마침내 한 교회인 베델 침례교회는 그분께, 그분의 모든 사역을 회중을 위해 헌신할 것을 요청했다. 그분은 그곳에서 40년 이상을 머물며 사역하셨다.

그분은 내가 아홉 살 때 하나님의 부르심을 받으셨다. 그분은 지금 나의 "구름같이 둘러싼 허다한 증인들"(히 12:1) 안에 계신다. 나는 그분이 목회자로서 내게 무슨 말씀을 하실지 자주 생각한다. 나는 그분이 사랑으로 나를 내려다보시고 내가 좋은 경주를 할 수 있도록 응원하고 계신다고 믿는다.

목회자로 부르심을 받았을 때 처음 섬긴 교회는 남침례교회였다. 나는 어렸을 때부터 데일 챔블리스 목사님을 알고 있었고, 그분은 나를 인턴으로 데려왔다. 그러나 첫 날, 마음을 사로잡는 일이 일어났다. 나는 사무실에 도착하여 톰 캠프라는 부목사님을 만났다.

톰이 말했다. "브렌트, 당신은 나를 모르시겠지만 나는 당신 할아버지의 교회에서 자랐어요. 그분은 훌륭한 목사님이셨어요. 수년 동안 그분은 더 많은 젊은 목회자들이 사역을 위해 훈련을 받지 못했다고 한탄하셨어요. 내가 10대였을 때 나는 앞으로 나가서 그분과 같은 목사가 될 것이라고 말씀드렸어요. 나는 그분의 41년의 목회생활에 유일한 사람이었어요. 나는 언젠가 그분의 손자와 함께 교회를 섬기게 될 줄은 꿈에도 몰랐어요."

톰은 나를 보고 계속 말씀하셨다. "이제 당신 차례에요. 나는 당신이 사역에서 성공할 수 있도록 내가 할 수 있는 모든 것을 할 것입니다." 그날 이후로 그분은 할아버지가 그랬던 것처럼 나를 격려하고, 사역의 교훈을 나누고, 나를 위해 기도하고, 나를 극진히 사랑해 주셨다.

예수님께서 승리하셨지만 부활절은 예수님만의 축제가 아니다. 그것은 당신과 당신의 승리에 관한 것이다. 그리스도는 두려움과 죄와 죽음에 대한 그분의 승리를 나누신다. 당신도 일어날 수 있다.

"우리에게 구름같이 둘러싼 허다한 증인들이 있으니 모든 무거운 것과 얽매이기 쉬운 죄를 벗어버리자. 그리고 인내로써 우리에게 당한 경주를 경주하며 믿음의 창시자요 완성자이신 예수님을 바라보자"(히 12:1-2, ESV).

오늘 그분을 바라보라. 당신을 응원하시는 예수님을 보라. 필요한 것을 구하라. 그분을 자랑스럽게 여겨드려라. 피곤하면 그분께 기대라. 어디로 향해야 할지 모르겠다면 그분의 말씀에 귀를 기울이라. 좋은 경주를 하라.

기도 원칙 #22:
신실한 기도는 다음 세대를 일으켜 세운다.

23. 말씀해 주세요

"우리가 하나님께 복음을 맡기라는 허락을 받은 것처럼, 사람을 기쁘게 하려는 것이 아니라, 우리의 마음을 시험하시는 하나님을 기쁘게 하기 위해 말하는 것이다"(살전 2:4, ESV).

아버지에 대한 내가 가장 좋아하는 기억은 딕시 유소년 야구 시절이다. 아빠는 나의 가장 큰 팬이셨다. 그분은 항상 내 경기에 나타나셔서 관중석에서 응원하셨다.

한번은 내가 여덟 살쯤 되었을 때 중견수 쪽으로 큰 타격을 했다. 나는 먼저 1루로 향했다. 베이스를 돌면서 외야수가 2루로 폭투하는 모습을 볼 수 있었다. 나는 2루로 돌진했다. 나는 아무 생각 없이 3루를 노리기로 했다. 이때 포수가 공을 잡고 3루수에게 던졌다. 그는 공을 놓쳤고 나는 나의 기회를 보았다. 3루를 돌아 나는 포수가 공을 잡았을 때 포수의 글러브 아래로 안전하게 미끄러져 홈으로 향했다.

그것은 장내 홈런이었다. 내가 정신이 나간 듯한 느낌이 들었던 순간 중 하나였다. 하지만 아빠의 반응은 내 기억에 각인되어 항상 내 얼굴에 미소를 짓게 한다.

아빠가 필드로 뛰쳐나오셔서 홈 플레이트에서 나를 만났다.

나는 그것이 허용되지 않았다고 확신한다. 나처럼, 그분은 명확하게 생각하고 있지 않으셨다. 그분은 펄쩍펄쩍 뛰시며 두 팔을 벌리시고 얼굴에 커다란 미소를 띠고 계셨다. 그분은 나보다 더 흥분하셨다.

당신이 어린 시절로 돌아갈 수 있는 하루가 있다면 어떤 날을 선택하겠는가? 나는 그날을 택할 것이다. 아들은 항상 그들의 아버지를 행복하게 해드리기를 원한다. 우리는 아버지가 우리와 함께 '기뻐'하시기를 원한다(마 3:17, 참조).

그러나 때로는 아들과 아버지 사이의 관계가 긴장될 수 있다. 아들은 아빠에게 많은 분노를 품을 수 있다. 야구장에서의 그날은 특별했지만, 나는 항상 그런 날들이 더 많았으면 좋겠다고 생각했다. 아빠와 나는 야구장에 없을 때 친해지려고 애썼다. 2006년에 아버지가 돌아가셔서 나에게 많은 짐을 남겨 주셨다. 그럼에도 불구하고 그분의 생애가 끝날 때까지 아버지를 기쁘시게 하려는 충동은 항상 강했다.

예수님께서는 하늘에 계신 아버지를 기쁘게 해드리고 싶은 욕망이 있으셨다. 그것이 우리의 바람이 되어야 한다.

예수님께서는 하늘에 계신 아버지를 기쁘시게 해 드리고자 하는 한 가지 소원이 있으셨다. 그분은 아빠를 의미하는 아바

(Abba)와의 관계를 친밀한 말로 말씀하셨다. 예수님께서 이렇게 말씀하셨다.

나는 아무것도 스스로 하지 않고 오직 아버지께서 가르쳐 주신 대로 말한다. 나를 보내신 분이 나와 함께 계신다. 그분은 나를 혼자 두지 않으셨다. 나는 항상 그분의 마음에 드는 일을 하기 때문이다(요 8:28-29, ESV).

예수님께서는 하나님을 기쁘시게 하기 위해 사셨다. 하나님께서는 항상 그분과 함께 계셨다. 사실, 예수님께서 이렇게 말씀하셨다.

"나를 본 사람은 아버지를 본 것이다… 내가 너희에게 이르는 말이 스스로 하는 것이 아니라 아버지께서 내 안에 계셔서 그분의 일을 하시는 것이다"(요 14:9-10, ESV).

"주님, 그것이 당신을 기쁘게 한다면"

당신은 하늘에 계신 아버지를 기쁘시게 하기 위해 살고 있는가?

조지 뮬러는 그의 기도에서 공통된 문구를 사용했다. 그는 다음과 같이 말하곤 했다. "주여, 그것이 당신을 기쁘시게 한다면" 하나님을 기쁘시게 하겠다는 생각이 그의 기도에 스며들었다.

- 1842년 2월 26일 – "주님께서 지금 우리를 불쌍히 여기시는 것을 기뻐해 주시기를 특별히 오늘 아침에 기도했다."

- 1835년 12월 2일 – "오늘 아침에 특히 주님께 기꺼이 나를 가르쳐 달라고 간구했다."

- 1846년 1월 6일– "나는 지금 조용히 주님의 기쁨을 기다리고 있다."

- 1850년 12월 5일: "주여, 주의 종이 이 문제에 대한 주님의 뜻을 어떻게 알 수 있나이까? 그것을 기꺼이 가르쳐 주시겠나이까?"

조지 뮬러는 말년의 어느 화창한 여름날 동료 목사인 찰스 R. 파슨스(Charles R. Parsons)와 인터뷰를 가졌다. 그는 뮬러에게 그의 기도 생활과 고아원의 일, 그리고 하나님께서 그의 필요를 어떻게 공급하셨는지에 대해 물었다. 뮬러의 영적인 힘은 노년에도 분명했다.

파슨스 목사는 "뮬러 씨, 당신은 항상 주님께서 약속에 신실하시다는 것을 발견하나요?"라고 물었다.

"언제나!" 뮬러가 선언했다. "그분은 나를 실망시키신 적이 없어요! 거의 70년 동안 이 사업과 관련된 모든 필요가 공급되었답니다. 처음부터 지금까지 고아의 수가 구천오백 명이나 되었는데도 한 번도 한 끼를 먹은 적이 없었어요. 우리는 수백 번 한 푼도 없이 하루를 시작했지만, 하나님 아버지께서는 실제로 필요한 순간에 물품을 보내셨어요. 건강한 식사를 하지 않은 적은 없었어요. 그동안 나는 살아 계신 하나님만을 신뢰할 수 있었어요."

인터뷰가 끝날 무렵 파슨스 목사는 뮬러에게 하나님을 위한 자신의 일에 관한 '특별 조언의 말씀'을 요청했다.

뮬러는 다음과 같은 현명한 조언을 했다. "모든 것에 대해 전적으로 하나님을 의지하세요. 당신 자신과 당신의 일을 그분의 손에 맡기세요."

뮬러는 이렇게 대답했다. "모든 것을 하나님께 전적으로 의지하세요. 당신 자신과 당신의 일을 그분의 손에 맡기세요. 새로운 사업을 생각할 때, 이것이 하나님의 마음에 합당한가? 그분의 영광을 위한 것인가? 그것이 그분의 영광을 위한 것이 아니라면, 그것은 당신의 유익을 위한 것이 아니며, 당신은 그것과 아무 관련이 없어야 해요. 명심하세요! 하나님의 영광을 위한 일이라고 정한 후에, 그분의 이름으로 시작하여 끝까지 그

길을 계속하세요. 기도와 믿음으로 그것을 받아들이고, 결코 포기하지 마세요!"

"그리고 당신의 마음에 죄악을 생각하지 마세요." "그렇게 하면 하나님께서 듣지 않으실 것이에요. 항상 전에 그것을 유지하세요. 그런 다음 하나님을 신뢰하세요. 그분만을 의지하세요. 기다리세요. 그분을 믿으세요. 그분께로부터 큰 일을 기대하세요. 응답이 지체되더라도 약해지지 마세요. 그리고 무엇보다도 우리의 사랑스러운 주님 구세주의 공로에만 의지하여 당신의 공로가 아닌 당신이 드리는 기도와 당신이 하는 일이 받아들여지도록 하세요."

하나님께서는 뮬러와 고아들이 필요로 하는 모든 것을 기꺼이 공급해 주셨다. 그러한 필요를 하나님께 구하는 것은 고된 일이 아니라 복이었다. 뮬러는 단순한 믿음과 기도로 주님을 기쁘시게 해드리고 싶었다.

믿음은 하나님을 기쁘시게 한다.

"믿음이 없으면 그분을 기쁘시게 하는 것은 불가능하다. 이는 하나님께 가까이 나아가는 사람은 누구든지 그분은 계시고 그분을 찾는 사람들에게 보상하신다고 믿어야 하기 때문이다"(히 11:6, ESV).

하나님께서 응답하시는 기도는 단 한 가지, 믿음의 기도이다. 마태복음 9장 29절은 "너희 믿음대로 되라"고 말씀한다. 우리는 삶에 대한 믿음을 거의 행사하지 않기 때문에 삶에서 힘을 거의 보지 못한다. 믿음이 무엇인지 궁금한가?

당신은 "나는 하나님께서 하실 수 있다고 믿어요!"라고 말할지 모른다. 그러나 그것은 믿음이 아니다. 믿음이 있든 없든 하나님은 당신이 구하는 것을 능히 하실 수 있으시다. 당신은 또한 "나는 하나님께서 그것을 하실 것이라고 믿나이다."라고 말할 수도 있다. 그것도 믿음이 아니다. 그것은 소망이다. 그러나 나는 "하나님께서 하실 줄 믿나이다" 하면 그것이 믿음이다. 그런 기도를 하려면 담대한 믿음이 필요하다.

하나님께서 기도에 응답하실 때

성경은 믿고 승리하는 기도로 인도하는 삶의 종류를 묘사한다. 다음과 같은 경우 하나님께서 여러분의 기도에 응답하실 것을 기대할 수 있다.

- 당신이 하늘에 계신 아버지만을 기쁘게 하기 위해 살 때
- 당신이 평생 하나님을 신뢰할 때
- 당신이 하나님의 뜻대로 당신의 삶을 살 때
- 예수님이 가르치신 것처럼 다른 사람을 용서할 때

- 당신은 예수님께서 그분 자신의 생명을 버리신 것처럼 당신의 생명을 버릴 때
- 당신은 하나님을 당신의 기쁨으로 삼을 때
- 당신이 믿음으로 구할 때

당신의 기도는 당신의 삶만큼 강력하다. 예수님은 하나님을 기쁘시게 하는 곳에서 사시면서 매일 기도에 대한 놀라운 응답을 보셨다.

당신은 그분을 기쁘시게 해드리기 위해 살고 있는가? 오늘 시작하라.

당신은 당신의 기도로 시작할 수도 있다. 뮬러의 말을 당신의 간구에 포함시키기 시작하라.

"주여, 그것으로 주님을 기쁘게 해드린다면 …"

당신은 일정에서부터 시작할 수도 있다. 나는 아침에 하나님과 시간을 보낼 때 종종 메모를 한다. 나는 마음에 떠오르는 사람들, 그날 전화할 사람들을 목록에 올린다. 나는 앞으로 일어날 일들을 생각하며 만남과 상담에서 하나님께 도움을 구한다. 나는 또한 하나님께서 가장 기뻐하시는 일을 하도록 도와달라고 하나님께 간구한다.

여기 큰 기도가 있다.

"하나님, 저의 일이 하나님을 기쁘시게 하고 있나이까? 제가 수입을 얻는 방식을 포함하여 대부분의 시간을 보내는 방식이 하나님을 기쁘시게 하고 있나이까?"

그것이 주님을 기쁘시게 하고 있는지 궁금하다면, 하나님께서 어떻게 당신이 일하는 방식을 재조정하시거나 주님을 더 기쁘게 할 새로운 일을 주실 수 있는지 물어보라. 당신을 통한 하나님의 일은 항상 세상에서 복음적인 일에 관한 것이다. 당신은 사람들을 기쁘게 하기 위해 여기 있는 것이 아니다. 당신은 하나님을 기쁘시게 하기 위해 지음을 받았다.

궁극적으로 우리는 예수님의 제자로서 아버지에 대한 예수님의 말씀인 "나는 항상 그분의 마음에 드는 일을 한다"(요 29장)는 말씀을 따라 하기를 열망해야 한다. 하나님께서는 당신을 기뻐하신다. 당신 역시 하나님을 기뻐하라.

그것은 하나님의 얼굴에 미소를 지으시게 한다.

기도 원칙 #23:
당신의 기도는 당신의 생명만큼 강력하다.

24. 왕과 알현

"그러므로 우리는 긍휼하심을 받고 때를 따라 돕는 은혜를 얻기 위하여 은혜의 보좌 앞에 담대히 나아갑시다"(히 4:16).

소문에 의하면 에이브러햄 링컨 대통령의 막내아들 토머스는 테드(Tad)라는 별명을 가지고 백악관을 관리한 난폭한 소년이었다. 그러나 그는 동물들과 억눌린 사람들을 위한 특별한 애착이 있었다. 크리스마스 파티를 위해 마련한 칠면조를 아버지 링컨에게 부탁해 요리하지 않고 키우려 하는 것이 테드의 생각이었다. 테드는 아버지가 자기가 하는 일을 눈치채기 전까지 그는 링컨을 만나게 해달라는 방문객들에게 5센트를 청구했다. 하지만 그 돈을 적십자사 같은 민간 구호 기관인 미국 위생 위원회에 기부할 수 있게 하기 위해서였다.

테드가 11살이었을 때, 남북전쟁의 첫 해 동안, 켄터키에서 온 몇몇 남자들이 대통령을 만나야 했지만 만날 수 없었다. 현관에서 몇 시간을 기다린 어느 날, 그들은 포기하려다가 "올드 에이브(old abe-에이브러햄 링컨의 애칭-역주)"를 볼 수 없어서 얼마나 실망했는가를 말했다. 테드는 그 말을 듣고 아버지의 사무실로 달려갔다. "아빠, 제가 친구 몇 명을 소개해도 될까요?" 그가 물었다. 링컨 대통령은 동의했다. 그래서 테드는 그 남자들에게 돌아가 그의 아버지께 그들을 인도했다. 링컨이 일주일 내내 일부러 피하고 있던 바로 그 사람들이었다. 나중에 링컨은 아들의 외교에 기쁨을 표했지만 왜 그 남자들을 친구라고 불렀는지 테드에게 물어봐야 했다.

테드는 "글쎄요,"라며, "그들을 너무 자주 봤는데, 그들은 너무 좋은 사람들처럼 보였고, 미안해했고, 켄터키에서 왔다고 해서, 그들이 우리의 친구임에 틀림없다고 생각했어요."라고 말했다. 그러자 그의 아버지가 대답하였다. "맞아, 내 아들아. 가능하다면, 나는 인류 전체를 너의 친구와 내 친구로 삼을 것이다."

켄터키 사람들은 링컨의 아들을 통해 링컨과 만날 수 있었다.

신약성경에 따르면 훨씬 더 놀라운 방법으로 당신은 그분의 아들 예수님을 통해 하나님께 접근할 수 있다. 바울은 "그로 말미암아 우리(유대인과 이방인)가 한 성령으로 아버지께 나아감을 얻었느니라"(엡 2:18)고 말씀한다.

매일 당신은 당신에게 필요한 것을 구하기 위해 하늘에 계신 아버지께 접근할 수 있다. 당신은 지극히 사랑받는 자녀로 하나님께 나아간다. 하나님께서는 또한 자원이 넘치는 만왕의 왕이시다. 그분은 당신이 그분과 함께할 청중을 찾기를 기다리시며, 그것이 신체적, 정신적, 감정적, 재정적 또는 관계적 필요이든 간에 당신이 필요로 하는 것을 구하도록 초대하신다.

하나님께서는 당신이 당신에게 필요한 것을 구하도록 초대하시면서 그분과 함께 청중을 찾기를 기다리신다.

사랑이 많고 친절한 육신의 아버지는 어린 자녀들이 필요한 요구를 가지고 자신에게 접근하는 것을 보면 최선을 다해 그것을 제공할 것이다. 하나님께서는 얼마나 더 그렇게 하시겠는가?

불행하게도 많은 그리스도인들은 하나님께 확신을 가지고 다가가지 않는다. 그들은 모든 필요에 대해 하나님을 의지하지 않으며, 환난의 때에 하나님을 바라보지 않으며, 결정이나 위기가 닥쳤을 때 하나님의 얼굴을 구하지 않는다.

그들은 그러한 접근을 위해 예수님께서 지불하신 값비싼 대가를 잊어버린다.

믿음이 풍부한 기증자

조지 뮬러의 사역의 기쁨 중 하나는 역시 주님의 뜻을 따르고자 노력하는 기부자들과 교류하는 것이었다. 영국 브리스톨에서 처음 몇 년 동안 뮬러는 머리글자가 A. L.인 여성을 만났는

데 그녀는 최저수입으로 살고 있었다. 바느질은 그녀의 직업이었지만 수입은 거의 없었다. 그녀는 쇠약했고 장시간 일할 수 없었고 가난했다.

뮬러가 첫 번째 고아원을 세운 후, 그 여성의 아버지는 세상을 떠났고 그녀는 막대한 재산을 상속받았다. 그러나 채권자들이 줄을 서기 시작하면서 그 여성과 그녀의 형제자매들은 빚을 어떻게 처리할지 결정해야 했다.

그녀의 오빠와 두 자매는 채권자들에게 빚의 25퍼센트를 갚겠다고 제안했고, 아이들에 대한 법적 청구권이 없었기 때문에 기꺼이 받아들였다. 그러나 A. L.은 속으로 생각했다. "아버지가 아무리 죄가 많았어도 그는 내 아버지였고, 나는 아버지의 빚을 전액 갚을 수단이 있으므로 믿는 자녀로서 그렇게 해야 한다. 내 형제자매들은 그렇게 하지 않을 것이다." 그래서 그녀는 비밀리에 채권자들에게 돈을 지불했다.

그리고 나서 그녀의 형제들은 그들의 돈의 일부를 그들의 어머니에게 드렸다. 그러나 A. L.은 생각했다. "나는 하나님의 자녀이다. 나는 확실히 나의 어머니에게 나의 형제자매들보다 두 배 더 많은 것을 드려야 한다." 그게 그녀가 한 일이다.

마지막으로 A. L.은 고아원을 위해 100파운드를 기부했다. 그 선물은 뮬러를 놀라게 했다. 그 시점까지 그는 그녀가 매우 궁핍하다고 생각했다. 그는 그녀와 기부에 대해 이야기하고 그녀가 경솔하고 감정적인 결정을 내리지 않도록 했다. 뮬러는 그녀가 '조용하고 침착하며 사려 깊은 주 예수님의 제자'임을 알게 되었다. 그녀는 "너희를 위하여 보물을 땅에 쌓아 두지 말라"(마 6:19, KJV), "네 소유를 팔아 가난한 자들에게 주라"(마 19:21, KJV)는 예수님의 말씀을 믿는다고 말했다.

예수님께서는 당신이 하나님께 나아갈 수 있도록 당신의 생명과 피라는 귀한 선물을 주셨다. 그렇다면 당신에게 꼭 필요한 것을 하늘에 계신 아버지께 가져가는 일을 지체할 이유가 무엇인가?

조지 뮬러나 A.L.처럼 할머니는 그분의 모든 필요를 주님께 가져갔다. 그분이 기도하는 소리를 들은 기억이 난다. 그분의 기도는 간단했지만 강력했다. 매일 그분은 필요한 것을 구했다. 그분은 돈이 많지는 않았지만 믿음이 풍부했다.

폭풍우 속에서 침착함을 유지

매년 여름, 나는 앨라배마 주 모빌에 있는 할머니를 방문했다. 그분은 내가 수영과 낚시를 좋아하는 모빌 만(灣-Mobile Bay 미국 앨라배마 주 서남부, 멕시코 만의 후미. 남북 전쟁중

해전이 있었던 곳-역주)에 비막이 판자로 된 작은 집이 있었다. 폭풍이 자주 불고 그 중 일부는 매우 강했다. 열대성 폭풍이 모빌로 향했을 때 나는 7살이었다. 남을 것인가, 떠날 것인가, 도망칠 것인가, 극복할 것인가에 대한 가족의 대화를 기억한다. 어른들은 그것을 극복하기로 결심했다. 그들은 창문을 닫고 모든 것을 묶었다.

나는 그날 밤을 결코 잊지 못할 것이다. 바람이 세차게 울린다. 그 작은 나무집은 문자 그대로 흔들렸다. 불이 꺼지고 천둥소리가 화물열차처럼 들렸다. 앞마당에 번개가 떨어졌다. 나는 겁에 질려 한숨도 자지 못했다.

폭풍이 몰아친 후 나무가 쓰러지고 널판지가 사방에 흩어졌지만 그 작은 집은 여전히 서 있었다.

나의 할머니는 그 모든 것을 겪었지만 자신감 있고 침착했다. 그분은 걱정했지만 당황하지 않으셨다. 그분의 믿음은 흔들리지 않고 폭풍이 아니라 하나님을 바라보고 있었다.

그 경험으로 나는 예수님께서 지혜로운 건축자에 대해 하신 말씀을 생각하게 되었다.

"그러므로 누구든지 나의 이 말을 듣고 행하는 자는 그 집을 반석 위에 지은 지혜로운 사람 같으리니 비가 내리고 창수가 나고 바람이 불어 그 집에 부딪치되 무너지지 아니하나니 이는 주추를 반석 위에 놓은 까닭이요"(마 7:24-25).

고난의 비, 슬픔의 바람, 투쟁의 폭풍이 올 때 예수님 위에 세워진 삶은 무너지지 않을 것이다.

예수님, 그분의 가르침, 그분의 생명은 우리의 반석이시다. 예수님의 반석 위에 산다는 것은 그분께 온전히 의존하는 것을 의미한다. 고난의 비, 슬픔의 바람, 투쟁의 폭풍이 와도 그분 위에 세워진 삶은 무너지지 않는다. 그러나 자립, 돈, 재산, 학교 성적, 성취 또는 직업 경험과 같이 변화무쌍한 모래 위에 자신의 삶을 세우는 어리석은 사람은 비가 내리고 바람이 불 때 무너지고 있음을 알게 될 것이다.

그건 신뢰의 문제다. 당신은 누구 또는 무엇을 신뢰하는가? 요즘 사람들은 자신이 누구 또는 무엇을 신뢰하는지 모르는 사람이 많다. 그들은 자신이 종교 지도자들을 신뢰하는지조차 확신하지 못하면서도 그들은 때때로 돈, 권력, 통제에 관한 모든 것으로 명성을 얻고 있다. 사람들은 뉴스를 믿을 수 있을지 모른다. 편향적이거나 거짓일까? 누가 믿을 수 있겠는가? 이 정치인을 신뢰할 수 있는가? 이 의사나 변호사는 어떤가? 주식시장을 신뢰할 수 있을까?

불신은 점점 확산되고 있다. 당신이 무엇을 의존해야 할지도 모른다면 평화를 얻을 수 없다. 폭풍이 오면 그때에야 당신은 당신이 단단한 무언가 또는 가라앉는 무언가에 당신의 삶을 세웠는지를 깨닫는다. 당신이 신뢰하는 것은 궁극적으로 당신의 시간, 정신 에너지 및 재정 자원을 투자하는 곳이다.

우리는 매일 사물과 사람을 신뢰한다. 당신이 비행할 때마다 당신은 어떤 식으로든 조종사에게 몸을 내 맡기고 있는 것이다. 당신은 거기에 앉아서 신뢰하기 만하면 된다. 당신은 비행기가 이 착륙하도록 하기 위해 아무것도 할 수 없다. 의료 시술을 위해 전신 마취를 할 때 당신은 의사가 옳은 일을 할 것이라고 신뢰한다.

누구나 도움이 필요하다. 모든 사람은 안정적으로 서 있을 수 있는 무언가가 필요하다. 당신의 삶의 형식과 당신이 폭풍 속에서 버티는 방법은 항상 당신이 진정으로 신뢰하는 것이 무엇인지를 드러내게 된다.

하나님께서는 당신에게 복 주시기를 원하신다

하나님께서 말씀하시기를 "너희를 향한 나의 생각을 내가 아나니…너희에게 해를 끼치지 아니하고 너희에게 미래와 희망을 주리라"(렘 29:11). 하나님께서는 당신을 위해 좋은 것을 예비해 두셨다. 그분은 당신을 정죄하시려고 기다리시는 분이 아니시다. 하나님께서는 당신을 복 주시고, 사랑하시고, 당신을 그분의 팔로 안으시고 "너희를 용서하노라. 나는 너희를 돕고 싶다. 내가 여기 있다. 내 보좌로 오라 그러면 너희는 자비를 얻을 것이다."라고 말씀하신다.

당신이 그 보좌로 나아가면 아무것도 당신을 막을 수 없다. 당신이 전적으로 의지하고 신뢰하는 방향으로 나아가지 않는다면 당신은 하나님의 충만한 평화와 보호를 경험하지 못할 것이다. 당신은 만세 반석을 의지하는 데서 오는 견고함을 찾지 못할 것이다.

당신의 삶을 반석 위에 세우려면 어떤 단계를 밟아야 하는가? 당신은 어디에 자신감이 부족한가?

당신이 기도하다가 하나님께서 듣지 않으신다고 믿고 몇 년 전에 포기한 기도가 있는가?

당신은 대통령을 만날 수 없을지도 모르지만 우주의 왕께서는 당신의 소식을 듣고 싶어하신다. 지금 당장 필요한 것을 가지고 하나님께 나아가라.

이것이 우리가 하나님께 접근할 때 가지고 있는 자신감이다.

우리가 하나님의 뜻에 따라 무엇이든 구하면 그분은 우리의 말을 들으신다(요일 5:14).

 당당히 나아가라.
 자비와 은혜를 받아라.

기도 원칙 #24:
하나님께서는 확신에 찬 담대한 기도에 보답해 주신다.

25. 시도해 보라

"나의 하나님, 나의 하나님, 어찌하여 나를 버리셨나이까?"(마 27:46).

내 인생의 가장 낮은 시점 중 하나는 약 17년 전에 일어났다. 나의 아버지는 오랜 투병 끝에 돌아가셨다. 나는 방금 새로운 사역 직책을 맡았다. 일을 시작한 지 몇 주 만에 어려운 때가 될 것임을 깨달았다. 나는 그것을 돌이킬 수 있다고 생각했지만, 2년 후, 나는 내 자신의 영혼이 위기에 처해 있음을 깨달았다.

난생처음으로 나는 우울증을 경험했다. 우울증이 어떤 느낌인지 잘 모르는 나에게는 참고할 만한 기준이 없었다. 나는 잠을 자려고 발버둥 쳤고, 집중하기가 힘들었다. 나는 정상적인 상황에서 불행했고 가끔 공황발작(갑자기 시작되는 단기간 극도의 고통, 불안, 또는 공포, 신체 증상 및 또는 감정적 증상이 동반된다-역주)에 시달렸다. 내 감정을 내가 통제할 수 없는 것 같아서 무서운 시간이었다.

나의 영적인 투쟁은 격렬했다. 버림받은 기분에 하나님께서 왜 나를 버리셨는지 궁금했다. 나는 하나님께 내 생명을 바쳤다. 나는 그분을 기쁘게 해드리려고 노력했다. 내 생각은 내가 주님을 섬기면 고난을 면할 수 있다는 거짓된 믿음을 드러냈다.

문제는 피할 수 없다

예수님께서는 "세상에서는 너희가 환난을 당하나"(요 16:33)
라고 말씀하시면서 고난이 불가피하다고 우리에게 경고하셨
다. 그 진리는 내가 전에 경험하지 못한 수준으로 내 삶에 들
어왔다. 나는 기도하는 데 어려움을 겪었고 하나님과 연결되
어 있다는 느낌을 받았다. 가끔 그 시절의 일기장을 되짚어 본
다. 좌절, 분노, 실망, 의심 등 내가 주님 앞에 쏟아부은 것에
놀랐다.

내가 더 이상 내려갈 수 없다고 생각했을 때 나는 살아 계신
하나님을 만났다. 하나님께서는 결국 나를 버리지 않으셨다.
조금씩 하나님께서 나를 그 구덩이에서 건져내셨다. 가족과 친
구들이 도와주었다. 나는 소망을 느끼기 시작했다. 도움을 받
았다. 나는 나아졌다. 하나님의 사랑을 더 깊이 체험하기 시작
했다. 오늘 나는 우울증과 슬픔의 무거움으로 고생하는 사람
들을 공감할 수 있다. 어떤 사람들은 하나님께서 우리가 이생
에서 겪는 일을 정말로 알고 계신지 궁금해한다.

그렇다. 하나님께서는 알고 계신다. 메시아이신 예수님께서
는 무력한 아기로 세상에 오셔서 성장하셨다. "멸시를 받아 버
림받은 사람, 간고를 많이 겪었고 가장 깊은 슬픔을 아는 분"(사
53:3 NLT). 예수님께서는 이생의 고난에 참여하셨다. 이 세상

이 줄 수 있는 최악의 상황을 기꺼이 견디신 그분은 우리가 느끼는 것을 아신다.

십자가에서 예수님께서는 세상 생활의 가장 낮은 곳, 즉 나보다 훨씬 낮은 곳에서 버림받은 느낌을 받으셨다.

그분은 "나의 하나님, 나의 하나님, 어찌하여 나를 버리셨나이까?"라고 울부짖으셨다(마 27:46).

신성의 포기라는 교리는 아버지 하나님께서는 예수님께서 십자가에 달리셨을 때 예수님을 버리셨다고 말한다. 예수님께서 세상 죄를 다 담당하셨기 때문에 하나님께서는 그 순간에 외면하셨다.

하나님께서 예수님께 등을 돌리셨다는 생각은 개신교 종교개혁의 아버지인 마틴 루터에게 너무나 괴로운 일이었기 때문에 루터는 그것을 이해하려고 은둔 생활을 하게 되었다. 그는 처음 시작할 때처럼 혼란스러워하며 자리를 떴다. 그는 내가 영혼의 어두운 밤을 지날 때 하나님께서 어디에 계셨는지 알기 위해 고군분투했던 것처럼 십자가에 달리신 예수님과 관련하여 하나님께서 어디에 계신지 이해할 수 없었다.

예수님께서는 하나님의 아들이기를 그친 적은 한순간도 없었다. 하나님께서 그분과 함께 고난을 겪으시지 않으신 적은 한 번도 없으셨다.

나는 예수님께서 버림받았다고 느꼈다는 것을 부인하지 않는다. 그러나 나는 그분이 버림받으셨다고 믿지 않는다. 그분이 하나님의 아들이시기를 거부한 적은 한순간도 없으셨다. 하나님께서 그분과 함께 고난을 당하시지 않으신 적도 한 번도 없으셨다. 극심한 고난의 순간에 예수님께서는 죄의 무게로 인해 하나님과의 친밀함을 상실하셨기 때문에 버림받으셨다고 느끼셨을 것이다.

하나님과의 친밀함은 예수님의 지상 여정의 연료였다. 그것은 그분께 에너지를 주었고, 슬픔에 잠긴 그를 위로했으며, 기적을 위한 능력을 제공했고, 그분의 사명에서 그분을 지탱해 주었다.

예수님께서는 우리를 위해 죽으심으로 우리도 하나님을 친밀하게 알 수 있는 길을 마련하셨다. 그분의 희생으로 우리는 치유될 수 있다. 베드로가 설명했듯이, 친히 나무에 달려 그분 몸으로 우리 죄를 담당하셨으니 이는 우리로 죄에 대하여 죽고 의에 대하여 살게 하려 하심이라 그분의 상처로 너희는 나음을 얻었다(벧전 2:24, ESV).

기도 응답을 받을 준비

조지 뮬러의 삶은 우리가 하늘 아버지와 풍요롭고 깊이 연결될 수 있음을 보여준다. 뮬러는 그가 낮아진 때에 조차도 하나님께서 그를 지탱해 주신다는 것을 감지했다. 그는 하늘 아버지의 그런 보살핌이 은혜로운 선물이라는 것을 알고 있었다. 그는 다음과 같이 썼다.

친애하는 독자 여러분, 내가 달성할 수 있고 달성해야 할 정도로 내가 믿음을 얻었다고 생각하지 말라. 그러나 하나님께서 나에게 주신 믿음에 대해 하나님께 감사드린다. 그분이 그것을 지지하시고 증가시키기를 기도해 달라. 마지막으로 다시 한번 말씀드리지만, 사탄이 당신을 속여서 당신이 같은 믿음을 가질 수 없다고 생각하게 하지 말고, 오직 나와 비슷한 처지에 있는 사람들만을 위한 것임을 상기시켜 드린다.

뮬러는 계속해서 하나님과의 친밀함이 어떤 것인지 설명한다. 그가 열쇠를 잃어버렸을 때, 그는 그것을 찾도록 도와달라고 하나님께 간구했다. 누군가 약속 시간에 늦으면 불편함을 느낀 뮬러는 주님께 그 사람의 도착을 서둘러 달라고 간구했다. 그가 성경의 한 구절을 이해하지 못했을 때, 그는 하나님께서 성령으로 기뻐하셔서 그 의미를 가르쳐 달라고 간구했다. 그는 다른 성도들도 같은 방식으로 주님께 다음과 같이 기도하기를 원했다.

오! 간청하건대, 내가 하나님의 사랑하는 자녀들이 가질 수 없는 특권을 가진 특별한 그리스도인이라고 생각하지 말라. 나의 행동 방식을 다른 그리스도인들에게는 통하지 않는 것으로 보지 말라. 시도해 보라! 시련의 시간에 가만히 서 있으라. 하나님을 신뢰한다면 하나님의 도우심을 보게 될 것이다.

"나의 하나님, 나의 하나님, 어찌하여 나를 버리셨나이까?"는 그분이 십자가에서 마지막으로 말씀하신 것이 아니다. 그분의 마지막 말씀은 "다 이루었다"(요 19:30)였다. 잃어버린 인류에게 구원을 가져다주시는 일이 이루어졌다. 하나님께서는 예수님께서 오셔서 하시려고 하셨던 모든 일을 예수님께서 완성하시도록 도우셨다.

당신은 언제 하나님께 버림받았다고 느꼈는가? 당신은 지금도 버림받은 느낌이 드는가?

하나님께서는 어둠의 때에 당신을 버리지 않으신다. 패배처럼 보이는 것이 당신의 구원이 될 수 있다.

예수님께서는 큰 고난 중에도 버림받지 않으셨다. 나 역시 어둠의 때에 버림받지 않았다.

당신도 마찬가지이다. 패배처럼 보이는 것이 당신의 구원이 될 수 있다. 계곡은 전에 없이 하나님을 만나는 곳이 된다.

어려운 때에 기도하는 두 가지 방법

당신이 버림받았다고 느낄 때 두 가지 기도 방법이 있다.

• 먼저 마음을 털어놓으라. 주님 앞에서 어떤 것도 지체하지 말라. 버림받고 길을 잃었다고 느끼더라도 하늘 아버지께서 여전히 계시다는 믿음을 갖으라. 그리고 당신은 그런 것들 중 하나가 아니다. 슬픔과 고통을 이겨내는 여정을 일기로 기록하라. 당신의 노골적인 기도를 기록하고 그것을 하나님 앞에 보내라. 하나님의 사랑을 새롭게 표현해 달라고 구하라.

• 둘째, 하나님의 말씀을 그대로 받아들이라. 성경으로 자신을 둘러싸라. 하나님의 말씀으로 기도하라.

그분의 말씀에 담긴 하나님의 약속

다음은 당신이 기도할 때 사용할 수 있는 하나님의 몇 가지 약속이다.

"두려워하지 말라 내가 너희와 함께 있으니 당황하지 말라 내가 너희의 하나님이니 내가 너희를 강하게 하고 도와주리라 내 의로운 오른손으로 너희를 받치리라"(사 41:10, ESV).

당신이 두려워할 때 하나님께서 당신과 함께하신다. 하나님께서는 당신이 낙심하고 그분의 힘이 필요할 때를 아신다.

"내가 네게 명령한 것이 아니냐 강하고 담대하라 두려워하지 말며 놀라지 말라 네가 어디로 가든지 네 하나님 여호와가 너와 함께하느니라 하시니라"(수 1:9).

당신이 하나님의 부재를 느낄 때에도 하나님께서는 당신을 버리지 않으셨다.

"너희 앞에 가시는 분은 주님이시다. 그분은 너희와 함께하실 것이다. 그분은 너희를 떠나지도 않으시고 버리지도 않으실 것이다. 두려워하거나 실망하지 말라"(신 31:8, ESV).

하나님께서는 결코 당신을 떠나지 않으실 것이다. 당신이 힘든 길을 갈 때 하나님께서 앞서가신다.

"내가 확신하노니 사망이나 생명이나 천사들이나 권세자들이나 현재 일이나 장래 일이나 능력이나 높음이나 깊음이나 다른 어떤 피조물이라도,

우리를 우리 주 그리스도 예수 안에 있는 하나님의 사랑에서 끊을 수 없
으리라"(롬 8:38-39).

하나님의 사랑은 결코 당신을 놓지 않을 것이다. 아무것도
당신을 하나님의 사랑에서 끊을 수 없다. 육체적 문제도, 정
서적 문제도, 관계 문제도, 직업 문제도, 정신적 문제도, 아무
것도 아니다.

"우리가 알거니와 하나님을 사랑하는 자 곧 그의 뜻대로 부르심을 입은
자들에게는 모든 것이 합력하여 선을 이루느니라"(롬 8:28).

「예수님의 부르심」의 저자인 사라 영은 수년간 라임병(Lyme
disease-곤충인 진드기가 사람을 무는 과정에서 나선형의 보
렐리아(Borrelia)균이 신체에 침범하여 여러 기관에 병을 일으
키는 감염 질환-역주)과 관련된 감염증으로 고통받았다. 매일,
그녀는 만성적인 현기증과 지속적인 낙담에 직면했다. 하지만
그녀는 기도하고 글을 쓰기 위해 계속 일어났다.

그녀는 이렇게 말했다.

내가 더 건강했더라면 나는 이 책을 쓸 수 없었을 것이다. 그것은 낙담
에서 소망으로 가는 나의 여정을 기록한다. 많은 사람이 그들의 삶과 세
상적인 사건들의 문제들을 바라보면서 그들의 마음속에 절망감이 서서히

자리잡고 있는 것 같다. 그러나 우리가 성경에서 찾을 수 있는 희망은 우리의 삶에서, 혹은 세상에서 어떤 일이 일어나고 있는지에 관계없이, 확고한 현실이다.

하나님께서는 당신의 유익을 위해 일하고 계신다. 당신을 하나님께 더 가까이 데려가는 것은 무엇이든지 나쁜 것으로 느껴지더라도 좋은 것이다.

하나님의 말씀을 믿으라. 하나님의 도우심을 구하라. 두려워하지 말라. 당신이 어떤 일을 겪고 있든 상관없이 하나님께서는 선을 행하고 계시다는 것을 믿으라. 하나님께서 당신과 함께하신다.

기도 원칙 #25:
당신을 하나님께 더 가까이 데려가는 것은 무엇이든 좋은 것이다.

26. 갑판의자를 위한 기도

"또 기도할 때에 이방인과 같이 중언부언하지 말라 그들은 말을 많이 하여야 들으실 줄 생각하느니라 그러므로 그들을 본받지 말라 구하기 전에 너희에게 있어야 할 것을 하나님 너희 아버지께서 아시느니라"(마 6:7-8).

1974년, 스티브 맥퀸은 '우뚝솟은 불길'(towering inferno, 초 고층 빌딩에서 발생한 화재를 소재로 한 재난 영화의 고전-역주)로 1,200만 달러를 받으며 세계에서 가장 많은 출연료를 받은 영화배우였다. '쿨의 제왕'이라는 별명을 가진 스티브는 '불릿', '위대한 탈출', '위대한 7인'과 같은 영화를 만들었다. 대담하고 자신만만한 그는 자수성가한 사람의 전형이었다.

슬프게도 스티브는 무시와 학대로 끔찍한 어린 시절을 보냈다. 그의 아버지는 스티브가 태어난 직후 어머니를 버렸다. 그가 3살이었을 때 그녀는 스티브를 그녀의 부모에게 맡겼고 5년 후에 그를 다시 찾았다. 그녀는 결혼하고 이혼하고 재혼했다. 두 계부 모두 스티브를 때렸다. 9세에 거리로 나간 스티브는 곧 지역 갱단에 연루되었고 심지어 매춘업소에서 일하기까지 했다.

미국 해병대에서 3년간 복무하면서 일련의 잡다한 일을 하였으며, 군복무를 마친 후 스티브는 연기 수업을 듣고 극장에서 일했으며, 영화에서 작은 역할을 맡기도 했다. 결국 그는 미국뿐만 아니라 전 세계적으로 가장 인기 있는 영화배우가 되었다.

스티브는 자신이 얻은 모든 것을 갑자기 빼앗길 수 있는 악몽을 자주 꾼다고 말했다. 역설적인 사람인 그는 겸손하면서도 도전적이었고, 인색하면서도 관대했으며, 온화하면서도 폭력적이었고, 자신감이 넘치면서도 불안정했다. 그의 감독 중 한 명은 '그는 외톨이였고, 괴로웠으며, 아버지를 찾고 있었다.'고 말했다.

아무도 의지하지 않고 사는 스티브는 아무에게도 대답하지 않았다. 일단 그가 하나님을 믿느냐는 질문에 그 배우는 "나는 나를 믿는다. 내가 일인자라면 하나님도 일인자가 될 것이다."라고 말했다. 그는 남자가 추구하는 모든 것 즉 돈, 차, 술, 마약, 여성을 가지고 있었다. 그가 이런 모든 것에 중독되는 것은 시간문제였다. 약물 남용, 연쇄적인 여성 편력, 질투, 폭력—스티브가 그 모든 것을 했다.

스티브 맥퀸의 회심

1979년, 그는 공허함을 느꼈다. 그는 할리우드를 떠나 비행기를 사고, 비행하는 법을 배웠다. 스티브는 그의 비행 강사인 새미 메이슨이라는 겸손하고 무뚝뚝한 그리스도인과 많은 시간을 보냈다. 그와 많은 시간을 공유하는 동안 삶의 의미에 대해 이야기하면서 스티브는 메이슨에 대해 뭔가 다른 것을 느꼈다. 그들이 더 많은 시간을 함께 보낼수록 스티브는 메이슨의 비밀을 더 알고 싶어졌다.

어느 날, 메이슨은 그에게 예수 그리스도와의 관계에 대해 말했다. 스티브는 메이슨의 교회에 다니기 시작했고, 스티브는 몇 달 동안 그냥 교회의 발코니에 앉아 있었다. 어느 날 레너드 드윗 목사가 그를 만나자고 했다. 스티브는 질문이 많았다. 그리고 그는 드윗목사에게 거듭난 그리스도인이 되었다고 말했다.

그 '쿨의 왕'은 우주의 왕, 예수 그리스도를 만났다. 스티브의 변화는 '극적'이었다고 메이슨은 말했다. 나는 이렇게 짧은 시간에 영적으로 성장하는 사람을 본 적이 있었는지 의심스럽다. 스티브는 생전 처음으로 자신이 하늘에 계신 아버지의 축복을 받았다는 것을 알았다.

불행히도 그는 말기 암 진단을 받았을 때 그리스도인이 된 지 얼마 되지 않았다. 그는 무엇보다 빌리 그레이엄을 만나기를 원했다. 스티브가 죽기 4일 전에 그 복음 전도자가 병원에 있는 그를 방문했다. 함께 기도한 후 그레이엄은 스티브에게 자신의 성경을 주었고 "나의 친구 스티브 맥퀸에게 하나님의 은혜가 항상 당신을 지켜주시기를"이라는 메시지와 함께 서명했다.

스티브는 1980년 11월 7일 그레이엄의 62번째 생일에 성경책을 들고 세상을 떠났다. 그의 성경책에는 그가 가장 좋아하는 구절이 펼쳐있었다.

"하나님께서 세상을 이처럼 사랑하사 자신의 독생자를 주셨으니 이는 누구든지 그분을 믿는 자는 멸망하지 않고 영존하는 생명을 얻게 하려 하심이니라"(요 3:16, KJV).

그 진리가 스티브의 인생을 바꿔 놓았다. 그는 죽기 전에 자신의 죄에 대한 완전한 용서를 경험했다. 그는 아버지를 찾았다.

하나님께서는 당신이 그분을 좋은 아버지로 아는 것 이상을 원하지 않으신다. 당신은 당신의 아버지가 나쁜 아버지, 또는 가혹한 아버지일 수도 있지만, 예수님께서는 하나님께서 "당신이 그분께 구하기 전에 당신에게 필요한 것을 아시는"(마 6:8) 좋은 아버지라고 말씀하셨다. 예수님께서는 하나님을 아빠라는 뜻의 아바(Abba)라고 부르셨다.

예수님께서는 "그러므로 너희는 이렇게 기도할지니라 하늘에 계신 우리 아버지여 …" 예수님께서는 유대 종교 체제에서 태어나셨지만 구약 전체를 통틀어 아버지로 시작하는 하나님께 드리는 기도는 하나도 없다. 그러나 예수님께서 하신 모든 기도는 "나의 하나님"(마 27:46)이라고 외치신 수난 중에 한 기도를 제외하고는 "아버지"라는 말씀으로 시작되었다. 그러나 예수님께서는 십자가 위에서도 "아버지 저들을 사하여 주옵소서 자기들이 하는 것을 알지 못함이니이다"(눅 23:34)라고 기도하셨다. 죽어가시는 순간에도 예수님께서는 자신을 고문하고 죽음을 요구하거나 외면한 모든 사람을 용서하셨다.

우리가 예수님처럼 기도한다면 크고 작은 모든 상황에서 하나님 아버지를 바라보고 신뢰하게 될 것이다.

무엇이 그분으로 하여금 그러한 기도를 하시게 했을까? 그분은 그러한 기도를 하실 수 있는 힘과 은혜를 어디에서 찾으셨을까? 우리가 이러한 질문에 답할 수 있다면 우리는 용서하는 법을 배울 수 있을 것이다. 우리는 거짓 고소를 당하거나 이유 없이 부당한 대우를 받더라도 평안을 누릴 수 있다. 어쩌면 우리는 예수님께서 하신 것처럼 기도할 수도 있고, 크고 작은 모든 상황에서 항상 하늘 아버지를 바라보고 신뢰할 수도 있을 것이다.

하나님의 의자를 기다리며

1880년 6월, 기선 사르디니아 호를 타고 퀘벡에서 리버풀로 항해하기 직전, 조지 뮬러는 문제가 있었다. 뮬러 부인을 위한 갑판 의자가 뉴욕에서 아직 도착하지 않았다. 동료 승객이자 전도사이자 찬송가 작가 D. W. 휘틀은 뮬러가 근처 가게에서 다른 것을 살 것을 제안했다. 그러나 뮬러는 이렇게 대답했다.

"아니요, 형제여, 하늘에 계신 아버지께서 의자를 뉴욕에서 보내실 것입니다. 그것은 우리가 뉴욕에 도착했을 때 부인이 사용했던 것입니다. 나는 열흘 전에 지난주에 여기로 전달되는 것을 보겠다고 약속한 한 형제에게 편지를 썼습니다. 그는 내가 원했던 것처럼 신속하지는 않았지만 하나님 아버지께서 의자를 보내실 것이라고 확신합니다. 아내는 바다에서 몹시 아팠고 특히 이 의자를 갖기를 원했지만 어제 우리가 도착했을 때 여기에서 찾지 못했습니다. 우리는 그분이 그렇게 하실 것을 믿을 것입니다."

뮬러는 몇 달러면 쉽게 다른 의자를 구입할 수 있었음에도 불구하고 평화롭게 이 선박에서 기다렸다. 배가 승객들을 사르디니아 호로 데려가기 위해 부두를 막 떠나려 할 때, 마차가 올라왔고, 짐 위에는 뮬러 부인의 의자가 있었다. 휘틀은 나중에 '주님이 나를 위해 교훈을 주셨다'고 회상했고, 그것은 휘틀의 손안에서 확인되었다.

뮬러는 의자를 받아 들었다. "친절을 진심으로 감사하는 아이의 행복하고 기쁜 표정으로, 경건하게 모자를 벗고 그 위에 손을 얹은 채, 의자를 보내주신 하늘 아버지께 감사를 표했다."

하늘에 계신 아버지 앞에 가져가기에 너무 크거나 작은 것은 없다.

"너희 염려를 다 주께 맡기라 이는 저가 너희를 권고하심이니라"(벧전 5:7).

구원이 필요한 시간에 스티브 맥퀸은 하나님께 부르짖었다. 죽음이 임박했을 때에도 그는 하늘 아버지를 신뢰했다. 그가 편안함과 확신을 위해 성경이 필요했을 때, 그의 하늘 아버지는 다름아닌 빌리 그레이엄으로부터 성경을 주셨다.

단순하면서도 놀라운 진리는, 하나님께서 우리의 기도를 들으시고 응답하시는 것은 사랑하시는 하늘의 아버지가 보살펴 주신다는 것을 보여주는 것이다.

우리는 길고 경건한 기도로 하나님께 감명을 드려야 한다고 생각할지 모른다. 우리는 하나님께서 우리의 진부한 필요들에는 신경 쓰시지 않을 것이라고 생각할 수 있다. 우리는 하나님께서 하늘에 계신 아버지로서 우리를 돌보시며 우리의 기도를 들으시고 응답하기를 좋아하신다는 단순하지만 놀라운 진리를 믿지 못할 수도 있다.

"구하라 그리하면 너희에게 주실 것이요 너희가 … 좋은 것으로 자식에게 줄 줄 알거든 하물며 하늘에 계신 너희 아버지께서 구하는 자에게 좋은 것으로 주시지 않겠느냐"(마 7:7, 11).

아마도 우리는 "우리에게 믿음을 더하소서!"라고 주님께 부르짖었던 제자들처럼 되어야 할 것이다(눅 17:5).

오늘 아이가 아버지에게 말하는 것처럼 하나님께 말씀드려라. 당신이 필요한 것을 구하라. 하나님이 당신의 필요를 충족시켜 주실 것이라는 단순한 믿음으로 믿으라.

기도 원칙#26:
당신의 필요가 크든 작든 하늘에 계신 아버지께서 도와주실 것이다.

27. 간절한 기도

"그러므로 내가 너희에게 말하노니 무엇이든지 기도하고 구하는 것은 받은 줄로 믿으라 그리하면 너희에게 그대로 되리라"(막 11:24).

우리가 텍사스 주 댈러스에서 테네시 주 녹스빌로 이사했을 때 아내 젠(Jen)과 나는 믿음의 기도를 실천할 기회를 가졌다.

10년 전에, 우리는 앨라배마 주 버밍엄에서 댈러스로 이사하면서, 2008년 경기 침체의 여파로 집을 팔려고 했다. 몇 달 후에, 우리는 약간 낙담했다. 1년이 지났는데도 집이 여전히 팔리지 않자, 우리는 정말 걱정하기 시작했다. 2년 만에, 우리가 그냥 떠나 압류를 경험해야 하는 것이 아닌가 하는 생각이 들자 공황상태에 빠지기 시작했었다. 우리 부부는 그런 결정에 직면한 적이 없었고 우리의 서명으로 계약을 파기하는 것에 무게를 느꼈다. 우리가 그 집을 내놓은 지 2년 4개월 만에, 우리는 마침내 우리가 원래 샀던 것보다 낮은 가격에 그것을 팔았다. 기분이 끔찍했다.

그러나 하나님께서는 선하시다. 우리는 댈러스로 부름 받았다는 것을 알고 있었다. 텍사스에서 10년 동안 우리는 훌륭한 사람들을 많이 만났고 하나님의 손길이 계속해서 역사하시는 것을 보았다. 젠(Jen)과 나는 둘 다 기도와 믿음에 의존하면서 성장했다. 우리는 개인적인 기도 생활에서 성장을 경험했다.

신속한 판매에 대한 믿음

녹스빌로의 부름은 확실하게 느껴졌다. 그러나 나는 댈러스에 있는 우리 집을 팔게 될 것이라는 전망이 잠 못 이루는 밤과 줄어드는 저축에 대한 나쁜 기억을 되살렸다고 고백한다. 녹스빌로 이사할 준비를 하면서 새로운 집을 완전히 수용할 수는 없지만 다시 한번 돈을 잃을 가능성은 큰 불안을 불러일으켰다. 빠른 판매를 위해 함께 그리고 개인적으로 기도하기로 헌신한 우리는 우리 집이 곧 팔릴 것이라고 믿었다.

매일 우리는 우리가 생각한 가격으로 집을 팔게 해 달라고 하나님께 간구했다. 젠과 나는 기도를 멈추었다가 집에 대한 경보가 울릴 때마다 함께 기도했다. 우리는 기다리고 또 기다렸다. 집을 여러 번 보여준 후 몇 주가 지났다. 일부 잠재 구매자는 두 번씩 보고자 찾아왔지만 계약하지 않았다. 마침내 한 주 동안의 좌절감이 지나고 어느 금요일, 나는 낙담하여 이렇게 기도했다. "하나님, 주일까지 계약이 있기를 믿음으로 간구하나이다." 나는 우리가 그렇게 될 것이라고 믿었다.

토요일에 우리는 집을 보여주었고 같은 가족이 다음날 다시 왔다. 그들은 그들이 계약할 것임을 암시하는 관심을 표명했다. 주일에는 아무도 집을 보러 오는 사람이 없었다. 또는 다음날. 아니면 다음.

나는 무슨 일이 있었는지 궁금했다. 내가 충분한 믿음으로 기도하지 않았는가? 내가 하나님을 주제넘게 생각하고 너무 많은 것을 구하며 하나님께서 내 시간표에 따라 행동하시기를 원했는가?

하지만 이상하게도 나는 걱정하지 않았다. 나는 두 번째 보여주는 것과 적어도 다시 방문하는 것이 하나님의 징조라고 느꼈다. 마치 하나님께서 "내가 너와 함께 있고 일하고 있다. 낙담하지 말아라. 계속 기도하고 믿으라."고 말씀하시는 것 같았다. 집을 두 번째 보여주는 것은 하나님께서 성취하실 약속에 대한 약간의 예치금과 같았다.

나는 때때로 하나님께서는 기도 안에서 이런 식으로 일하신다는 것을 배우고 있다. 하나님께서 이루실 것이라고 믿고 기도하고 기다릴 수 있지만 그것은 오직 하나님의 때에 일어난다. 그것은 내가 원할 때 일어나지 않는다. 그러나 나와 내 가족에 대한 하나님의 자비하심과 크신 사랑을 통해 하나님께서는 우리의 기도가 크게 응답될 것이라는 작은 징표로 우리의 믿음을 격려하신다.

이러한 현실은 젠과 내가 우리의 아이들, 대가족, 친구들, 그리고 일상적인 필요들을 위해 기도하면서 수많은 방법에서 명백해졌다.

하나님께서는 우리가 끈질기게 기도하는 것을 기뻐하신다. 그분은 우리가 계속해서 도움을 구할 때 미루지 않으신다.

하나님께서는 우리가 기도로 우리에게 공급해 달라는 요청을 받는 것을 기뻐하신다. 그분은 우리가 끈질기게 기도하는 것을 기뻐하신다. 우리가 계속해서 도움을 구할 때 하나님께서는 미루지 않으신다. 사실, 예수님께서는 때때로 우리에게 기적이 일어나는 것을 보기 위해 반복해서 기도해야 한다고 가르치셨다.

"너희가 계속 구하면 원하는 것을 얻을 것이다. 너희가 계속 찾으면 찾을 수 있을 것이다. 너희가 계속 두드리면 문이 열릴 것이다. 구하는 사람은 누구나 받는다. 찾는 사람은 누구나 찾는다. 그리고 문을 두드리는 모든 사람에게 문은 열릴 것이다"(마 7:7-8, NLT).

끈기가 결실을 맺는다. 선물이 주어질 것이고, 찾고자 하는 물건이 발견될 것이고, 문이 열릴 것이다.

우리는 그러한 선물과 발견이 성취되거나 그러한 문이 순식간에 열릴 것이라고 생각할 수 있다. 그러나 하나님께서 모든 것이 이루어질 때까지 보증금과 보증으로 기도에 응답하신다면 어떻게 될까? 실제 기도가 응답 되는 것보다 믿음의 행보와 하나님께 대한 단순한 의존이 더 중요하다면 어떨까?

하나님께서는 우리가 언젠가 그리스도 안에서 완전히 새롭게 될 것이라는 표징으로 성령을 우리에게 주셨다.

"그분은 우리에게 약속하신 모든 것을 보증하시는 첫 부분으로 성령을 우리 마음에 두시어 우리를 그분의 것으로 확인하셨다"(고후 1:22, NLT).

우리가 기도할 때도 비슷한 영적 역동성이 역사한다.

주님을 기다리며

조지 뮬러는 종종 자신의 기도가 응답 되기를 기다리는 자신을 발견했다. 그는 하루의 비용으로 10파운드를 위해 기도하고 5실링과 같은 작은 금액이 주어졌을 때 기뻐할 수 있었다. 이는 그것은 하나님께서 자신의 보살핌 아래 있는 고아들의 유익을 위해 움직이고 계시다는 것을 그에게 보여주셨기 때문이다.

1845년, 그가 최초의 고아원을 짓기 위해 매일 10,000 파운드를 하나님께 구하기 시작했을 때, 뮬러는 35일 연속으로 기도했고 그렇게 기도하는 동안 단 1실링도 받지 못했다. 그럼에도 그는 야고보서 1장 2-4절의 말씀, 특히 "인내로 그 일을 온전히 이루게 하라"(약 1:4, ESV)는 하나님의 가르침으로 스스로를 위로했다.

뮬러는 하나님께 자신의 믿음을 높이시고 인내심을 유지시켜 달라고 구했다.

1845년 12월 10일 36일째 되는 날 그는 새 건물을 위해 1,000파운드를 받았다. 뮬러는 자신이 1실링만 받은 것처럼 차분하고 조용했다고 회고한다. 날마다 그는 자신의 기도에 대한 응답을 기대하고 있었다. 그는 하나님의 공급을 찾고 있었다. 따라서 기부는 그를 놀라게 하지 않았다.

3일이 지나도 그는 어떤 자금도 받지 못했지만, 무명의 그리스도인 건축가로부터 새 집에 대한 도면을 무료로 제공하겠다는 약속을 받았다.

50일째에는 더 이상 아무것도 주어지지 않았다. 뮬러가 "하나님, 왜 이 돈을 더 이상 보내지 않으셨나이까? 왜 많은 것이 필요한데 왜 적은 양만 주시나이까?"라고 생각했다면 그것이 이해될 수 있을 것이다.

그러나 뮬러는 이렇게 썼다.

오늘 아침 나는 주님께서 나에게 1,000 파운드를 보내셨다는 생각과 내가 본 적이 없고 아직 이름도 모르는 그 경건한 건축가로부터 받은 약속으로 주님은 내가 필요한 모든 것을 주실 것을 간절히 바라는 나를 조롱하시지 않겠다는 약속으로 받아들이며 특별히 격려를 받았다.

아마도 조지 뮬러의 기도에 대한 다른 어떤 가르침보다도, 이 간절한 기도의 개념은 내 삶에 혁명적이었다. 그것은 내가 기도에 대한 작은 응답들을 찾고 그들이 왔을 때 감사를 표하도록 도와준다. 별일이 없는 것처럼 보일 때도 믿음을 꾸준히 유지할 수 있게 해준다.

우리가 진지하게 기도할 때 우리는 기도에 대한 작은 응답을 주시하고 응답이 올 때 감사할 수 있다.

이것은 당신의 삶에 어떤 의미가 있는가? 그것은 당신이 방탕한 아들이나 딸이 집에 돌아오도록 몇 년 동안 기도할 때 그들의 삶에 경건한 친구가 들어올 때 당신이 기뻐할 수 있다는 것을 의미할 수 있다.

그것은 당신이 하나님께서 당신을 위해 원하는 새로운 진로를 시작할 수 있는 길을 제공해 주시기를 기도할 때, 당신은 새로운 접촉이 이루어지거나 꿈이 성취되는 것을 볼 수 있는 길이 열릴 때 기뻐할 수 있다는 것을 의미할 수 있다.

그것은 당신이 가족 구성원과 화해하도록 하나님께 도움을 구할 때, 적어도 재결합이나 용서의 작은 표시가 주어질 때 기뻐할 수 있다는 것을 의미할 수 있다.

댈러스에 있는 집을 팔려고 하다가 주일에 실망한 다음 월요일 저녁에 나는 우리 집에 보여진 강한 관심에 대해 하나님께 감사를 드렸다. 집을 빨리 팔아달라고 다시 하나님께 간구했다.

이틀 후, 정확히 우리가 원하는 금액의 제안을 받았다.

기도가 항상 그렇게 되는 것은 아니다. 때로는 기도가 응답되는 데 2년 4개월이 걸린다. 때로는 몇 주밖에 걸리지 않는다. 그러나 그 과정에서 하나님께서 들으시고 움직이시는 것을 크고 작은 방법으로 나타내실 것을 기대할 수 있다.

형제 자매들이여, 포기하지 말라. 하나님께서 당신의 기도를 들으셨다는 것을 계속 믿으라. 계속해서 믿음으로 구하라. 그러한 기도의 성취에 대한 보증을 찾으라.

사도 바울은 "나의 하나님께서 그리스도 예수 안에서 영광의 풍성함을 따라 너희 쓸 것을 채우시리라"(빌 4:19)고 썼다.

당신은 그것을 은행에 가져갈 수 있다.

기도 원칙 #27:

하나님께서는 기도에 대한 큰 응답으로 작은 증거금을 내신다.

28. 치유를 위한 기도

"내가 진실로 너희에게 이르노니 너희에게 겨자씨만한 믿음만 있으면 이 산을 명하여 여기서 저기로 옮기라 하여도 옮길 것이요 너희에게 불가능한 것은 없을 것이다"(마 17:20).

2017년 내가 이스라엘에 있을 때 우리 일행은 갈릴리 바다를 따라 벳새다 유적을 거닐었다. 이곳은 베드로가 자란 마을이다. 1세기 마을의 외양은 오늘날 충분히 남아 있어서 좁은 길을 굽이쳐 오이코스(oikos-확장된 가구-기본 의미는 '집' 신약성경에 두루 사용된 이 단어는 성도로 구성된 거룩한 공동체를 뜻한다-역주)의 주거지로 들어가는 것을 상상할 수 있다. 우리는 또한 마을 문의 폐허를 볼 수 있었는데, 이것은 주민들을 출입시키고 낯선 사람들과 적들이 들어오지 못하게 하는 유일한 통로였다.

벳새다 성문 밖에서 1세기 사람과 나와 모든 사람에게 놀라운 일이 일어났다.

마가복음 8장은 예수님께서 벳새다에 입성하신 때를 알려준다. 어떤 사람들이 시각 장애인을 데리고 와서 예수님께 고쳐 달라고 간청했다. 예수님께서는 그의 손을 잡고 문 밖으로 데리고 나가셔서 그의 눈에 침을 뱉고 그에게 손을 얹으셨다.

예수께서 맹인의 손을 붙잡으시고 마을 밖으로 데리고 나가사 눈에 침을 뱉으시며 그에게 안수하시고 무엇이 보이느냐 물으시니 쳐다보며 이르되 사람들이 보이나이다 나무 같은 것들이 걸어 가는 것을 보나이다 하거늘 이에 그 눈에 다시 안수하시매 그가 주목하여 보더니 나아서 모든 것을 밝히 보는지라(막 8:23-25).

벳새다 성문 밖에서 우리 안내인은 거의 2천 년 전에 그곳에서 일어났던 일에 관한 이야기를 들려주었다. 그리고는 "오늘 치유의 기도 응답을 받고 싶은 사람이 있습니까?"라고 물었다.

나는 치유를 정말로 믿지 않고 자랐다. 즉, 예수님을 믿기 때문에 가능하다고 믿었지만 실제로는 믿지 않았다. 나는 치유를 위한 기도가 오늘 일어나지 않았거나, 일어난다면 아주 드물게 또는 초 영적인 사람에게만 일어나는 것이라고 생각했다.

치유 기도 응답받기

가이드가 치유를 위한 기도 응답을 받고 싶은 사람이 있느냐고 물었을 때, 나는 충동적으로 "그렇다"고 말했을 때 스스로 놀랐다.

열 살쯤부터 나는 역류성 식도염을 심하게 앓아 가끔 응급실에 가야 했다. 약 10년 동안 지속적인 불편함을 겪은 후 프릴로섹(Prilosec-속쓰림 완화제-역주) 또는 넥시움(Nexium-위식도 역류질환 약-역주)과 같은 양성자 펌프 억제제(PPI)를 복용하기 시작했다. 증상 완화를 위해 나는 계속 복용량을 늘려야 했지만 기적 같은 약이었다.

이스라엘 여행 직전에 나는 PPI가 노인의 기억력 문제와 관련이 있다는 것을 읽었다. 너무 오랫동안 복용했기 때문에 의사가 약을 끊으라고 조언했다. 나는 여행을 하면서 그런 생각이 들었다.

성지에는 믿음을 불러일으키는 방법이 있다. 예수님께서 걸으셨던 곳들을 보고, 기적들을 상상하고, 예수님을 더 신뢰하기를 원했던 것과 내가 이스라엘에서 느꼈던 것들은 모두 나의 영적인 향상에 기여했다.

예수님께서 걸으신 곳을 보고, 기적을 상상하고, 예수님을 더 신뢰하기를 원하는 모든 것이 믿음을 생성하는 방법을 가지고 있다.

내가 "치유를 위한 기도를 원합니다."라고 말한 것은 나의 믿음의 도약이었다.

나는 나의 장기적인 문제와 내가 어떻게 치유되기를 원하는지에 대해 설명했다. 몇 분 동안, 그 그룹은 나를 위해 기도하고 내 배에 손을 얹었다. 그러자 가이드가 물었다. "기분이 어때요? 뭔가 다른 느낌이 드시나요?"

희미하지만 복부에서 뭔가 다른 것을 느낄 수 있었다. 나는 진짜 일이 일어났다고 믿었다. 믿음이 충만해진 나는 그날 밤 PPI 복용을 중단했다. 나는 다음날 기분이 좋았고 그다음 날에도 기분이 좋았다.

3주 후, 우리가 집에 돌아온 후, 나의 산 역류는 복수라도 하듯이 재발되었다. 나는 조금 낙담했지만, 치유가 정말로 나에게 왔다는 믿음에 매달렸다. 나는 "PPI로 돌아가고 싶지 않았다. 아마도 믿음의 다음 단계는 의사를 만나는 것일 것이다." 30년간이나 고생한 끝에 결국 전문의를 만나볼 생각을 하고 있었다는 사실이 부끄러웠다.

내 전문의는 훌륭한 의사였을 뿐만 아니라 예수님을 따르는 사람이었다. 내가 첫 예약을 위해 도착했을 때 그가 말하고 싶어 하는 것은 신앙뿐이었다. 나는 목사로서 그런 마음을 충분히 알고 있었다. 그러나 내가 말하고 싶었던 것은 내 배였다. 그는 몇 가지 검사를 진행했고 식도 주변에 자석 띠를 사용하여 팔찌 모양의 급진적인 새 시술(역류성식도성형술-역주)을 하기 위해 외과 의사를 소개했다.

나는 한 달 만에 수술을 받았다. 회복은 생각보다 힘들었지만 시간이 지나면서 좋아졌다는 기분이 들기 시작했고 규칙적인 식사를 하기 시작했다. 예전과 달리 맵고 짠 음식에 대한 걱정이 없었다.

30년의 고통 끝에 나는 하나님께서 나를 치유하셨다고 말할 수 있다. 나의 치유는 기적적인 방법으로 일어나지 않았다. 한순간에 완전한 변화는 아니었다. 하지만 그것은 기적이었고 나는 치유되었다.

어떤 사람들은 말씀으로 치유를 받는다. 다른 사람들은 시간이 지나면 치유된다. 내 경우에는 하나님께서 이스라엘 여행, 신실한 공동체의 기도, 그리고 두 의사를 사용하셨다.

그 과정에서 하나님께서는 내 믿음을 성장시켜 주셨다. 이스라엘 순례 후에는 나는 매일 성경 공부와 기도 시간을 늘렸다. 내 목표는 아직 완전한 기적이 일어나지 않았더라도 믿음으로 행하는 것이었다.

기도의 응답을 기대하라

뮬러의 저서 「기도의 능력을 풀어라(Release the Power of Prayer)」에 나오는 한 가지 주제는 응답받은 기도에 대한 그의 경험이 독특하지 않다는 것이다. 뮬러는 5만 번이 넘는 기도의 응답받은 것을 축하했지만, 자신이 '믿음의 은사'를 받았다고 생각하거나(고전 12:9, 참조) 자신의 신앙이 특별하다고 믿은 적은 없었다.

뮬러는 매 순간 하나님을 의지하려 했다. 뮬러는 이런 종류의 삶이 모든 그리스도인에게 가능하다고 주장했다. 하나님께서는 그분의 모든 자녀가 모든 일에 기도하고, 그들의 짐을 그분께 맡기고(시 55:22, 참조), 사랑이 많으시고 자비로우신 아버지의 모든 은혜를 누리기를 원하신다.

뮬러는 이렇게 썼다. "나의 모든 시간적, 영적 관심사에서, 나는 주님께 기도하고 나의 간구에 대한 응답을 기대한다. 사랑하는 독자 여러분, 당신들도 나와 똑같이 할 수 없겠는가?"

하나님께서는 우리가 믿음 안에서 성장하기를 원하신다. 그래서 우리는 시련의 시간에 그분을 저버리지 않고 대신 그분께로 돌이키고 필요한 것을 구한 다음 믿음으로 기다려야 한다.

믿음이 열쇠이다. 하나님께서는 우리가 시련의 시간에 그분을 저버리지 않고 대신 그분께로 돌이켜 필요한 것을 구하고 믿음으로 기다리도록 우리가 믿음 안에서 성장하기를 원하신다.

믿음을 성장시키는 네 가지 열쇠

뮬러는 믿음의 성장은 하나님으로부터 오는 좋은 선물이며 그리스도인들은 이 복을 요청해야 한다고 언급한다. 그는 이를 위해 네 가지 필수적인 과정을 제안한다.

1. "하나님의 말씀을 주의 깊게 읽고 묵상하는 것." 이것은 그리스도인들에게 그분을 의지할 수 있는 어느 정도의 확신을 줄 것이다.

벳새다 문밖에서 우리는 고침을 받은 시각 장애인의 이야기를 묵상했다. 우리는 하나님의 말씀 없이는 그 이야기에 접근할 수 없다.

성경은 우리에게 하나님의 성품과 본성에 대해 가르쳐 준다. 우리는 하나님께서 얼마나 사랑이 많으시고 선하시고 은혜로우시며 관대하신 분인지 배운다. 우리는 사람들이 온갖 고난, 피로, 기근, 실패를 어떻게 견뎌냈는지에 대한 이야기를 읽는다. 하나님께서는 그 모든 경험을 통해 신실하심을 증명하셨다.

하나님의 말씀을 묵상하면 믿음이 강해진다.

2. "그리스도인은 자신의 믿음이 시련을 받을 수 있는 상황, 위치, 환경에서 물러서지 말고, 당신을 돕고 구원하시기 위해 뻗고 있으신 하나님의 손을 볼 수 있는 기회로 기쁘게 받아들여야 한다."

근육처럼 믿음은 스트레스를 받을 때 강해진다.

뮬러는 일기에 이렇게 썼다. "내 몸과 가족, 주님을 위한 봉사, 사업 등을 두고 믿음으로 시련을 받을 수 있는 위치에 있을수록 하나님의 도우심과 구원하심을 볼 수 있는 기회가 많아질 것이다."

같은 마음으로 야고보는 이렇게 썼다.

"내 형제들아 너희가 여러 가지 시험을 당하거든 온전히 기쁘게 여기라 이는 너희 믿음의 시련이 인내를 만들어 내는 줄 너희가 앎이라 시험을 참는 자는 복이 있나니 이는 시련을 견디어 낸 자가 주께서 자기를 사랑하는 자들에게 약속하신 생명의 면류관을 얻을 것이기 때문이라"(약 1:2-3, 12).

3. "영혼의 모든 은혜의 성장과 관련하여, 우리가 정직한 마음과 선한 양심을 유지하기 위해 노력하는 것이 가장 중요하며, 따라서 하나님의 마음에 반하는 것들에 고의적이고 습관적으로 탐닉하지 않는 것이 가장 중요하다."

죄악된 행위나 생각에 끊임없이 빠져 있는 그리스도인이 어떻게 하나님께로부터 무엇을 받을 수 있겠는가? 양심의 가책만큼 영혼을 약하게 만드는 것은 없다. 숨은 죄는 하나님을 바라보는 우리의 시야를 가로막는 널판지와 같다.

4. "우리 믿음의 시련의 때가 이르면 하나님께서 우리를 위하여 일하시게 하고 우리 자신의 구원을 위해서 일하지 말라."

너무나 자주, 그리스도인들은 하나님께서 최선의 해결책을 위해 일하실 시간을 허락하지 않고 그들 자신의 문제를 스스로 서둘러 해결한다. 그러한 접근은 문제를 악화시킬 뿐이다. 믿음은 실패하고 따라서 감소한다. 뮬러는 그분이 결국 자녀에게 좋은 순간에 그들을 '얼마나 기꺼이 도우시고 구해 주실 수 있는지를 증명하시기 위해서' 하나님께서는 그리스도인의 믿음을 시험하신다고 썼다.

2단계 기적

벳새다 문밖에 있는 두 사람은 각각 두 단계의 기적을 체험했다. 처음에 예수님께 치유를 받은 1세기의 사람은 나무가 걸어 다니는 것만 보았다. 마찬가지로, 나는 치유를 위해 기도를 하였을 때 일시적인 안도감만 경험했다. 우리 각자는 기적이 펼쳐질 때 예수님을 계속 신뢰할 수 있을 만큼 충분히 받았다.

예수님께서 말씀하시기를, "믿음이 조금만 있으면 산을 옮길 수 있다"(마 17:20)고 하셨다. 움직임은 시간이 좀 걸릴 수 있다. 산을 조금씩 움직일 수 있다. 아무 일도 일어나지 않는 것 같지만 믿음의 사람에게는 산이 움직인다.

당신은 어떤가?
당신은 어디에서 믿음을 얻으려고 애쓰는가?
믿음의 발걸음은 당신에게 어떤 모습일까?

치유를 위해, 관계를 회복하기 위해, 위기에 처한 도움을 위해 당신은 지금 당장 사랑이 많으신 하늘 아버지께 어떤 기도를 드려야 하는가? 시도해 보라.

기도 원칙 #28:
작은 믿음이 큰 산을 옮길 수 있다.

제5장

하나님의 뜻에 따라 기도하라

29. 하나님의 뜻을 아는 법

"너희는 이 세대를 본받지 말고 오직 마음을 새롭게 함으로 변화를 받아 하나님의 선하시고 기뻐하시고 온전하신 뜻이 무엇인지 분별하도록 하라"(롬 12:2, ESV)

2008년, 나는 한 사람의 삶에 관한 이야기를 통해 하나님의 음성을 듣는 것에 초점을 맞춘 내러티브 리더십 수련회에 참석했다. 내가 하나님의 뜻을 찾던 때였다. 나는 정치학 박사 학위를 받았고 앞으로 나를 향하신 하나님의 여정이 궁금했다. 성경 읽기, 스토리텔링, 그리고 다른 창조적인 요소들을 통해, 나는 그 주말에 하나님의 말씀을 들었다고 믿는다. 이상하게도, 가장 충격적인 순간들 중의 하나는 그 수업들 가운데 하나에서 시가 소개되었을 때 일어났다. 메리 올리버(Mary Oliver, 1935-2019)의 '여정(The Journey)'은 이후 내가 직업에 대해 생각할 때 나에게 중요한 기초가 되었다.

여정

어느 날 당신은 마침내 알게 되었다
당신이 무엇을 해야 하고, 무엇을 시작해야 하는지를
당신 주위의 목소리들은
계속해서 외쳤다
그들의 어리석은 충고 –
온 집안이
떨기 시작했고
그리고 당신은 오랜 잡아당김을 느꼈네
당신의 발목을
고쳐라 나의 삶을
각각의 목소리가 울부짖었네
하지만 당신은 멈추지 않았네
당신은 알았네 당신이 해야할 일을
바람이 파고들었지만
뻣뻣한 손가락으로
바로 그 원천에
그들의 우울함이 끔찍했지만
이미 늦었고
충분히, 그리고 거친 밤이었고
길은 가득 차 있었네
쓰러진 나뭇가지와 돌로

하지만 조금씩
당신이 그들의 목소리를 뒤로하고 떠날 때,
별들이 타오르기 시작했네
구름 사이로
그리고 새로운 목소리가 있었네
당신이 천천히
당신 자신의 것으로 인식되는
그것이 당신과 함께하는
당신이 점점 더 깊이 걸어갈 때 세상 속으로
하기로 결심했네 당신이 할 수 있는 유일한 일을 -
구원하기로 결심했네
당신이 구할 수 있는 유일한 생명을

하나님께 듣기

이 시는 내게 깊은 의미를 부여했다. 그것은 내 머릿속의 목소리, 즉 하나님의 속삭이심과 내 삶의 많은 부분이 그 음성에 저항하게 만드는 방식에 대해 생각했다. 나는 그 주말 이후에 내 삶에 대한 하나님의 뜻을 더 잘 이해하고 있다고 믿으며 믿음의 담대한 발걸음을 내디딜 힘을 얻었다.

우리 각자는 하나님과 다른 사람들과 함께 여행을 하고 있다. 함께하는 여정이지만 매우 개인적이고 구체적이다. 진리는 당신이 당신을 아는 것처럼 아무도 당신을 모른다는 것이다. 더 깊은 진리는 하나님께서는 당신이 당신을 아는 것보다 당신을 더 잘 아신다는 것이다.

여행이 항상 쉬운 것은 아니다. 때때로, 당신은 당신이 무엇을 해야 하는지 알고 있다고 느낄지도 모른다. 그러나 다른 때에는, 하나님 나를 어떻게 인도하시나이까? 하나님의 뜻이 무엇이나이까? 라고 알고 싶어 할 수도 있다.

하나님께서는 수천 가지 방법으로 말씀하실 수 있다. 하나님께서는 시(時)와 다른 사람들을 통해 내게 말씀하셨다. 하나님께서는 요점을 전달하시기 위해 동물, 자연, 신문, 심지어 텔레비전과 광고를 사용하실 수 있으시다. 광고판 메시지로 인생이 바뀐 한 사람의 이야기를 들었다. 나는 자신의 인생을 바꾼 책을 읽은 한 여성을 알고 있다.

하나님의 음성을 들을 수 있는 가장 믿을 수 있고 신뢰할 수 있는 근원은 성경이다. 그래서 성경을 하나님의 말씀이라고 부른다.

라디오 주파수처럼 하나님의 음성을 들으려면 당신이 하나님의 음성에 맞춰져야 한다. 하나님의 말씀이 그렇게 하도록 도와준다. 그것은 당신의 기도를 인도하고, 당신의 마음을 부드럽게 하고, 진리에 눈을 뜨게 하고, 하나님의 인격에 대해 가르쳐 줄 수 있다. 하나님의 말씀은 겸손한 마음과 가르칠 수 있는 영과 함께 하나님의 뜻을 알 수 있도록 도와줄 수 있다.

하나님의 말씀은 당신의 기도를 인도하고, 마음을 부드럽게 하고, 진리에 눈을 뜨게 하고, 하나님의 성품에 대해 가르쳐 줄 수 있다.

조지 뮬러의 일과 삶의 성공은 하나님의 뜻을 알고 행하는 능력에서 비롯되었다.

당신과 나도 똑같이 할 수 있다. 우리는 우리 자신을 위한 우리의 계획보다 항상 더 나은 우리를 위한 하나님의 계획을 알 수 있다.

하나님의 뜻을 확인하는 법

뮬러는 하나님의 뜻을 확인하기 위한 다섯 가지 단계를 제시했다.

1. 뮬러는 먼저 이렇게 말했다. 뮬러는 "처음에는 내 마음이 주어진 문제에 대해 스스로 해결할 의지가 없는 상태가 되도록 노력한다. 일반적으로 사람들이 겪는 문제의 10분의 9는

이 시점에 있다. 어려움의 10분의 9는 우리의 마음이 주님의 뜻을 행할 준비가 되어 있을 때, 그것이 무엇이든 간에 극복된다. 사람이 참으로 이 상태에 있을 때, 하나님의 뜻이 무엇인지에 대한 지식을 발견하기까지는 일반적으로 약간의 시간밖에 걸리지 않는다."

당신과 내가 그것을 알든 모르든, 우리는 종종 주님 앞에 인도하심에 대한 요청뿐만 아니라 우리가 생각하는 결과가 무엇인지에 대한 아이디어를 가져온다. 하나님의 뜻을 구하는 것은 먼저 우리 자신의 의지를 비우는 것이다.

2. 둘째, 뮬러는 다음과 같이 썼다. "이렇게 하면, 나는 그 결과를 감정이나 단순한 생각에 맡기지 않는다. 만약 그렇다면, 나는 큰 망상에 빠지게 된다."

생각, 감정 또는 기타 느낌에는 잘못된 것이 없다. 우리의 마음은 머리만큼이나 중요하다. 그러나 뮬러는 감정을 적절하게 유지하라고 조언했다. 우리 모두는 우리 삶을 위한 하나님의 최선의 계획에 대해 얼마나 쉽게 오도되거나 착각할 수 있는지 알고 있다.

3. 셋째, 뮬러는 이렇게 말했다. "나는 하나님의 말씀을 통해 또는 하나님의 말씀과 관련하여 하나님의 영의 뜻을 구한

다. 성령과 말씀이 연합되어야 한다. 말씀 없이 성령만 바라보면 큰 미혹에 빠지게 된다. 성령께서 우리를 조금이라도 인도하신다면 그분은 성경대로 행하실 것이며 결코 성경을 거스르지 않으실 것이다.

뮬러가 1년에 4번 성경을 통독했다는 것은 널리 알려진 사실이다. 그는 모든 결정의 근거를 하나님의 말씀에 두었다.

내 아내 젠과 나는 수년 동안 모라비안 데일리 텍스트(Moravian Daily Texts-매일 찬송가 구절과 기도가 포함된 성경 본문-역주)를 읽고 있다. 이 독서 계획서는 2년마다 성경을 통해 우리를 안내한다. 우리는 하나님의 말씀으로 시간을 보내는 것이 개인으로서 그리고 부부로서 좋은 결정을 내리기 위한 강력한 기반을 제공한다는 것을 발견했다.

4. 넷째, 뮬러는 "섭리적 상황"을 고려했다고 언급했다. 하나님께서 자신의 삶에 어떻게 역사하시는지 바라보며 하나님의 인도하심의 표적을 살피고 따르기를 구했다. "이것들은 종종 하나님의 말씀과 성령과 관련하여 하나님의 뜻을 분명히 나타낸다."

우리의 상황은 임의적일 수 있지만 일종의 신성한 메아리를 제공할 수도 있다. 이러한 순간에는 성경의 가르침, 기도의 감동, 일상생활의 작용이 모두 결합되어 하나님께서 우리가 가기를 원하시는 곳을 제안하는 특정한 리듬이 있다.

성경의 가르침, 기도로 받은 감동, 일상생활의 작용이 모두 결합되어 하나님의 뜻을 암시할 때 일정한 리듬이 있다.

5. 다섯째, 뮬러는 "나는 하나님의 뜻을 내가 바르게 이해할 수 있도록 나에게 계시해 주시기를 기도로 하나님께 간구한다."라고 썼다.

그것은 담대한 기도다. 그러나 우리가 그분의 뜻을 행하기를 원하시는 하나님께서 그것을 계시해 주시기를 기대해야 하지 않겠는가? 나는 자주 "하나님께서는 우리에게 숨기시는 분이 아니십니다."라고 말한 교수가 있었다. 하나님께서는 우리가 듣고 기꺼이 순종한다면 우리에게 그분이 원하시는 것을 보여 주실 것이다.

뮬러는 이렇게 썼다.

그러므로 하나님께 드리는 기도와 말씀의 연구와 성찰을 통해 나는 나의 능력과 지식의 최선에 따라 신중하게 판단하게 되고, 내 마음이 이렇게 평안하고 두세 번 더 간구한 후에도 평안이 계속된다면 그에 따라 진행하게 된다. 사소한 문제와 가장 중요한 문제가 관련된 업무 모두에서 나는 이 방법이 항상 효과적이라는 것을 알게 되었다.

뮬러는 하나님의 음성을 들었다고 믿었을 때에도 계속 기도했다. 그는 작은 결정과 큰 결정 모두에 이 접근 방식을 적용하면서 의도적으로 앞으로 나아갔다.

그는 얼마나 자주 이 방법이 효과적이라는 것을 알았는가? 항상.

당신은 당신의 삶에 대한 하나님의 뜻을 결정하기 위해 신중하고 성경 중심적이며 입증된 과정이 있을 수 있다고 생각해 본 적이 있는가?

하나님께서는 당신을 인도하시기를 원하신다

당신은 당신의 결정에 혼자가 아니다. 하나님께서는 당신을 인도하시기를 원하시며 당신이 그분께 다가가기를 기다리고 계신다. 다음 결정을 내려야 할 때 그러한 과정을 이행하라. 매일 성경을 읽지 않는다면 거기에서 시작하라. 당신의 계획, 당신의 예상 결과, 당신의 자아를 비우는 연습을 하라.

하나님께서 당신의 마음을 새롭게 하시게 하라. 그러면 당신은 무엇을 해야 할지 알게 될 것이다-"선하고 기뻐할 만하고 완전한 것이 무엇인지를"(롬 12:2, ESV).

내러티브 리더십 수련회 이후 하나님의 뜻을 따르기 위한 실천적인 절차를 밟기 시작했다. 예상치 못한 반전과 이상한 방향들이 많았지만 놀라운 여정이었다고 자신 있게 말할 수 있다. 내가 생각했던 것과는 달랐지만, 나는 그것이 내게 일어날 수 있는 최선의 일이었다고 믿는다. 나는 여행에 대해 감사한다.

하나님께서는 당신의 삶을 위한 놀라운 여정도 가지고 계신다. 그것은 당신이 할 수 있는 최고의 여행이다. 하나님께서 이끌어주실 것이라고 믿는가? 당신은 많은 것들을 할 수 있지만, 당신이 해야 한다는 것을 알고 있는 것은 무엇인가?

하나님께서 당신의 발걸음을 인도하시고 당신이 해야 할 일을 알도록 도와주시기를 지금 기도하라.

기도 원칙 #29:
당신을 위한 하나님의 계획은 항상 당신을 위한 당신의 계획보다 낫다.

30. 부르짖음과 응답

"내게 부르짖으라 내가 네게 응답하겠고 네가 알지 못하는 크고 측량할 수 없는 일을 네게 보이리라"(렘 33:3).

달라스 윌라드는 「하나님의 음성 듣기」라는 훌륭한 책을 썼다. 이 책은 예수님을 따르는 사람들에게 그들이 하나님의 말씀을 들을 수 있다고 실제로 믿도록 자극한다. 윌라드에 따르면 하나님께서는 항상 말씀하고 계신다. 문제는 우리가 모든 상황에서 잘 듣지 않고 하나님을 신뢰하지 않는다는 것이다.

윌라드는 로버트 맥팔레인 C라는 이름의 한 남자에 대한 이야기를 들려준다. 맥팔레인은 로스앤젤레스 지역에서 유명한 사업가였다. 맥팔레인은 1970년에 오클라호마에서 캘리포니아로 이사했다. 친한 친구와의 불행한 오해로 도착한 지 며칠 만에 그는 많은 돈을 투자한 보험 대리점을 맡아야 했다.

3년 후, 맥팔레인은 끊임없이 스트레스를 받았고, 피곤했으며, 끊임없는 도전에 압도당했다. 그는 또한 자신의 경험에도 불구하고 회사의 성장을 도울 지혜가 부족하다고 믿었다.

맥팔레인이 로스앤젤레스에 있는 동안 그리스도인이 된 것은 은빛 소망이었다. 그의 아내와 친구들은 수년간 그가 그 결정을 내리기를 기도해 왔다.

어느 날, 걱정이 많은 어두운 밤과 격분의 힘든 날들 후에, 맥팔레인은 패배감을 느꼈다. 그의 재정난은 안개가 짙게 끼었다. 사무실로 차를 몰고 가다가 갑자기 시내를 벗어나는 도로로 좌회전하고 싶은 충동을 느꼈다. 그는 사라지고 싶었다.

하나님의 음성 듣기

그때 맥팔레인은 내면의 혼란을 꿰뚫는 고요하고 작은 음성을 들었다. 그는 마치 바람막이에 글이 쓰여 있는 것 같다고 했다. 그가 차를 세운 후, 그는 마치 누군가가 그와 함께 차에 타고 있는 것처럼 분명하게 다음과 같은 메시지를 들었다. "내 아들은 네가 결코 알지 못할 중압감이 있었고 그가 그런 중압감이 있을 때 그는 나에게로 향했고 그것이 네가 해야 할 일이다."

맥팔레인은 그곳에 앉아서 오랫동안 울었다. 그런 다음 그는 사무실로 차를 몰고 갔다. 그가 도착했을 때 22개의 주요 문제가 그를 기다리고 있었다. 그러나 하나님의 도우심과 평강으로 그 문제들은 그날이 끝날 무렵 실질적으로 해결되었다.

맥팔레인은 그날 영적인 돌파구를 경험했다. 나 또한 다음에 무엇을 해야 할지 몰랐던 때를 경험했다는 점에서 그를 공감

할 수 있다. 나는 불안의 악습, 우울의 어둠이 나를 꽉 쥐고 있음을 느꼈고, 일하고 일했지만 아무런 성과를 얻지 못했다. 그 순간에도 하나님께서는 나에게 말씀하셨다. 메시지는 똑같았다. "나를 부르라. 날 믿으라. 내가 너와 함께 있다. 내가 도와주고 싶다."

하나님께서는 선지자 예레미야에게 기도를 통해 그분을 찾도록 격려하시고 응답하시겠다고 약속하셨다.

하나님께서는 예레미야에게 "내게 부르짖으라"고 지시하셨다. 이 말씀은 일반적으로 히브리 사람들에게 말씀하신 것이 아니라 선지자 자신에게 말씀하신 것으로 예레미야가 기도를 통해 주님을 찾도록 격려하셨다. 하나님께서는 예레미야에게 응답하시겠다고 약속하셨다. 그 말씀은 마치 하나님께서 예레미야를 내려다보며 말씀하신 것과 같았다. 왜 너는 나를 부르지 않느냐?

흥미로운 점은 이 구절이 예레미야서 33장에 나온다는 것이다. 첫 번째 장은 하나님께서 선지자에게 그가 태에서 형성되기 전에 그를 아시고 섬기도록 구별하셨다고 말씀하시는 것으로 시작된다(5절 참조). 예레미야는 "나는 말할 줄 모르고 너무 어리나이다"(렘 1:6)라고 대답했지만 하나님께서는 이렇게 대답하셨다.

"너는 아이라 말하지 말고 내가 너를 누구에게 보내든지 너는 가며 내가 네게 무엇을 명령하든지 너는 말할지니라 너는 그들 때문에 두려워하지 말라 내가 너와 함께하여 너를 구원하리라"(렘 1:7-8).

그 후 예레미야는 하나님과의 대화에서 32장에 걸쳐 하나님의 말씀을 전했다. 그럼에도 불구하고 33장에서 하나님은 "내게 부르짖으라 내가 응답하리라."고 말씀하셨다.

모태에서 예레미야를 아셨던 바로 그 하나님께서 그가 늙었을 때 그를 부르셨다. 예레미야가 그분을 불렀을 때, 하나님께서는 그의 기도에 응답하시고 그와 "측량할 수 없는 것들"을 나누실 준비가 되어 있으셨다.

아마도 예레미야는 하나님께 부르짖는 것을 잊어버렸을 것이다. 아마도 그는 하늘의 도움을 잊었을 것이다.

아마도 우리는 예레미야와 많이 닮았을 것이다.

뮬러는 기쁨의 흐름을 경험했다

조지 뮬러는 회심한 후 살아 계신 하나님께 부르짖는 법을 결코 잊지 않은 것 같았다. 어느 날, 자금이 부족하고 그가 돌보던 거의 100명의 아이들에게 음식이 필요했을 때, 뮬러는 하나님께 부르짖었고 하나님은 응답하셨다.

1838년 7월 22일 저녁, 뮬러는 그의 정원을 거닐며 히브리서 13장 8절(KJV)을 묵상하고 있었다. 예수 그리스도께서는 어제도 오늘도 영원토록 동일하시다. 그는 다음과 같이 썼다.

그분의 변함없는 사랑, 권능, 지혜를 묵상하던 중…고아원의 현재 필요한 것이 즉시 내 마음에 떠올랐다. 즉시 나는 내 자신에게 이렇게 말했다. 예수님께서는 그분의 사랑과 권능으로 내가 고아들을 위해 필요한 것을 지금까지 공급해 주셨고, 동일하게 변함없는 사랑과 권능으로 내가 미래에 필요할 수 있는 것을 공급해 주실 것이다. 사랑이 풍성하신 우리 주님의 불변하심을 깨닫는 동안 기쁨의 흐름이 내 영혼에 들어왔다. 이런 생각을 하고 약 1분 후에 20파운드짜리 지폐가 동봉된 편지 한 통이 나에게 왔다. 그 돈은 하루 살기에 충분했고, 그 다음에는 약간의 돈이었다. 놀라운 것은 뮬러가 도움을 요청하기 4일 전에 보냈다는 것이다.

하나님께서는 또 다른 선지자를 통해 "그들이 부르기 전에 내가 응답하겠고 그들이 말을 마치기 전에 내가 들을 것이며"(사 65:24)라고 말씀하셨다.

대부분의 사람들은 간단한 기도를 하는 데 어려움을 겪지 않다. 그러나 확장되고 조용한 기도로 하나님 앞에 특정한 필요를 요청하는 것은 완전히 다른 것이다.

　대부분의 사람들은 간단한 기도를 하는데 어려움을 겪지 않는다. 많은 사람이 아침에 기도한다. 어떤 사람들은 하루 종일 기도한다. 정말로 하나님께 부르짖는 것, 확장되고 조용한 기도에서 하나님 앞에 특정한 필요를 간구하는 것은 완전히 별개의 일이다. 단순한 믿음으로 하나님께 부르짖고 응답을 기대하는 것이 다음 단계의 믿음이다.

　하나님께서 당신을 보시고 이렇게 말씀하실 것이다. "너는 나에게 말을 한다. 너는 나에게 기도한다. 그러나 너는 내가 너에게 필요한 모든 것을 가지고 있다는 믿음으로 나를 부르는가?"

　우리가 하나님의 뜻대로 기도할 때 우리는 응답을 기대할 수 있다. 뮬러는 하나님께서 그의 지붕 아래 있는 아이들의 기본적인 필요를 공급해 주시기를 기도했다. 그는 뮬러가 그러한 선물을 받을 자격이 있어서가 아니라 모든 것이 살아 계신 하나님의 공로와 가치에 달려 있다고 믿었기 때문에 하나님께서 필요한 것을 공급하실 것이라고 믿었다.

　당신은 당신이 원하는 것과 필요한 것을 위해 하나님의 얼굴을 찾는가?

어떤 사람들은 과거의 고통으로부터 치유가 필요하다. 어떤 사람들은 나쁜 습관으로부터의 자유가 필요하다. 어떤 사람들은 불안으로 마음이 압도당하고 있다. 어떤 사람들은 육체적 치유가 필요하다.

하나님께서는 당신을 기다리고 계신다. 당신은 그분을 부르는 일을 왜 지체하는가?

우리는 하나님을 찾고 그분의 구원을 기다려야 할 뿐만 아니라 하나님께서 우리를 기다리시고 우리를 찾으신다는 것을 기억해야 한다.

"주님께서 너희에게 은혜를 베푸시기를 기다리시며, 그러므로 너희에게 자비를 베푸시려고 자신을 높이신다. 주님은 공의의 하나님이시니 그를 기다리는 자마다 복이 있도다"(사 30:18, ESV).

어쩌면 당신의 마음에는 하나님께서 정말로 자신에 대하여 관심을 갖고 계시는지에 대한 의심이 있을 수 있다. 당신의 의심에 대해 하나님께 말씀드리고 당신의 믿음을 성장시켜달라고 간구하라. 당신은 같은 일을 위해 너무 오랫동안 기도한 후에 지쳐 있을 수도 있다. 그렇다면 하나님께 당신이 지쳤다고 말씀드리고 기도를 도와달라고 간구하라. 당신 안에 기도와 믿음이 솟아나게 해달라고 성령님께 구하라.

기도 요청서 쓰기

　내가 조지 뮬러의 삶을 공부하면서 착수한 새로운 영적 수련은 기도 제목을 적는 것이다. 나는 과거에 종종 영적 일기를 썼지만, 지금은 특별히 그 기도를 기록하고 있다. 가끔 돌아가서 기록을 검토하고 응답받은 기도 옆에 체크를 한다. 내가 만들고 있는 확인 표시가 몇 개인지 놀랍다.

　예레미야에게 "내게 부르짖으라."고 말씀하신 바로 그 하나님께서 오늘날 당신에게 말씀하시는 분이시다.

　당신이 하나님께 부르짖을 때 그분은 응답하시고 당신이 알지 못하는 "측량할 수 없는 일"을 알려 주실 것이다. 이것은 우리가 접근할 수 없는 것, 은밀한 것, 강력한 것이다. 하나님의 속삭임이 여러분의 귀에 닿아 진리와 이해를 나눌 것이라는 얼마나 놀라운 약속인가? 관계에서 당신은 극복하기 불가능해 보이는 것을 헤쳐나가는 지혜를 얻게 될 것이다. 하나님께서는 당신의 미래, 성취될 약속, 당신의 삶에서 이루고자 하시는 꿈에 대한 정보를 말씀하실 것이다. 당신은 기도하지 않으면 이런 것들을 알 수 없다.

　예수님께서는 압박을 받으실 때 – 십자가로 끌려가시고, 기둥에 못 박히실 때– 그때까지도 하나님께 도움을 구하셨다. 당신도 똑같이 해야 한다.

지금 기도하라. 하나님께 부르짖으라. 하나님께서 응답하실 것을 기대하라.

하나님께서는 당신에게 측량할 수 없는 것들을 말씀하시고 당신에게 도움을 주시려고 기다리고 계신다.

31. 하나님의 꿈 팀

"진실로 다시 너희에게 이르노니 너희 중의 두 사람이 땅에서 합심하여 무엇이든지 구하면 하늘에 계신 내 아버지께서 그들을 위하여 이루게 하시리라 두세 사람이 내 이름으로 모인 곳에는 나도 그들 중에 있느니라"(마 18:19-20).

1992년, 드림팀이라는 그룹이 세계를 사로잡았다. 프로농구 선수들이 올림픽에 출전한 첫해였다. 일반적으로 아마추어만 경쟁할 수 있었다. 그러나 그해 미국 팀은 시카고 불스의 마이클 조던과 스카티 피핀, 보스턴 셀틱스의 래리 버드, 뉴욕 닉스의 패트릭 유잉, 필라델피아 세븐티식서즈 팀의 찰스 바클레이와 같은 미국 전국 농구 연맹(National Basketball League) 선수들로 코트를 짜 맞추었다.

이 팀은 지금까지 모인 최고의 스포츠 팀으로 묘사되었다. 금메달을 향한 여정에서 드림팀은 다른 모든 팀을 평균 44점 차로 이겼다. 독일, 앙골라, 브라질 - 그 누구도 그들에게 도전할 엄두조차 내지 못했다. 그보다도 그들은 분명히 함께 놀면서 즐거운 시간을 보냈다.

하지만, 많은 사람들은 그들이 실제로 한 게임을 졌다는 것을 알지 못한다. 올림픽 전 6월, 척 데일리 코치는 드림팀을 상대로 대학 선수들과 연습경기를 했다. 대학생들이 우위를 점하는 동안 프로들은 엉망진창으로 보였다. 즉, 호흡이 맞지 않고, 슛을 놓치고, 리바운드를 포기하는 것이었다.

팀워크의 중요성

데일리 코치는 문제가 무엇인지 즉시 알았다. 코트에서의 모든 재능에도 불구하고, 선수들은 그들의 자존심을 버려야 했다. 그들은 각자의 NBA 팀을 잊고 미국 팀이라는 하나의 팀이 되는 데 집중할 필요가 있었다.

당신이 같은 팀에서 일할 때 당신의 외모, 출신, 세상을 보는 방식은 중요하지 않다. 당신이 고향이라고 부르는 부족이나 계급, 문화는 중요하지 않다. 당신 옆에서 일하는 사람이 당신의 목표를 공유하고 협력의 중요성을 알고 있다면 당신은 당신의 임무를 완수할 수 있다.

하나님께서는 당신을 다른 은사와 재능을 가진 사람들과 한 팀에 두셨다. 당신의 목표는 하나님께서 영광을 받으시고 세상과 좋은 소식을 나누는 것이다.

하나님께서는 제자를 삼는 교회에 미션을 가지고 계신다. 그 목표를 성취하시기 위해 하나님께서는 당신을 서로 다른 은사와 재능을 가진 사람들과 한 팀으로 만드셨다. 공동의 목표는 하나님께서 영광을 받으시고 온 세상에 복음을 전하는 것을 보는 것이다. 하나님의 꿈은 용서받고 은혜로 충만한 형제자매들이 가족으로 성장하는 것뿐만 아니라 성령의 능력 안에서 함께 능숙하게 일하는 연합된 교회를 보시기 원하신다.

문제는 우리가 팀플레이에 실패하는 경우가 많다는 것이다. 우리는 부유한 사람들을 위로하는 것만큼 가난한 사람들을 돌보지 않는다.

다른 사람들과 함께 기도하기

가장 나쁜 것은, 우리는 서로를 위해 기도하지 않는다. 우리는 서로 함께 기도하지 않는다.

성경은 함께 기도하는 것의 중요성에 대해 분명히 말씀하고 있다. 야고보는 이렇게 썼다.

"너희 중에 병든 자가 있느냐 그는 교회의 장로들을 청할 것이요 그들은 주의 이름으로 기름을 바르며 그를 위하여 기도할지니라 믿음의 기도는 병든 자를 구원하리니 주께서 그를 일으키시리라 그가 죄를 범하였을지라도 용서를 받으리라"(약 5:14-15, ESV).

바울은 제자인 디모데에게 "그러므로 내가 먼저 권하노니 모든 사람을 위하여 간구와 기도와 도고와 감사를 하라"고 했다 (딤전 2:1, ESV).

성경은 분명하다. 우리는 기도하는 일을 포함하여 팀으로 함께 일하도록 부름을 받았다.

1835년 7월에 크레이크 형제라고 부르는 사람이 영국 브리스톨에서 교구민들을 섬기기 위해 조지 뮬러와 합류했다. 그는 2년 동안 뮬러를 도왔다. 그들은 자주 그리고 '주로 학교와 성경 보급을 위하여 연합하여' 그리고 '자금에 관하여 거듭 함께' 기도했다.

가장 어려운 시련의 시기에 뮬러는 하나님의 백성이 함께 기도할 때 일어날 수 있는 일을 기록했다. 1838년 9월 10일 월요일에 그는 이렇게 썼다.

토요일도, 어제도 돈이 들어오지 않았다. 이제 우리의 필요에 따라 몇 가지 조치를 취해야 할 것 같았다. 즉, 고아원에 가서 형제자매들을 불러 모으고, 실정을 말하고 현재 얼마나 많은 돈이 필요한지 확인하고, 이 모든 믿음의 시련 속에서도 나는 여전히 하나님께서 도와주실 것이라고 믿었고, 그들과 함께 기도할 필요가 있다고 말했다.

뮬러는 고아원에 심각한 위기가 닥쳤다고 생각했다. 그들의 기도가 끝난 후 얼마 안 되어 약간의 돈이 주어졌지만, 훨씬 더 많은 돈이 필요했다. 뮬러는 이렇게 썼다.

약 10시쯤, 내가 다시 한번 도움을 청하는 기도를 하던 크레이크 형제에게서 돌아온 후, 한 자매가 전화를 걸어와 고아들을 위해 아내에게 두 파운드의 금화를 주면서 자신의 마음에 감동이 왔다고 말했다. 그리고 그녀는 이미 너무 오래 미루어 왔다고 말했다. 몇 분 후, 내가 그녀가 있는 방으로 들어갔을 때, 나에게 두 파운드의 금화를 더 주었고, 이 모든 것은 우리의 필요에 대해 조금도 알지 못한 채 이루어졌다. 그리하여 주님께서는 지극히 자비로우시사 우리에게 작은 도움을 보내시어 나의 믿음에 큰 격려를 하셨다.

뮬러의 첫 번째 본능은 기도뿐만 아니라 다른 사람들을 모아 함께 기도하였다는 것을 주목하라.

오순절 날 성령이 임하셨을 때 수많은 그리스도인들이 하나님의 사명의 일부가 되었다.

오순절 날 성령이 강림하시자 삼천 명이 침례(세례)를 받았다. 이 그리스도인들은 친교를 위해 함께 모이고, 가르치고, 도움이 필요한 사람들에게 그들이 가진 것을 나누기 시작했다.

그들은 이제 하나님의 선교의 일부, 하나님의 꿈 팀의 일부였다. 그들은 더 이상 자신을 위해 살지 않았다. 그들은 예수 그리스도 안에서 그들의 삶을 인도할 새로운 코치인 새로운 지도자를 모시게 되었다.

그러나 그들이 곤경에 빠지는 것은 시간문제였다. 베드로와 요한은 어느 날 성전 안으로 걸어가고 있었는데, 그들은 그들에게 돈을 요구하는 한 구걸하는 사람을 보았다. 베드로가 대답하였다. "은과 금은 내게 없거니와 내게 있는 이것을 네게 주노니 나사렛 예수 그리스도의 이름으로 일어나 걸으라."(행 3:6). 다리에 힘을 느낀 그 사람은 일어서서 뛰어올라 하나님을 찬양하기 시작했다.

기적에 대한 반대

당신은 그 기적에 대해 모두가 기뻐했을 것이라고 생각할지 모르지만, 그 후, 베드로와 요한은 격렬한 반대에 부딪혔다. 그들은 감옥에 갇혔고 더 이상 예수님에 대해 말하는 것이 금지되었다. 그러나 두 사도가 말하였다.

"하나님 앞에서 너희의 말을 듣는 것이 하나님의 말씀을 듣는 것보다 옳은가 판단하라. 우리는 보고 들은 것을 말하지 아니할 수 없다"(행 4:19-20).

점점 더 많은 사람이 복음으로 변화되고 있었지만 동시에 초대교회에 대한 위협도 커졌다. 그리스도인들을 미워하고 교회를 무너뜨리려 했던 사울과 같은 사람들이 있었다(행 8:3 참조).

이것은 베드로와 요한과 그 밖의 예수님을 따르는 자들을 제지하지 못했다. 대제사장들과 유대인 지도자들이 그들을 풀어준 후 그들은 함께 모여서 합심하여 기도했다. 그들은 이렇게 기도했다.

"그들이 듣고 한마음으로 하나님께 소리를 높여 이르되 대주재여 천지와 바다와 그 가운데 만물을 지은 이시요 또 주의 종 우리 조상 다윗의 입을 통하여 성령으로 말씀하시기를 어찌하여 열방이 분노하며 족속들이 허사를 경영하였고 세상의 군왕들이 나서며 관리들이 함께 모여 주와 그의 그리스도를 대적하도다 하신 이로소이다 주여, 이제도 그들의 위협함을 굽어보시옵고 또 종들로 하여금 담대히 하나님의 말씀을 전하게 하여 주시옵소서"(행 4:24-26,29).

그들이 기도를 마치자 성령께서 모인 곳을 진동시키셨다. 그들은 능력을 충만히 받고 나가서 담대히 하나님의 말씀을 전했다(31절 참조).

슬픔, 상실, 불확실성, 실망 또는 패배로 삶이 흔들리기 시작할 때 하나님의 백성은 기도를 시작해야 한다. 초대교회는 기도할 때 새로운 능력으로 충만해졌다.

예수님께서는 우리에게 경이로운 약속을 하셨다. 두 명의 그리스도인이 서로 동의하여 기도로 하나님 앞에 필요한 것이 무엇인지 가져오면 하나님께서 응답하실 것이라고 약속하셨다.

예수님께서는 우리에게 놀라운 약속을 주셨다. 두 명의 성도가 서로 동의하여 기도로 하나님 앞에 필요한 것이 무엇인지 가져오면 응답하실 것이라고 약속하셨다. 그것이 그들이 원하는 것과 같은 시간이나 같은 방식이 아닐 수도 있지만, "하늘에 계신 내 아버지께서 그들을 위하여 이루게 하시리라"(마 18:19).

하나님께서 당신이 팀과 함께 경기하기를 원하실 때 당신은 혼자 경기해 본 적이 있는가?

다른 사람들이 당신과 함께 기도할 수 있도록 당신의 마음에 있는 큰 필요를 표현했는가, 아니면 당신의 자아에 의해서 방해를 받았는가?

오늘 친구나 가족에게 연락하라. 그들에게 당신을 위해 또는 당신과 함께 기도해 달라고 부탁하라. 하나님께서는 당신의 기도에 응답하시기 전에 당신이 다른 사람들과 함께 기도하기를 기다리고 계실 것이다.

당신은 혼자가 아니다. 당신은 하나님의 드림팀에 속해 있다. 더 나은 세상이 존재하도록 기도하기 위해 당신의 역할을 하라.

기도 원칙 #31:
기도에 관해서는 둘이나 셋이 하나보다 낫다.

32. 지도에서 벗어나라

"우리가 다 수건을 벗은 얼굴로 거울을 보는 것 같이 주의 영광을 보매 그와 같은 형상으로 변화하여 영광에서 영광에 이르니 곧 주의 영으로 말미암음이니라"(고후 3:18).

당신은 한 번의 대화가 누군가의 삶을 어떻게 바꿀 수 있는지 결코 알지 못할 수도 있다. 내가 대학교 3학년이었을 때, 나는 그런 대화 중 하나를 했다.

나는 그리스도를 따르고 있었지만 한 발은 안으로, 한 발은 밖으로 내딛고 살았다. 행하는 것과 말하는 것은 일치하지 않았다. 나는 고군분투하고 있었다.

캠퍼스의 침례교 학생회(BSU)에는 탁구 게임을 하면서 항상 대화를 나누던 딕 페럴이라는 목사가 있었다.

그래서 나는 게임과 대화를 위해 학생회로 향했다. 딕과 나는 인생의 목적과 하나님의 음성을 듣는 방법, 하나님의 뜻을 분별하는 방법에 대해 논의했다. 앞뒤로, 질문이 많았다. 나는 내가 살아온 방식이 부끄러웠다. 나는 딕이 무슨 말을 했는지는 정확히 기억나지 않지만 그것이 내 인생을 바꿔놓았다는 것은 알고 있다. 나는 내 생활 패턴의 일부를 바꾸기 시작했을 뿐만 아니라 신학교에 대한 계획도 세우기 시작했다. 한 번의 대화가 인생을 바꿀 수 있다.

인생을 바꾸는 대화

성경은 삶을 변화시키는 대화로 가득 차 있다. 사울은 다메섹 도상에서 눈부신 빛을 보고 "사울아 사울아 네가 어찌하여 나를 박해하느냐"는 음성을 들었다(행 9:4). 예수님과의 대화의 결과로 사울은 영원히 변화되었다.

예수님과의 대화는 우물가에서 그분이 만난 한 여인의 삶을 변화시켰다. 그분이 그녀에게 이렇게 말씀하셨다.

"네가 만일 하나님의 선물과 또 네게 물을 달라 하는 이가 누구인 줄 알았더라면 네가 그에게 구하였을 것이요 그가 생수를 네게 주었으리라"(요 4:10).

그녀는 물동이를 버려두고 다른 사람들에게 예수님을 전하기 위해 달려갔다. 해변에서의 대화는 네 명의 어부들을 세상을 바꾸는 운동으로 변화시켰다. 예수님께서 "와서 나를 따르라 내가 너를 사람을 낚는 자로 보내리라"(마 4:19)고 말씀하셨다.

때때로 우리는 하나님께서 말씀하시는 것을 알기 때문에 기도하는 것을 두려워한다. "예수님께서는 주님이시다."라고 말하는 것은 그분이 모든 것의 주님이거나 아무것도 아니라는 것을 의미한다.

기도 안에서 하나님께서는 우리의 의지와 원함과 상처와 고민거리를 처리하셔서 우리가 그리스도의 형상을 닮게 하신다. 그분의 말씀은 다음과 같이 알려 준다.

"우리가 다 수건을 벗은 얼굴로 거울을 보는 것 같이 주의 영광을 보매 그와 같은 형상으로 변화하여 영광에서 영광에 이르니 곧 주의 영으로 말미암음이니라"(고후 3:18).

하나님께서는 우리에게 '가려지지 않은 얼굴'로 그분과 대화하도록 초대하신다. 이 모습은 하나님과 특별한 관계를 맺고 친구처럼 말씀하신 모세를 떠올리게 한다(출 33:11 참조).

모세가 시내산에서 하나님과 대면하여 말씀을 나눈 후에 그의 얼굴이 너무 광채가 나서 이스라엘 백성 앞에서 수건으로 그의 얼굴을 가려야 했다. 이는 "그들이 그에게 가까이 하기를 두려워하였기 때문이다"(출 34:30).

죄인들의 친구

예수님께서는 제자들을 친구라고 부르셨다(요 15:15, 참조). 그분은 죄인들의 친구이셨다(마 11:19, 참조). 십자가에서의 그분의 희생으로 인해 우리는 하나님과 올바른 관계로 회복될 수 있다.

하나님 앞에서 죄와 두려움의 휘장이 제거되었다. 우리는 이제 베일을 벗은 채로 하나님께 다가갈 수 있고 얼굴을 맞대고 친구처럼 그분과 이야기할 수 있다.

우리는 하나님과의 정직하고 친밀한 대화에 초대되어 친구로서 하나님과 얼굴을 맞대고 이야기한다.

이것이 무엇을 의미하는지 생각해 보라. 더 이상 가식은 없다. 더 이상 숨지 말라. 우리는 하나님과 정직하고 친밀한 대화에 초대받았다. 우리의 기도가 침묵이든, 말이든, 신비적이든, 회중이든, 모든 기도는 하나님과 친밀한 대화에 관한 것이다. 당신은 베일을 벗은 얼굴로 친구처럼 하나님과 대화하는가?

회의주의자와 남작

조지 뮬러는 토마스라는 젊은 청년과 부유한 프로이센 사업가 폰 캄프 남작(귀족 중 하나-역주)의 이야기를 들려주었다. 남작은 신학생들을 도왔다. 토마스는 남작의 관대함에 대해 들고 지원을 요청하기 위해 편지를 썼다.

그 당시 성직자의 지위는 매우 수지맞는 직업이었다. 성직자는 믿음이 거의 없거나 전혀 없는 사람들에게도 사역으로 다가갈 수 있었다. 그 청년의 경우가 그랬다. 토마스는 목회를 하려고 계획했음에도 불구하고 논쟁을 벌였고 성경과 복음을 멸시했다.

그에게 관심을 보인 남작은 토마스를 그의 집에 머물도록 초대했다. 남작이 매일 저녁 그를 섬기기 위해 애쓰는 동안, 청년은 계속해서 남작의 믿음에 도전했다. 남작은 결코 그와 논쟁을 벌이지 않고 계속해서 토마스가 부츠를 벗는 것을 돕고 친절하게 말하는 등 실질적인 방법으로 토마스를 도왔다.

어느 날 저녁, 토마스는 남작이 자신을 하인이 하는 방식으로 섬기는 것에 화가 치밀었다. 그는 소리를 질렀다. 그는 "남작님, 어떻게 이 모든 일을 할 수 있지요? 당신은 내가 당신에 대해 상관하지 않는다는 것도 모르는 것처럼 당신은 어떻게 계속 나에게 이렇게 친절하게 나를 섬길 수 있지요?" 남작은 대답했다. "사랑하는 젊은 친구여, 나는 그것을 주 예수님께 배웠지요. 요한복음을 읽기를 바라오. 안녕히 주무세요."

토마스는 너무나 감동되어 그는 열린 마음과 배우고자 하는 의지로 하나님의 말씀을 읽기 위해 앉았다. 하나님께서는 그에게 복주시기를 기뻐하셨고 그는 예수 그리스도의 제자가 되었다.

 젊은이는 신성한 대화로 바뀐 세상의 대화로 변화되었다.
 무엇이 당신을 하늘의 아버지와 친밀하고 공개된 대화로부터 멀어지게 하는가? 당신은 기도를 계속하기를 거부하기 때문에 당신이 놓치고 있는 가능성을 알고 있는가?

 아이들이 원하거나 필요한 것에 대해서만 부모님과 이야기하려고 하는 것은 슬픈 일이다. 부모와 자녀의 관계는 믿음, 감정, 욕망, 그리고 그들을 갈라놓을 수도 있는 문제들에 대한 정직한 대화를 하는 것과 같이 더 깊은 것들을 파고드는 대화에 의해서만 발전된다.

 하나님께서는 당신이 구하기 전에 당신이 무엇을 원하고, 필요로 하는지 알고 계시지만, 당신이 감사하는 자세로 그분께 나아올 때 기뻐하신다.

 하나님께서는 당신이 구하기 전에 당신이 무엇을 원하고 필요로 하는지 알고 계시지만, 당신이 감사하는 자세로 그분께 나아와 당신의 삶에서 그분의 변함없는 임재에 대해 그분께 영광을 돌릴 때 그분은 기뻐하신다.

하나님께서는 당신이 외적으로 만족할 뿐만 아니라 영혼의 차원에서 만족할 수 있도록 가까이 있기를 원하신다. 당신은 신성한 대화를 위해 계획되었다.

더 친밀하게 기도하는 법

여기 당신이 더 친밀하게 기도하도록 도울 수 있는 두 가지 원칙이 있다.

첫째, 말을 적게 하라. 많은 말로 허공을 채우지 말라(마 6:7 참조). 우리는 베일을 벗은 얼굴로 하나님 앞에 와서 그분의 영광을 생각하거나 바라보도록 초대받았다. 기도는 생각하는 것이기도 하고 소통하는 것이기도 하다. 기도는 보는 것이기도 하고 되는 것이기도 하다.

매일 시간을 내어 주님의 임재 안에 앉으라. 나는 성경을 읽고 기도하기 전에 몇 분간 침묵하는 것이 도움이 된다는 것을 알게 되었다. 그것은 내 마음의 중심을 잡고 내 동기와 기대를 비울 수 있게 해준다.

둘째, 더 많이 들어라. 당신이 하나님께 말씀드릴 수 있는 여지만 있다면 당신이 어떻게 그분께 듣겠는가? 사람들은 기도로 응답받기를 기대하지 않기 때문에 기도로 기다리는 경우가 거의 없다. 그러므로, 그들은 일반적으로 하나님의 귀에 똑같이 들리는 구절들로 그 공간을 채운다.

하나님께서는 "너는 내게 부르짖으라 내가 네게 응답하겠고 네가 알지 못하는 크고 은밀한 일을 네게 보이리라"(렘 33:3)고 말씀하신다. 하나님께서는 기도 중에 당신에게 응답하실 수 있다. 당신이 여러 날 기도를 반복한 후에야 '크고 은밀한 일'을 알려 주실 수 있다. 당신이 다른 사람의 말을 듣고 당신의 상황을 통해 하나님의 음성을 분별할 때 하나님께서는 또한 당신에게 응답하실 수 있다.

지도에서 벗어나라

동기부여 연사인 밥 고프는 존이라는 이름의 4학년 학생이 그의 수업을 들었을 때 페퍼다인 대학에서 가르치고 있었다. 존과 몇몇 친구들은 졸업 후에 그리스도를 섬기고 싶었지만, 그들은 무엇을 해야 할지 몰랐다. 그들은 밥을 그들의 집으로 초대했다. 그들은 벽난로 주위에 앉아 밥에게 전형적인 삶을 살고 싶지 않고 지도에서 벗어나기 위해 무언가를 하고 싶다고 말했다 밥은 존을 보고 말했다. "지구본을 돌리고 손가락을 아래로 내밀고 연결할 곳을 선택해 보세요. 그리고 가고 싶은 다른 곳이 없다면 우간다는 어때요?" 밥은 우간다에서 5년 동안 일했다. 몇 주 안에, 밥과 존은 우간다의 캄팔라로 가는 비행기에 올랐다.

우간다는 오랜 내전으로 황폐화 되었다. 수만 명의 어린이들이 무장 단체에 의해 납치되어 기관총으로 싸우도록 강요당했다. 그들의 의지와는 달리 어린 소녀들은 어린 아내가 되었다. 전쟁이 끝난 후 수천 명의 어린이들이 정부 수용소에서 살면서 교육을 받지 못했다.

밥과 존은 모든 종류의 장벽을 극복하고 회복 리더십 학원이라는 학교를 시작했다. 밥이 집으로 돌아갔을 때, 존의 임무는 최고의 선생님들을 모으고 최고의 학생들을 모집하는 것이었다. 곧 그들은 백 명의 아이들과 그들을 돌볼 놀라운 어른 그룹을 얻었다.

존은 어느 날 밤 밥에게 전화를 걸어 학교의 성공과 수업에 참석하기 위해 하루에 8마일을 걷고 있는 두 아이에 대해 이야기했다. 그는 "밥, 이 두 아이에게 하룻밤 묵을 곳을 제공하는 것이 가능할까요?"라고 물었다. 밥은 "절대 아니야! 우리는 기숙학교가 아니야."라고 대답했다.

존은 "하지만 밥, 이것이 이 아이들이 필요로 하는 것이에요. 침대 두 개만 있으면 돼요. 그게 다예요, 침대 두 개."

밥이 대답했다, "아니, 존"

"하지만 그건 아이들을 위한 일이에요." 존은 여전히 고집했다.

마침내 밥은 마음을 누그러뜨렸다. "좋아 존, 침대 두 개. 그게 다야, 더 이상."

2017년 현재 250명 이상의 학생들이 회복 리더십 학원에 기숙하고 있다. 그리고 존은 "이층 침대"라는 애정 어린 별명을 얻었다.

이 모든 것은 그가 자신의 삶과 수백 명의 아이들의 삶을 바꾼 대화를 했기 때문에 일어났다. 그것은 예수님을 따르는 더 깊고 놀라운 모험으로 이어졌다.

한 사람의 대화가 한 사람의 인생을 바꿀 수 있다면 하나님과 대화 한 번이 무엇을 할 수 있는지 생각해 보라.

하나님께서 말씀하신다는 것을 믿으라. 당신이 지혜를 구하면 하나님께서 그것을 주실 것을 믿으라. 하나님께서는 당신이 평범한 삶을 사는 것이 아니라 위대한 모험을 하기를 원하신다는 것을 믿으라. 당신의 믿음이 당신이 기도하는 방식에 영향을 미치게 하라. 평소처럼 기도하지 말라. 지도에서 벗어나 하늘에 계신 아버지의 임재 안에서 더 풍부하고 보람 있는 기도 방법을 찾아보라.

하나님께서는 당신을 친구라고 부르신다. 지금 당장 당신은 당신의 친구와 대화하는 것이 어떤가?

기도 원칙 #32:
당신은 신성한 의사소통을 위해 계획되었다.

33. 삶의 최우선이자 최대의 관심사

"그런즉 너희는 먼저 그의 나라와 그의 의를 구하라 그리하면 이 모든 것을 너희에게 더하시리라"(마 6:33).

내 딸 에밀리가 두 살이었을 때, 나는 재미있는 모험이 될 것이라고 생각했기 때문에 딸 에밀리를 차에 태웠다. 아이는 자동세차기가 비누칠, 솔질, 헹굼을 할 때 당신이 차를 중립에 두는 것과 같은 자동 세차를 해본 적이 없다.

나는 우리가 앞으로 나아갈 때 백미러로 아이를 보았다. 처음에, 아이의 눈은 놀라움으로 휘둥그레졌지만, 곧, 아이는 걱정스러운 표정을 짓기 시작했고 그리고 나서 공포에 질려 보이기 시작했다. 마침내, 아이는 울음을 터뜨렸다. 아이는 겁에 질렸다.

"에밀리, 두려워하지 마." 내가 말했다.
"우리는 안전해. 거의 끝났어."

아이는 마음을 가라앉혔지만, 우리가 세차장을 빠져나왔을 때 아이가 기뻐했다는 것을 나는 알고 있다. 나도 기뻤다. 누가 자기의 아이가 불안과 두려움으로 가득 차기를 원하겠는가?

불안의 시대

하나님께서도 우리가 염려하고 두려워하는 것을 원하지 않으시지만 요즘은 그런 감정을 피하기가 정말 어렵다. 우리는 불안의 시대라고 불리는 시대에 살고 있다. 우리는 미래에 대해 걱정하고 있다. 우리는 우리나라를 걱정하고 있다. 앞으로 교회가 어떻게 될지 걱정된다. 우리는 걱정이 우리를 소모시키는 것을 걱정한다.

걱정은 끊임이 없다. 새벽 2시에 깨어 있는 미혼모를 상상해보라. 아이를 키우고, 학교 공부를 하고, 집안일을 하고, 어떻게든 직장을 잡고 있어야 하는 일상의 책임에 마음을 놓을 수 없기 때문에 잠을 잘 수 없다. 코로나19의 그늘 아래 어려운 경제의 한 해를 보내고 반등하기 위해 고군분투하는 소상공인의 모습을 상상해보자. 변화하는 기술에 보조를 맞출 수 없고 다른 사람들과 만족스러운 관계가 없는 여러 날 동안 혼자 있는 노인을 상상해 보라.

우리는 다른 사람의 필요에 대해 생각할 수 있지만 대부분 자신에 대해 걱정한다.

우리가 다른 사람들의 필요를 생각할 수도 있지만, 우리는 우리 자신의 미래에 대해 생각하지 않을 수 없다. 우리는 대부분 우리 자신, 즉 바쁜 계획, 직장이나 학교에서의 변화, 건강이나 재정에 대해 걱정한다. 우리는 우리나라에서 보이는 분노를 두려워한다. 우리는 다소 책임감을 느끼거나 적어도 안일함을 느낀다. 우리는 무력감을 느낀다.

하나님께서는 우리가 걱정하는 것을 아신다.

하지만 좋은 소식을 알아보겠다. 마태복음 9장 36절에 따르면 "예수님께서 무리를 보시고 불쌍히 여기시니 이는 그들이 목자 없는 양과 같이 고생하며 기진함이라."

평화를 가져오시는 예수님

예수님께서는 항상 성전에 있는 일반 사람들과 함께 어울리지 않는 다른 종교 지도자들과는 다르셨다. 그분은 항상 모든 것의 중심에 계셨다. 그분은 동정심이 많으셨고 거리에서도 교류할 수 있으셨다.

그분은 병상에 가셨다. 그분은 우물가의 사마리아 여인과 같은 사람들에게 다가가시기 위해 수 마일을 걸으셨다. 그분은 사람들을 보셨고 그들이 괴롭힘을 당하고 무력하다는 것을 아셨다. 그분의 존재는 희망을 주었고, 그분의 주변에는 평화를 가져온 무언가가 있었다. 그분이 가시는 곳마다 상황이 좋아졌다.

예수님께서는 얼마나 행복하시고 평온하셨는지 생각해 본 적이 있는가? 우리는 그분이 "슬픔과 슬픔에 익숙한 분"(사 53:3, ESV)이셨음을 안다. 우리는 그분이 흑암을 통과하시고 십자가에서 가장 심한 굴욕과 죽음을 당하셨다는 것을 안다. 우리는 그분이 친구 나사로의 무덤에서 우셨다는 것을 안다. 우리는 그분이 아버지 집에 대한 열심이 성전에 있는 돈 바꾸는 사람들의 상을 엎으셨다는 것을 안다.

그러나 이것들은 예수님께서 그분 주위의 모든 고난에도 불구하고 사셨던 깊은 평화와 확신에 대한 예외이다. 새들을 지켜보시면서 그분은 새들이 사람처럼 일하거나 걱정하는 것처럼 보이지 않지만 필요한 것을 공급받는다는 것을 알아차리셨다.

"공중의 새를 보라 심지도 않고 거두지도 않고 창고에 모아들이지도 아니하되 너희 하늘 아버지께서 기르시나니라"(마 6:26).

예수님께서는 수천 송이의 꽃을 보셨고 그것들이 내일 사라질 수도 있고, 불에 타거나, 동물에게 짓밟히거나, 비가 내리지 않아 시들 수도 있다는 것을 아셨다. 그들은 화장을 하거나 새 옷을 사느라 시간을 보내지 않았지만, 그 자체로 아름다웠다. 늘 걱정하고 초조해 하고, 이것저것 뒤쫓고, 가진 것과 없는 것을 걱정하는 사람들과는 너무나 달랐다(28-31절 참조).

예수님의 동정심은 너무나 커서 사람들이 평화롭게 사는 첫 번째 원칙인 하나님의 나라를 먼저 구하는 것을 알기를 원하셨다. "무엇보다 하나님의 왕국을 찾고 의롭게 살면 필요한 모든 것을 주실 것이다"(마 6:33, NLT). 그것은 특별한 가르침이었다. 우리는 정반대의 주장을 한다. "글쎄, 나는 살아야 한다, 나는 일정량의 돈을 벌어야 한다, 나는 옷을 입어야 한다, 나는 먹여야 한다." 우리 삶의 큰 관심사는 하나님의 나라에 관한 것이 아니라 우리 자신을 어떻게 돌볼 것인가에 관한 것이다.

예수님께서는 우리에게 더 나은 길, 그분의 길을 가르치셨다. 우리는 먼저 하나님과의 관계를 바로잡고, 그분의 나라와 의로움을 추구하고, 다른 사람들의 필요를 찾아야 한다. 그러면 그분은 우리에게 모든 것을 주실 것이다.

영혼을 뒤흔드는 질문들

조지 뮬러는 마태복음 6장 33절을 언급하면서 하나님의 나라가 발전하고 사람들이 그들의 영혼을 그리스도께로 돌이키도록 외적인 번영을 위해 기도해야 할 필요성에 대해 말했다. 그는 또한 하나님의 자녀들이 필요한 원천을 가질 수 있도록 사람들이 내적 풍요로움을 위해 기도해야 한다고 말했다.

그런 다음 그는 몇 가지 도전적인 질문을 던졌다. 내가 처음 그것을 읽었을 때 그것은 내 영혼을 뒤흔들었고 어느 정도 확신을 주었다. 뮬러는 이렇게 썼다.

친애하는 독자들이여, 이제 나는 당신들의 행복을 추구하기 때문에 온 마음을 다해 몇 가지 질문을 드리고자 한다. 이 질문을 먼저 생각하지 않고 당신들에게 던지고 싶지는 않다. 당신들은 하나님의 나라와 하나님의 의를 찾는 것을 가장 중요한 일로 여기는가? 하나님의 일들, 하나님의 이름의 영광, 하나님의 교회의 복지, 죄인들의 회심, 그리고 당신들 자신의 영혼의 유익이 당신들의 주된 목표인가? 아니면 당신들의 사업이나 가족, 혹은 당신들 자신의 시간적인 문제들이 주로 당신의 관심을 차지하고 있는가?

하나님 나라를 먼저 구하라는 예수님의 말씀을 언급하면서 뮬러는 이렇게 말했다. "나는 위의 구절에 따라 행동한 하나님의 자녀가 그의 경험에서, 주님께서 '이 모든 것들이 너희에게 더해질 것이라'는 그분의 약속을 지키지 않으신 것을 결코 알지 못했다."

먼저 하나님의 나라와 하나님의 의를 구하는 것은 평화를 이끌어내는 방법이다.

당신이 기도할 때 당신의 기도는 하나님의 나라, 하나님의 방법, 다른 사람을 위한 하나님의 공급에 초점을 맞추고 있는가, 아니면 대부분 당신의 나라, 당신의 방법, 당신의 공급에 관심을 갖는가?

당신이 자신의 방식과 번영을 위해 살아왔다면 하나님께 당신을 용서하시고 예수님의 가르침을 당신의 삶에 적용할 수 있도록 도와달라고 구하라.

하나님의 나라를 먼저 구한다는 것은 가장 중요한 것이 무엇인지 찾고 그것을 중심으로 삶을 구축하는 것을 의미한다. 매일 우리는 주위를 산만하게 하는 것들과 주의를 끌기 위한 경쟁에 직면한다. 나를 먼저 생각하는 소비주의적 시스템에 반발하는 것은 거의 불가능하다고 느껴질 수 있다. 그러나 예수님께서는 오직 한 가지만이 모든 것을 바꿀 수 있다고 말씀하셨다. "너희는 먼저 하나님의 나라를 구하라."

하나님의 나라는 모든 사람과 모든 것을 하나님과 화해시키고 피조물을 새롭게 하는 하나님의 사랑의 통치에 대한 비전이다.

하나님의 나라는 모든 사람과 모든 것을 하나님과 화해시키고 피조물, 심지어 불공평한 제도까지 새롭게 하시는 하나님의 사랑의 통치에 대한 비전이다. 그것은 하나님의 명백한 평화이다.

　문제는 우리가 우리 삶의 대부분을 우리 자신의 나라를 건설하는 데 사용한다는 것이다.

　당신은 물가 근처 해변에 모래성을 쌓는 아이를 본 적이 있는가? 아이는 들어오는 파도로부터 그것을 보호하기 위해 할 수 있는 모든 것을 한다. 그것은 현대 미국인의 삶을 그린 그림이다. 예수님께서는 삶의 요점은 돈이나 물건에서 찾을 수 없다고 말씀하신다.

　하나님께서는 당신이 그들을 필요로 한다는 것을 알고 있으시지만, 먼저 그분을 기쁘시게 하기 위해 그분의 임재를 구하라. 그분의 용서의 길을 전파하고, 낯선 사람, 어린이, 노인을 환영하고, 당신이 받은 것에서 아낌없이 베풀도록 노력하라.

　먼저 하나님의 의(義)를 구하라. 의라는 단어는 하나님의 올바른 길, 당신의 몸과 마음에 있는 그분의 거룩함을 의미한다. 하나님께서는 당신이 거룩하고 구별된 삶을 살기를 원하신다. 의(義)라는 단어는 또한 정의로 번역될 수 있다. 공정함과 공평함, 즉 다른 사람을 대신하여 의로운 행동을 추구하라. 하나님께서는 우리가 이 세상에서 직면하는 문제 가운데서 그분의 나라를 나타내는 긍휼과 정의를 선택하라고 우리에게 촉구하고 계신다.

하나님께서 가장 원하시는 것

우리는 하나님께서 내가 좋은 사람이 되기를 원하시고, 예배의 자리에 나타나기를 원하시고, 내 돈을 바치기를 원하신다고 생각할지도 모른다. 이런 것들도 중요하다. 그러나 선지자 아모스를 통해 우리는 하나님께서 가장 원하시는 것은 종교적인 의식이 아니라 정의와 바른 생활이라는 것을 알게 된다.

"정의가 물처럼 흐르고 의가 큰 물줄기처럼 흐르게 하라"(암 5:24, NKJV).

우리가 단순히 교회 활동을 하고 우리 사회의 정의를 무시한다면, 하나님을 실망시킨다고 말하기에는 너무 약하다. 아모스는 하나님께서는 그러한 교회를 멸시하신다고 말씀하신다(암 5:21-23, 참조).

예수님께서는 인류의 비극 한가운데로 걸어 들어가셔서 혁명적인 가르침을 주셨다. 당신이 하나님의 나라와 그분의 의(義)를 구하면 "이 모든 것을 너희에게 더하실 것이다"(마 6:33). 하나님께서는 당신이 살기 위해 필요한 것을 알고 계신다. 그런 것들은 중요하다. 그러나 당신이 하나님의 나라를 구하고 다른 사람들이 필요로 하는 것을 갖도록 일한다면 당신은 당신의 삶에 대해 걱정할 필요가 없을 것이다.

당신은 평화를 누릴 것이다.

오늘, 하나님께 기도의 방향을 바꾸도록 당신을 도와달라고 간구하라. 하나님의 나라와 의를 구하는 것이 무엇을 의미하는지 알도록 당신을 도와달라고 하나님께 간구하라. 당신에게 다르게 살 수 있는 용기를 달라고 하나님께 간구하라.

우리 모두가 이렇게 한다면 세상이 어떨지 상상할 수 있는가? 당신은 모든 아이들이 배불리 먹는 것을 상상할 수 있는가? 당신은 모든 아이들이 훌륭한 교육을 받는 것을 상상할 수 있는가?

당신은 모든 사람들이 피부 색깔과 상관없이 평등하고 정의롭게 존경받고 보살핌을 받으며 노년까지 사는 것을 볼 수 있는가? 우리 시대의 불안감이 사라지고 모든 남녀와 아이들이 평화롭게 지내는 것을 상상할 수 있는가?

예수님께서는 "세상에서는 너희가 환난을 당하나 담대하라 내가 세상을 이기었노라."고 말씀하셨다(요 16:33).

그분은 우리에게 평화로 가는 길을 보여 주셨다.

"나의 평안을 너희에게 주노라. 내가 너희에게 주는 것은 세상이 주는 것과 같지 아니하니라 너희는 마음에 근심하지도 말고 두려워하지도 말라"(요 14:27).

기도 원칙#33:

하나님의 나라를 위해 먼저 기도하면 다른 모든 것이 제자리를 잡는다.

34. 불 같은 시련

"당신의 뜻이 이루어지이다"(마 6:10, KJV)

내 아내 젠(Jen)이 고속도로를 달리고 있을 때 그녀의 차의 타이어 중 하나가 갑자기 폭발했다. 타이어는 터지고, 갈기갈기 찢기고, 고무를 사방에 매달았을 뿐만 아니라, 바퀴를 완전히 손상시키고, 헤드라이트를 산산조각 냈으며, 파편들이 그녀의 차 밑에서 빙빙 돌면서 금속과 플라스틱의 흔적을 남겼다. 기계 및 차체 수리에 대한 견적은 5,000달러가 넘었다. 우리 보험회사는 젠이 사고가 난 것이 아니라고 수리비 지불을 거부했다. 그들은 그것이 하나님의 섭리라고 말했다.

나는 천국에 가면 그것에 대해 하나님께 물어볼 계획이다.

수리하는 데 몇 주가 걸렸다. 그 사이에 젠은 차를 빌렸다. 수리된 차를 가지러 가는 길에 젠은 고속도로에서 렌터카를 운전하고 있었다. 예고도 없이, 그 차는 이상하게 행동하기 시작했다. 계기판이 고장나면서 젠은 에어컨 통풍구를 통해 들어오는 연기 냄새를 맡았다. 그때 그녀는 후드에서 불꽃이 튀는 것을 보았다. 재빨리 차를 세운 그녀는 나가려고 했지만, 전기 시스템이 오작동하고 있었기 때문에 전원 잠금장치가 작동하지 않았다. 마침내 문을 억지로 열었고, 그녀는 자동차의 바닥이 타면서 아슬아슬하게 탈출했다.

하나님의 섭리가 믿을 만하게 들리기 시작하고 있었다. 우리는 그녀가 괜찮다고 감사를 표했지만, 두 사건 모두 그녀를 뒤흔들었다.

문제는 생길 것이다

모든 사람은 문제에 직면한다. 우리는 이러한 상황을 어려움, 시련, 환난, 괴로움 등 다양한 이름으로 부르지만 우리 모두에게 닥친다. 대부분의 사람들은 문제를 피하기 위해 최선을 다하지만, 문제는 어쨌든 우리를 찾아내는 방법이 있다.

예수님께서는 "세상에서는 너희가 환난을 당하나"(요 16:33)라고 말씀하셨다.

맞다, 재정적인 문제, 의료 문제, 결혼 문제, 직업 문제 등에 직면하게 된다.

때때로 우리는 곤경에 빠진다. 우리는 죄를 짓거나 길을 잃는다. 그럴 때 하나님의 자녀인 우리는 하늘에 계신 아버지께서 징계의 채찍을 보내시어 우리를 징계하시는 것으로 생각할 수 있다. 그러나 히브리서 12장 11절에 따르면, "무릇 징계가 당시에는 즐거워 보이지 않고 슬퍼 보인다. 후에 그로 말미암아 연단 받은 사람들은 의와 평강의 열매를 맺는다."

때때로 마귀는 우리에게 문제를 일으킨다. 하나님께서는 그분께 대한 우리의 헌신을 시험하시거나 경건하지 않은 욕망을 드러내시기 위해 시험을 허락하신다. 야고보서 1장 14-15절(ESV)은 말씀한다. "그런즉 욕심이 잉태한즉 죄를 낳고 죄가 완전히 장성할 때 사망을 낳는다."

이럴 때 하나님께서는 우리가 그분께 의지하여 죄를 저항할 수 있는 힘을 얻기를 바라신다.

"사람이 감당할 시험밖에는 너희가 당한 것이 없나니 오직 하나님께서는 미쁘사 너희가 감당하지 못할 시험 당함을 허락하지 아니하시고 시험 당할 즈음에 또한 피할 길을 내사 너희로 능히 감당하게 하시느니라"(고전 10:13).

때때로 우리는 죄나 유혹 때문이 아니라 하나님께서 믿음의 시련을 허락하시기 때문에 어려움을 겪는다. 시련은 투쟁의 시기, 힘들고 예상치 못한 상황 또는 하나님께서 우리 앞에 두신 과업일 수 있다. 시련이 닥칠 때 우리는 종종 다음과 같은 두 가지 질문을 한다.

1. 나는 이 일을 어떻게 헤쳐나갈 것인가?
2. 신경을 쓰는 사람이 있겠는가?

우리는 우리가 견뎌낼 자원을 어디서 찾을 수 있을지, 그리고 우리가 겪고 있는 일을 누가 볼 수 있을지 궁금하다.

나의 믿음을 시험하는 것을 주님은 기뻐하신다

1853년 7월, 조지 뮬러는 이렇게 썼다. "이전에는 시도되지 않았던 방식으로 나의 믿음을 시험하는 것이 주님을 기쁘시게 하였다. 1846년 초부터 그리스도인이었던 외동딸이 6월 20일에 병에 걸렸다. 처음에는 미열이던 이 병이 장티푸스로 변했다."

하나님께서는 뮬러와 그의 아내가 딸을 보살피는 동안 그들을 붙들어 주셨다. 뮬러는 그녀의 죽음이 임박했을 때도 포기하지 않았다. 그는 기도를 계속했다. 그 결과 마음에 평화가 찾아왔다. 그는 "(그의) 하늘에 계신 아버지의 뜻에 만족하며, 그분이 결국 그녀와 그녀의 부모를 위해서 최선의 일을 하실 것이라고 확신하였다."

그는 또한 고통의 원인에 대해 확신을 느꼈다. 그것은 그의 딸의 영혼에 있는 미지근함을 교정하는 채찍이 아니었다. 그는 약해진 상태에서 하나님을 등지게 하는 시험을 받고 있다고 느끼지 않았다. 오히려 그는 이렇게 말했다.

주님께서는 나의 가장 소중한 세상의 보물 중 하나, 음, 나의 사랑하는 아내, 다음으로 세상에 있는 나의 모든 소유물 중에서 가장 소중한 소유물에 관한 나의 믿음을 시험해 보실 것이다. 믿는 부모는 외동딸, 사랑받는 아이가 무엇이 되어야 하는지 알고 있다 … 하늘에 계신 아버지께서 말씀하셨다 … 이 아이를 나에게 기꺼이 주겠느냐? 내 마음은 이렇게 대답했다. 이 아이가 당신께 좋아 보이신다면 나의 하늘에 계신 아버지여, 당신의 뜻이 이루어지게 하소서.

뮬러에 따르면 그의 딸의 병은 그의 믿음의 가장 큰 시련이었다. 우리는 그가 그 기도를 드리는 것이 쉬웠다고 잠시도 생각해서는 안 된다. 뮬러는 차갑고 기계적인 그리스도인이 아니었다. 그는 그의 딸의 고통에 대해 깊이 슬퍼하였고 믿음을 통해 자신에게 가장 필요한 것을 하늘에 계신 아버지께 드렸다.

그의 딸이 살아났다. 뮬러는 그의 딸이 회복 후 내가 가장 좋아하는 구절 중 하나를 묵상했다. "너는 또 주님을 기뻐하라 그분께서 네 마음의 소원을 네게 주시리로다"(시편 37:4, KJV). 뮬러의 소원은 사랑하는 딸을 지키는 것이었지만, 어쩐지 먼저 하나님의 뜻을 기뻐할 수 있었다.

나도 같은 믿음을 가졌을지 솔직히 말할 수 없다. 내가 시련을 견디며 기꺼이 내 아이들인 크리스토퍼나 에밀리를 포기하거나 "하나님의 뜻이 이루어지게 하소서"라고 말할 수 있을지 모르겠다.

시련은 믿음을 성장시킬 수 있다

당신은 어떤가? 당신은 믿음의 불 같은 시련 가운데 있는가? 당신의 상황이 어두운가? 하나님의 선하심이 궁금한가? 그렇다면 당신의 문제, 시험, 시련을 하나님께 맡기라.

첫째, 하나님께서 당신의 믿음을 성장시키고 계심을 믿으라. 하나님은 당신의 유익을 위해 어려움이 일어나도록 허락하고 계신다.

"형제들아 너희가 여러 가지 시험을 받을 때에 그것을 모두 기쁨으로 간주하라. 이는 너희는 너희의 믿음의 시험이 곧 견고함을 낳는다는 것을 알고 있기 때문이다. 그리고 확고부동함이 그 모든 효과를 발휘하게 하라. 그리하면 너희가 완벽하고 완전하며, 아무것도 부족하지 않게 되리라"(약 1:2-4, ESV).

둘째, 당신을 꿰뚫어 보기 위해 기도에 의존하라. "소망 중에 즐거워하며 환난 중에 참으며 기도에 항상 힘쓰며"(롬 12:12).

셋째, 시련 중에 감사와 찬양을 드리라.

"이(시련)이 온 것은 너희 믿음의 확실함이 불로 연단하여도 없어질 금보다 더 귀하여 예수 그리스도께서 나타나실 때에 칭찬과 영광과 존귀를 얻게 하려 함이라"(벧전 1:7).

당신의 축복에 대해 하나님께 감사드리라. 마음에 내키지 않아도 찬양을 불러보라. 하나님께서 당신의 시련을 통해 영광을 받으시고 그분의 성품이 드러나고 있음을 믿으라. 믿음은 하나님께서 어려운 때에 선하시며, 잔인한 상황에 직면하여 친절하시며, 악한 날에 사랑하시며, 모든 것이 실패할 때에도 신실하시다는 것을 믿는 것이다.

하나님은 사악한 시기 가운데서 선하시고, 잔인한 상황에 직면했을 때 친절하시고, 악한 날에 사랑하시고, 다른 모든 것에 실패했을 때 신실하시다.

「주님은 나의 최고봉(My Utmost for His Highest)」에서 오스왈드 챔버스(Oswald Chambers)는 이렇게 썼다. "믿음은 본질적으로 시련과 시험을 거쳐야 한다. 그리고 믿음의 진정한 시련은 우리가 하나님을 신뢰하기 어렵다는 것을 발견하는 것이 아니라 하나님의 성품이 우리 자신의 마음에서 신뢰할 수 있음을 입증해야 한다는 것이다."

아마도 마음의 가장 큰 변화는 우리가 더 이상 "내 뜻이 이루어지게 하소서."라고 말할 수 없을 때, 대신에 "아버지의 뜻이 이루어지게 하소서"(마 6:10, KJV)라고 말할 때 일어날 것이다. 믿음의 불 같은 시련을 겪고 있지 않다면 기도할 때까지 기다리지 말라. 조만간 닥칠 문제나 시험을 위해 지금 기도하라.

전도자 R. A. 토리는 이렇게 썼다. "많은 사람이 전투 시간까지 기다렸다가 도움을 청하기 때문에 전투에서 실패한다. 다른 사람들은 전투가 시작되기 훨씬 전에 무릎을 꿇고 승리를 얻었기 때문에 성공한다 … 시험이 오기 전에 당신의 전투에 참여하고 당신의 무릎을 꿇고 싸워라. 그러면 당신은 항상 승리할 것이다."

곧 문제가 생길 것이다. 준비하라. 하나님을 신뢰하라. 지금 기도하라.

기도 원칙#34

믿음의 시련 속에서 하나님의 선하심을 신뢰하라.

제6장

끈질기게 기도하라

35. 당신의 과수원은 어떻게 자라는가?

"예수님께서는 제자들에게 그들이 항상 기도하고 낙심하지 말아야 할 것을 보여주기 위해 비유를 말씀하셨다"(눅 18:1).

몇 년 전, 아내 젠(Jen)과 나는 우리 자신과 결혼 생활, 가정을 보는 방식에 변화를 경험했다. 우리가 함께 지낸 세월 동안 우리는 하나님께서 그분의 목적을 위해 우리 가정을 사용하시기를 원하신다는 것을 알았다. 우리는 또한 교회 목회와 간호라는 각자의 직업에 부름을 받았다고 느꼈다. 변화는 우리가 우리 주변에 사는 사람들을 위한 선교사로 우리 자신을 보기 시작했을 때 찾아왔다.

하나님께서는 우리 안에서 이중적인 소명을 키우시기 시작하셨다. 내가 교회에서 일하고 젠이 간호사로 봉사하는 것 외에도 우리는 이웃을 축복하고 그들이 예수님을 알도록 돕기 위해 최선을 다했다. 우리는 지역 사회에서 우리의 역할을 넘어서는 하나의 통합된 부름을 향해 움직이기 시작했다. 그 부르심은 우리가 집에 있든 직장에 있든, 공동체에서 즐거운 시간을 보내든, 친구들과 저녁을 먹으러 가든, 다른 일을 하든 그리스도를 위해 살고 하나님께 영광을 돌려드리는 것이었다. 우리는 골로새서와 같이 살고 싶었다. 골로새서 3장 17절 "무엇을 하든지 말에나 일에나 다 주 예수님의 이름으로 하고 그를 힘입어 하나님 아버지께 감사하라."

젠과 나는 하나님께 우리를 어떻게 사용하실 수 있는지 알려 달라고 기도하기 시작했다. 우리는 다른 사람들과 관계를 맺고 싶었다.

오랫동안 기다려온 수확

친구나 가족이 필요한 사람이라면 누구나 집을 이용할 수 있기를 바라는 마음이 강해졌다. 그러나 우리가 기도했을 때 아무 일도 일어나지 않았다. 적어도 5년 동안은 그랬다.

우리가 노력하지 않았던 것은 아니다. 우리는 저녁 파티와 야외 행사를 주최했다. 사람들은 잘 참여했지만, 관계는 표면적으로 유지되었다. 나는 우리가 언제부터 스포츠, 정치, 오락에 대한 이야기를 멈추고 진짜 이야기를 시작할지 궁금해지기 시작했다. 우리는 생물학이 아닌 믿음을 바탕으로 영적인 가족으로 성장시키기 위한 비전을 가지고 있었다. 예수님의 길을 배우면서 사람들이 모여 소유물을 나누고 깊고 진실한 관계 속에서 살아가는 모습을 상상했다. 사람들이 믿음의 길에서 단지 몇 걸음 떨어져 있든 멀리 떨어져 있든 관계없이 모든 사람이 환영받는 가족이 될 것이다. 그런데 왜 그것은 효과가 없었을까?

5년 동안 기도하고 노력한 끝에 포기하고 싶었다. 그런 다음 운전대에서 손을 떼고 간단히 기도하기 시작했다.

5년 동안 기도하고 애쓰다가 포기하고 싶었다. "주님, 나는 할 수 없나이다. 내가 시도하고 있는 모든 것이 실패하고 있나이다." 나는 운전대에서 손을 떼고 단순히 기도하기 시작했다. "하나님, 이웃을 사랑하고 돌보는 방법을 보여주소서. 이것을 당신이 원하시는 것으로 만드소서. 아니면 아무 일도 일어나지 않으면 하나님이 더 많은 영광을 받으실 수 있다면 그렇게 살 수 있나이다. 그러나 나는 나의 이웃에 하나님의 나라가 임하는 것을 보고 싶나이다."

나는 그 기도를 한 달 정도 했다. 그러자 모든 것이 움직이기 시작했다.

과수원이 자라다

갑자기 이웃 사람이 블록 파티를 열자고 나에게 다가왔다. 그녀는 모든 세부 사항을 처리하겠다고 말했다. 내가 해야 할 일은 소문을 퍼뜨리고 그 자리에 나타나는 것뿐이었다. 잠시 우리 교회와 연결되어 있던 그녀도 우리 교회와 같은 비전을 가지고 있는 것 같았다. 우리가 계획을 세우기 시작한 직후, 우리 동네의 다른 가족이 우리 교회에 다니기 시작했다. 우리 세 가족은 몇 명의 가족을 더 초대하기 위해 손을 내밀었다. 우리는 동네 전체에 초점을 맞추기보다는 30여 가구로 구성된 두 블록에 초점을 맞췄다.

우리 모임에 대한 소문이 퍼지기 시작했다. 40명이 넘는 사람들이 나타났을 때 우리는 놀랐다. 나는 한 번도 만난 적이 없는 사람들을 만났다. 음식, 에너지, 많은 웃음이 있었다.

사람들은 새로운 연결점을 만들고 새로운 관계를 형성하고 있었다. 행사가 끝난 후 우리는 "다음은 뭐지?"라고 물었다. 우리는 저녁 식사를 주최하고 다른 사람들에게 축복이 되고자 하는 단순한 생각으로 우리 이웃에 있는 하나님 나라의 전초기지인 지역 그룹을 형성하는 것에 대해 이야기하기로 결정했다. 네 가족이 저녁 식사에 왔다. 그런 다음 우리는 격주로 주일 저녁에 그 그룹을 만나고 싶어하는 다른 사람과 함께 만나기로 결정했다.

우리의 형식은 간단했다. 우리는 한 집은 어른 모임을 주최하고 두 번째 집은 아이들의 육아를 주관하는 집으로 교대하면서 모였다. 미치도록 좋아하는 제빵 기술을 가진 한 여성이 매번 에피타이저(appetizer-식욕을 돋우기 위해 식전 음식 음료)를 가져오겠다고 했지만, 모두가 나눠 먹기 위해 후식(dessert)을 가져오기로 했다. 우리는 모임 때마다 서로 체크인을 하고, 각 가족이 어떻게 지내는지에 대해 이야기하고, 서로를 위해 기도했다. 또한 성경을 듣고 말씀을 순종하는 데 중점을 두고 예수님을 따르는 길을 갈 수 있도록 돕는 간단한 성경공부도 했다.

우리의 세 가지 열매

리더이자 진행자로서, 나는 종종 그룹에게 우리의 세 가지 목적을 상기시켰다.

1. 예수님을 더 사랑하는 법을 배우고 제자로서 예수님과 더 가까워져야 한다.
2. 그리스도의 몸 안에서 서로 돌보며 영적인 가족으로 살아가야 한다. 당신의 과수원은 어떻게 자라고 있는가?
3. 가시적인 방법으로 우리 동네에 복이 되어야 한다.

항상 쉽지만은 않았다. 우리는 서로를 알아가면서 힘든 시기를 겪었다. 우리는 많은 사람들을 초대했는데, 그들 중 많은 사람이 거절했다. 그러나 1년이 넘어서 그 그룹은 약 15가구로 늘어났다. 그것은 바로 우리가 상상했던 것이었다. 그것은 서로 사랑하고 믿음 안에서 성장하기 위해 헌신하는 영적인 형제자매들로 이루어진 역동적인 가족이었다.

우리 그룹은 서로 사랑하고 신앙 성장에 전념하는 영적인 형제자매들로 구성된 역동적인 가족이 되었다.

성장에 대한 우리의 열망 때문에 우리는 그룹을 공동체 과수원이라고 불렀다.

이 경험을 통해 나는 위대한 영적 진리를 배웠다. 하나님을 포기하는 것은 항상 너무 이르다는 것이다.

조지 뮬러가 임대 주택에 계속 머물기보다는 고아들을 수용할 새 건물을 짓는 데 하나님의 방향을 찾고 있을 때, 그는 그 비전을 실현하기 위해 하나님을 기다려야 했다. 비용이 엄청나게 들 것이다. 뮬러는 그 비전이 주님께서 주신 것이라고 확신하고 하나님께 공급해달라고 간구했다.

얼마 동안 돈이 주어지지 않았지만, 뮬러는 이렇게 회상했다.

나는 이 일로 낙심한 것이 아니라 살아 계신 하나님을 믿었다. 우리는 보름 동안 아침마다 기도를 드리기 위해 모임을 계속하였으나, 기부금은 단 한 건도 들어오지 않았다. 그러나 나의 마음은 꺾이지 않았다. 기도할수록 주님께서 기부금을 주실 것이라는 확신이 들었다. 마치 내가 이미 내 앞에서 새 건물을 실제로 본 것처럼, 주님께서 그렇게 하실 것이라는 확신이 들었다. 내 유일한 동기는 그분의 명예와 영광, 그리고 그리스도 교회 전체의 복지, 가난한 고아들의 진정한 시간적, 영적 복지였다. 다시 기도하고 그 문제에 대해 얻은 후에, 나는 여전히 완벽한 평화를 유지하고 있었다. 나는 내가 앞으로 나아가야 하는 것이 하나님의 뜻이라고 확신했다.

뮬러가 기도하는 방식의 핵심은 인내였다. 뮬러는 그 비전이 하나님께로부터 온 것이라면, 하나님께서는 그것을 실현시키실 것이라고 판단을 내렸다.

63년 동안의 기도

뮬러는 한 친구의 개종을 위해 63년 동안 기도했다. "가장 큰 포인트는 응답이 올 때까지 절대 포기하지 않는 것이다"라고 그가 말했다. "그는 아직 개종하지 않았지만, 그렇게 될 것이다! 어떻게 그렇지 않을 수가 있는가? 하나님의 변함없는 약속이 있고, 그 약속을 나는 의지한다."

뮬러가 죽은 직후 - 그의 장례식이 있기 전 - 그 친구는 마침내 주님께 돌아왔다.

당신의 마음의 소원은 무엇인가? 두 번째 기회? 새로운 경력? 누군가를 용서하는 은혜?

하나님께서 응답하실 때까지 당신이 기도하지 않기 때문에 얼마나 많은 당신의 기도가 응답되지 않는가?

유용한 기도 도구

인내심을 가지고 기도하기 위해서 당신이 사용할 수 있는 한 가지 방법은 기도를 기록하는 것이다. 내가 지키기 시작한 것은 기도 요청의 끈이다. 나는 가끔 돌아가서 어떤 기도가 응답되었는지 본다. 나는 또한 같은 것을 위해 계속해서 기도하는 빈도에 대해 더 많이 알게 되었다.

목록에 있는 어떤 것들은 몇 년 동안 응답이 없을 수도 있다. 그러나 나는 그들이 하나님의 방식대로, 하나님의 때에 응답을 받을 것이라는 확신을 느낀다.

활용할 수 있는 또 다른 도구는 다른 사람의 기도의 선물이다. 그리스도인들이 함께 기도하기로 약속하고 같은 것에 동의

할 때 하나님께서는 기도의 승법번식을 귀하게 여기신다. 마태복음 18장 19절은 "너희 중에 두 사람이 땅에서 합심하여 무엇이든지 구하면 하늘에 계신 내 아버지께서 그들을 위하여 이루게 하시리라."고 말씀하신다.

당신의 과수원은 어떻게 자라나는가?

하나님과 멀리 떨어져 방황하는 아들딸 또는 손자로 인해 마음이 아프다면, 기도 응답을 위해 매일 당신과 함께 기도하도록 당신이 신뢰하는 사람에게 부탁하라. 당신의 마음속에 주님께서 주신 큰 꿈이 있다면 다른 사람들에게 기도에 동참해 달라고 부탁하라.

나는 다른 사람들에게 어떤 문제에 대해 나와 함께 기도해 달라고 부탁했을 때 전에는 불가능했던 상황이 벌어지기 시작한다는 것을 알게 되었다. 나는 이 기도 동역자들이 주님으로부터 격려의 말씀을 받았는지 또는 기도가 성취될 수 있는 어떤 통찰력을 받았는지 주기적으로 확인하는 것을 중요하게 생각한다. 우리 이웃에 사는 사람들을 축복하는 사명에 헌신한 가족이 한 명 이상 있다는 것은 나에게 큰 힘이 되었다. 기도의 응답이 충만한 것은 아니었지만 하나님께서 일하시는 것을 보았다. 다른 사람들도 이웃을 위해 기도했다. 과수원이 자라났다.

당신의 과수원은 어떻게 자라는가? 끈질긴 기도를 통해서 이다.

계속 기도하라. 계속 구하라. 마음이 내키지 않을 때도 감사하라. 하나님이 일하신다는 것을 믿으라.

무엇보다도, 포기하지 말라.

기도 원칙 #35:
하나님을 포기하기에는 항상 너무 이르다.

36. 오래 기도하는 선물

"그 때에 여호와께서 너희를 멸하겠다 하셨으므로 내가 여전히 사십 주 사십 야를 여호와 앞에 엎드리고 여호와께 간구하여 이르되 주 여호와여 주께서 큰 위엄으로 속량하시고 강한 손으로 애굽에서 인도하여 내신 주 의 백성 곧 주의 기업을 멸하지 마옵소서"(신 9:25-26).

나는 내 인생에서 마라톤을 한 번 완주했다. 딱 한 번. 내 친 구 데이비드가 같이 신청하자고 했다. "자, 재미있을 거야."라 고 그가 말했다. 이전에, 나는 마라톤을 반(13마일)밖에 뛰지 못했다.

하지만 나는 동의했고 훈련을 시작했다. 경기 2주 전, 데이비 드는 부상으로 인해 기권했다. 그 시점에서, 나는 이미 20마일 달리기 훈련을 받았다. 나는 내가 시작한 것을 끝내고 싶었다.

경기 3일 전, 약한 비와 선선한 날씨가 예보되었다. 경기 시 작 3시간 전, 얼어붙을 듯한 추위와 비가 그칠 기미가 없이 내 리고 있었다.

나는 이미 흠뻑 젖은 채로 나를 기다리고 있는 4시간의 달리 기를 생각하며 출발선에 다가갔다. 나는 총성이 울리자 강제로 다리를 움직였다. 평소보다 워밍업하는데 시간이 오래 걸리고 마침내 좋은 페이스를 얻었지만 17마일에서 다리에 쥐가 나기 시작했고 나머지 레이스 내내 통증이 계속되었다. 22마일에서 나는 토할 것 같은 느낌이 들었다. 그러나 나는 계속 갔다.

데이비드가 부상을 입었음에도 불구하고, 그는 자전거를 가지고 왔고 코스를 따라 여러 곳에서 나를 만났다. "계속 가세요."라고 그는 말했다. "당신은 대단해요 … 멋진 폼이네요. 계속 가세요."

나는 마지막 반 마일(0.5마일)에 다다랐을 때, 나의 아내 젠(Gen)과 나와 함께 마지막 스트레칭을 하러 나온 우리 아이들 중 한 명을 보았다. 나는 완전히 기진맥진하고 약간의 저체온을 느낀 것을 기억한다. 힘든 하루였다. 내가 등록을 하고 경주를 마쳐서 기뻤지만, 나는 결승선을 통과해서 매우 기뻤다.

시작은 느리게, 끝은 빠르게

기도에 관해서는 사람들이 시작은 느리고 끝내는 것은 빠르다는 말이 있다. 그들은 성령님과 연결되기 위해 고군분투하다가 결국 포기하거나 하루를 보내야 한다. 설상가상으로, 사람들은 결과는 거의 없고 어느 정도의 평화만 가지고 몇 분 동안만 지속되는 기도 형식을 개발할 수 있다.

우리의 필요와 소망 중 일부는 신속하고 질주하는 기도가 아니라 길고 끈기 있는 마라톤 기도가 요구된다.

그러나 우리의 필요와 소망 중 일부는 신속하고 전력 질주하는 기도가 아니라 길고 끈기 있는 마라톤 기도를 요구한다. 당신의 방탕한 아들이나 딸이 집에 돌아오도록 기도하는 것도 그런 것이다. 당신의 자녀를 위해 스트레스 받는 직장 환경을 견디면서 당신이 더 나은 직장을 위해 기도하는 것도 그럴 수 있다. 가족의 구원을 위해 기도하는 것도 그와 같을 수 있다. 하나님께서 당신에게 자녀를 축복해 주시기를 기다리는 것도 그렇게 될 수 있다.

로마서 4장 18절은 아브라함이 믿음의 여정을 계속했다고 말씀한다. "모든 소망에 반하여." 열국의 아버지가 될 것이다라는 약속은 그 꿈이 거의 죽은 것처럼 보일 때에도 이루어졌다.

백성을 위한 모세의 기도

모세는 밤낮 40일 동안 금식하며 엎드려 그의 백성을 위해 기도했다(신 9:18, 참조). 그는 히브리 백성의 대담한 죄 때문에 오랫동안 기도해야 한다고 느꼈다. 모세가 십계명을 받고 산 위에 있는 동안 계곡 아래에 있던 히브리인들은 살아 계신 하나님에 대한 그들의 믿음을 잃었다. 그들은 그들의 금을 녹여

금송아지 모양의 큰 우상을 만들었다. 그런 다음 그들은 우상에게 절하고 구원을 위해 기도했다.

하나님께서는 분노가 달아오르셨으나, 그 때 기적적인 일이 일어났다. 모세는 "주께서 내 말을 들으셨다"(신 9:19)고 말했다. 그는 하나님께 "그들은 당신의 백성이요 당신의 유산이니 당신이 당신의 큰 능력과 당신의 펴신 팔로 (애굽)에서 이끌어 내신 것이로소이다."(신 9:29, ESV)라고 상기시켰다.

하나님께서는 모세가 기도할 때 뜻을 돌이키셨다. 아주 놀랍지 않은가?

당신은 믿음으로 기도하고 전심으로 주님을 찾으면 하나님께서 들으실 뿐만 아니라 계획하신 것과 다른 일을 행하실 수 있음을 믿는가? 그러나 분명히 하나님께서는 모세가 백성을 위하여 하나님의 얼굴을 구하는 것을 기뻐하셨다.

빈곤할 때 기도

1838년 조지 뮬러와 그의 동료 노동자들은 극도로 가난했다. 그들은 하나님께서 날마다 그들에게 공급해 주시는 것을 보았지만, 공급은 종종 마지막 순간에 왔고 겨우 필수품만 왔다.

뮬러는 이렇게 보고했다.

자금이 고갈되었다. 돈이 조금 있던 일꾼들은 남은 돈이 있는 한 주었다. 주님께서 우리를 어떻게 도우셨는지 보자! 딸에게서 돈이 든 소포를 들고 온 런던 근교의 한 부인이 브리스톨에 도착한 지 4, 5일 후에 소년 고아원 옆집에 묵었다. 오늘 오후에 그녀는 친절하게도 3파운드 2실링 6펜스에 달하는 돈을 내게 가져왔다. 우리는 부득이 하게 아낄 수 있는 물건을 팔려고 할 정도가 되었다. 그러나 오늘 아침에 나는 주님께 만일 가능하다면 우리가 그렇게 하지 않도록 막아 달라고 간구했다. 그 돈이 며칠 동안 오지 않고 고아원 근처에 있었다는 것은 그것이 처음부터 하나님의 마음에 우리를 도우셨다는 명백한 증거이다. 그러나 그분은 자녀들의 기도를 기뻐하시기 때문에 우리가 그토록 오랫동안 기도하도록 허락하셨다. 또한 우리의 믿음을 시험하셔서 그 응답을 더욱 감미롭게 하려 하셨기 때문이다. 그것은 실로 소중한 구원이다. 나는 큰 소리로 찬양을 쏟아냈고, 돈을 받은 후 혼자 있게 된 첫 순간에 감사했다.

본질적으로 뮬러는 그렇게 오랫동안 기도해야 하는 것은 하나님의 선물이라고 말하고 있었다.

때때로 하나님께서는 우리가 그분에 대한 우리의 신뢰를 증명하기 위해 기도하고 기도하기를 원하신다. 긴 기도는 헌신을 드러낸다. 우리가 구하는 것이 오랜 시간이 걸리거나 결코 응답이 오지 않더라도 긴 기도는 믿음을 구현한다.

긴 기도는 우리가 구하는 것이 오랜 시간이 걸리거나 모두 오지 않는 경우에도 믿음을 구현한다.

나는 내 인생의 과정에서 더 오래 기도하는 것을 배울 수 있기를 바란다. 나는 하나님께서 나를 도우셔서 믿음이 자라게 하셔서 몇 달, 몇 년, 몇십 년 기도할 수 있는 믿음이 되기를 바란다. 나는 매일매일 하나님의 임재 안에서 점점 더 많은 시간을 보낼 수 있기를 바란다. 나는 나의 가장 큰 기도가 하나님에 대한 나의 의존과 그분이 말씀하신 것을 그분이 하실 수 있다는 나의 믿음을 증가시킬 정도로 나의 믿음이 성장하기를 바란다.

당신은 구할 때 무엇을 구하는가?

마라톤은 비참한 경험이었다. 언젠가는 나는 다른 시도를 할 것이다. 나는 훈련이 그만한 가치가 있다는 것을 안다. 조금씩, 매주, 나는 더 강한 러너가 되었다. 내가 할 수 있다고 생각한 것을 테스트했고 기대치를 뛰어넘었다. 한계는 내 몸이 아니라 뇌에 있었다.

기도생활도 마찬가지이다.

사람들은 내게 이렇게 말했다. "브렌트, 나는 기도하는 사람이 아니에요. 나는 쉽게 산만해져요. 나는 몇 분 이상 기도할 수 없어요." 다른 사람들은 그저 기도하는 것이 불편하다고 말했다. 그들은 거의 하나님의 임재 안으로 들어가지 않았다.

그러나 기도는 그리스도인의 생명줄이다. 기도 없이는 능력이 없다. 기도 없이는 제자도가 없다. 기도 없이는 참된 예배가 없다. 기도 없이는 승리가 없다.

기도는 그리스도인의 생명줄이다. 기도 없이는 능력도, 제자도도, 참된 예배도, 승리도 없다.

당신은 기도가 필수적이며 궁극적으로 당신의 유익을 위한 것임을 믿지 않는다면 아무리 많은 가르침을 받아도 당신의 마음은 변하지 않을 것이다. 가르침은 좋은 토양이 있고 생명이 자랄 수 있는 곳에서만 작용한다. 당신이 영적으로 게으른 사람이라면 이 중 어느 것도 별 의미가 없을 것이다.

그러나 당신이 열려 있다면 - 당신이 그 여정에 예라고 말한다면 - 당신의 정맥을 통해 흐르는 예수님의 생명이 조금이라도 있다면, 그것이 하나님께서 당신을 부르셔서 놀라운 경주를 하도록 부르신다는 것을 알라. 인내하며 달리고 언젠가는 결승선을 통과할 수 있는 힘을 하나님께서 당신에게 주실 것이다(히 12:1-2, 참조).

당신의 레이스를 달리는 세 가지 방법

그 모험을 위한 훈련을 시작할 수 있는 몇 가지 방법이 있다.

1. 아침이나 저녁의 일상적인 기도를 점진적으로 늘리기 시작하라. 세계 최고의 운동선수 중 일부는 1퍼센트 원칙을 따른다. 그들은 매일 1%씩 조금 더 나아지려고 노력한다. 매일의 기도에 몇 분을 추가하라. 복리(複利-원금과 그 원금을 운용하여 생기는 이자에 관한 계산 방법이다-역주)처럼 당신의 기도 생활은 단 한 달 만에 성장할 수 있다.

2. 긴 기도를 위해 하루를 따로 정하라. 숲에서 하루를 보내라. 안전하다고 느끼면 혼자 가거나 친구를 데려가되 하루 종일 조용히 해달라고 요청하라. 한 시간, 두 시간, 심지어 여섯 시간이나 여덟 시간 동안 기도할 수 있는지 보라.

3. 모세가 했던 것처럼 오랜 기간 기도하라. 40일 동안 무언가로부터 빨리 벗어나 그 시간 동안 당신의 기도 생활을 깊게 하려고 노력하라.

그 세 가지를 다 고르지 말고 하나를 골라라. 열정을 가지고 그것을 추구하라.

곧 당신은 극복할 수 없다고 생각했던 이정표에 도달하게 될 것이다. 곧 더 많은 능력으로 기도하게 될 것이다.

당신은 오래 기도하는 법을 배우게 될 것이다.

기도 원칙#36:

긴 기도는 큰 승리로 이어진다.

37. 영웅의 구조

"모든 기도와 간구를 하되 항상 성령 안에서 기도하고 이를 위하여 깨어 구하기를 항상 힘쓰며 여러 성도를 위하여 구하라"(엡 6:18).

당신은 아마 데이브 카네스에 대해 들어본 적이 없을 것이다. 2001년 9월 11일 테러가 일어나는 동안 뉴욕시에서 다른 사람들이 모두 위험을 피해 달아나고 있을 때 그는 위험을 향해 달려갔다. 타워가 무너진 후, 세계 무역 센터의 잔해에서 생존자 20명만이 구조되었다. 마지막 세 명 중 두 명은 소방관, 구조대원, 경찰관에 의해 구조되지 않았다. 그들은 데이브 카네스에 의해 구조되었다.

첫 번째 비행기가 충돌했을 때 카네스는 코네티컷 주 윌튼에서 수석 회계사로 일했다. 두 번째 비행기가 충돌했을 때 카네스는 동료들에게 "우리는 전쟁 중입니다."라고 말했다. 그는 해병대에서 23년을 보냈고 돕는 것이 자신의 의무라고 느꼈다. 그는 직장 상사에게 잠시 자리를 비울지도 모른다고 말했다.

구조 임무 준비

그런 다음 그는 이발을 하려고 갔다. "제게 좋은 해병대 단발

머리를 해주세요."하고 그가 이발사에게 말했다. 그리고 그는 더 이상 현역 해병이 아니었지만 집으로 돌아가 군복을 입고 창고에서 하강 장비, 로프 및 기타 장비를 모았다. 그는 구조 임무를 준비하고 있었다.

다음 목적지는 그의 교회였다. 독실한 그리스도인인 카네스는 공격 후 모인 목사님과 교구민들에게 생존자를 찾을 수 있도록 하나님께서 그에게 힘을 주시고 인도하여 주시기를 기도해 달라고 부탁했다.

그는 자신의 작업복, 이발, 장비가 추락 현장에 가기에 충분하기를 기도하면서 뉴욕을 향해 질주했다. 그것은 효과가 있었다. 오후 5시 30분경 그는 바리케이드 너머로 손을 흔들었다. 현장이 불안정했기 때문에 응급 요원이 바로 퇴장 명령을 했다. 화염과 연기가 많은 지역을 접근할 수 없게 만들었다.

단념하지 않고, 카네스와 다른 해병대원은 엉킨 강철을 넘어 구멍을 들여다보기 시작했다. 전 미국 해병대원은 계속해서, 그들은 소리쳤다. "우리 소리가 들리면 소리를 지르거나 두드리세요!"
약 한 시간 동안 수색한 끝에 카네스는 숨막히는 목소리를 들었다. 두 명의 항만청 관리인 윌 지메노와 존 맥러플린이 묻혀 있었다. 수면 아래 20피트. 거의 10시간 동안 그들은 잔해, 먼지, 연기 속에서 목이 마르고 끔찍한 고통 속에서 도움을 기다리고 있었다.

카네스와 마찬가지로 지메노도 믿음의 사람이었다. 그는 구조를 위해 기도하고 있었다. 그가 막 포기할 준비가 되었을 때, 그는 예수님의 환상을 보았다. 윌 지메노와 존 맥러플린은 몇 시간의 굴착 끝에 마침내 잔해에서 풀려났다.

믿음의 두 사람은 하나님을 신뢰하고 있었다. 한 사람은 구조자였고 다른 한 사람은 구조를 받기를 위해 하나님께 간구했다. 하나는 믿음으로 불꽃과 연기를 지나서 행하도록 하나님의 도구가 되었다. 다른 한 사람은 돌무더기 아래에서 믿음을 고수할 수 있는 능력을 받았다. 두 사람 모두 성령을 통한 기도에 의존했다.

당신은 압도당할 때 어디로 향하는가?

당신이 삶의 일상적인 도전에 직면하고 있든, 삶의 환경에 압도당하든, 당신은 계속 나아갈 힘이 필요하다. 당신은 위기의 순간에 스스로를 강하게 할 수 없다. 인간의 경향은 과도하게 일을 하거나 지나치게 생각하거나 문제를 극복하는 방법을 관리하거나 전략을 짜려고 한다. 그러나 하나님의 능력에 접근하는 길은 더 많은 전략이나 인간의 노력이 아니라 하나님께 더 많은 항복을 통해서이다.

하나님의 능력에 접근하는 방법은 더 많은 전략이나 인간의 노력을 통해서가 아니라 하나님께 더 많은 항복을 통해서이다.

영적 용어로 항복은 하나님께 전적으로 의존하는 것이다. 도움을 위해 끊임없이 하나님께 의지하는 자세이다. 바울은 "주 안에서 그의 강한 능력으로 강건하라"(엡 6:10)고 말씀한다. 그것이 힘의 진정한 원천이다.

하나님의 갑옷을 입으라

그 힘에 어떻게 접근하는가? 바울은 믿음의 사람들에게 하나님의 전신갑주 곧 진리의 허리띠, 의의 호심경, 복음 전하는 준비의 신, 믿음의 방패, 구원의 투구, 성령의 검을 입으라고 권고한다(엡 6:14-17). 그런 다음 바울은 "모든 기도와 간구를 하되 항상 성령 안에서 기도하고"라고 말씀한다(엡 6:18).

하나님의 능력은 우리가 그리스도를 믿는 믿음으로 무장하고 어떤 일이 일어나든지 성령의 능력으로 기도할 때 접근된다.

다시 말해서, 우리가 날마다 그리스도를 믿는 믿음으로 무장하고 무슨 일이 일어나든지 성령의 능력으로 기도할 때 하나님의 능력에 접근할 수 있다. 주님과의 대화에는 하나님과의 충만한 관계를 나타내는 모든 종류의 기도가 포함되어야 한다. 그것은 우리의 기도가 찬양, 간구, 도고, 고백, 감사를 포함해야 한다는 것을 의미한다.

조지 뮬러는 그렇게 기도했다. 그는 나약하고 무력함을 느끼는 것이 무엇인지 알고 있었다. 그는 가난과 책임의 잔해 속에 묻히는 것이 어떤 기분인지 알고 있었다. 그러므로 그는 아침뿐만 아니라 밤낮을 가리지 않고 반복적으로 그 근원을 찾아갔다. 그가 새로운 고아원을 위한 건축 캠페인을 시작하든지 아니면 단순히 그의 보살핌을 받는 아이들을 위한 매일의 빵을 구하든지, 그는 하나님의 도움이 필요하다는 것을 알았다.

뮬러는 이렇게 썼다.

처음부터 예상했던 난관과 어려움. 이 봉사를 시작하기 전에 나는 그것을 예상했다. 아니, 그것의 주된 목적은, 교회 전체가 믿음을 강화시키고, 필요할 때 그분의 손이 나를 대신하여 뻗어 있는 것을 봄으로써, 살아 계신 하나님을 더 단순하고, 습관적이며, 거리낌 없이 신뢰하게 하기 위함이었다.

이런 종류의 기도는 어렵고도 쉽다. 한편으로 모든 종류의 기도로 모든 것에 대해 기도하려면 의도와 규율이 필요하다. 그것은 가장 큰 힘의 근원이신 하나님을 붙잡기 위해 다른 형태의 힘에 대한 의존을 버리는 것을 의미한다. 반면에 이런 종류의 기도는 삶의 접근 방식을 단순화한다는 점에서 쉽다. 도움을 청할 수 있는 실제 장소는 단 한 곳뿐이다.

시련이 클수록 신뢰가 더 필요하다.

당신의 삶에 도달하기 위해 하나님의 손이 필요한 곳은 어디인가?

일일 자기 점검

어쩌면 그것은 당신의 습관 때문일 수도 있다. 당신의 형편없는 훈련이 당신을 영적으로 고갈시키고 있는지도 모른다. 당신의 활동은 당신을 영적으로 둔하게 만들 수 있다. 나는 매일 RMPS라는 약어를 사용하여 자기 점검을 하는 목회자에 대해 들었다.

• R은 관계를 나타낸다. 이 목회자는 스스로에게 묻는다. "나는 내 주요 관계를 어떻게 하고 있는가? 나는 내가 가장 사랑하는 사람들이나 봉사하도록 부름받은 사람들에게 충분히 관심을 기울이고 있는가?"

- M은 멘탈을 의미한다. "나는 강한 멘탈(mental-정신 또는 마음-역주)을 유지하고 있는가? 나는 좋은 것을 마음에 담고 있는가? 나는 나의 성장에 도움이 되는 방식으로 읽고 있는가?"

- P는 육체적인 것을 의미한다. "나는 주님을 섬기기 위해 몸을 돌보고 운동하고 건강을 유지하고 있는가?"

- S는 영적인 것을 의미한다. "나는 매일 더 많이 기도하고 하나님을 신뢰하고 있는가? 나는 하나님의 마음을 배우기 위해 하나님의 말씀을 연구하고 있는가?"

이러한 습관은 좋은 결과로 이어진다. 이러한 습관은 그의 길에 어떤 도전이 닥쳐도 목회자를 준비시킨다. 그가 자신을 훈련할수록 하나님께서 그에게 더 많은 일을 맡기신다는 생각을 하지 않을 수 없다.

어쩌면 당신은 용서에 관해서 하나님의 손이 필요할 수도 있다. 당신은 너무 오랫동안 원한을 품고 있었을 수 있다. 당신은 마음의 변화가 필요할 수 있다. 당신은 하나님께서 당신의 모든 죄를 용서하신다는 사실을 기억해야 할 수도 있다. 그렇다면 다른 사람의 죄를 용서해야 한다.

당신은 어려운 상황을 헤쳐나가도록 손을 내밀고 도와줄 하나님의 손길이 필요할 수도 있다. 당신은 너무 많은 도전의 잔해 속에 파묻힌 느낌이 들 수도 있다. 당신은 당신이 누를 수 있는 힘을 어디에서 얻을 수 있을지 궁금할 것이다.

이사야 40장 31절에는 놀라운 약속이 있다. "그들은 독수리처럼 날개치며 날아오를 것이다. 그들은 달려도 곤비하지 않고 걸어가도 피곤하지 않을 것이다."

카네스와 지메노는 하나님께서 "피곤한 자에게 능력을 주시고 약한 자에게 힘을 더하신다"(사 40:29, ESV)는 것을 알게 되었다.

모든 일에 기도하라

오늘 당신이 할 수 있는 한 많은 방법으로 모든 일에 기도하는 연습을 시작하라. 기도할 것을 스스로에게 상기시켜라. 친구들에게 손을 내밀어 기도를 부탁하라.

머지않아 당신은 살아 계신 하나님과 연결될 것이다. 머지않아 당신은 "하나님께서 구원하신다" 또는 "하나님께서 구하신다"를 의미하는 야훼라고 불리는 살아 계신 하나님과 연결될 것이다. 하나님의 손이 당신의 최악의 상황이나 영적 도전에 닿을 때 하나님의 힘이 당신의 삶에 흘러들어갈 것이다.

기도는 포기에서 시작된다.

옛 찬송가는 "사탄은 가장 연약한 그리스도인이 무릎을 꿇는 것을 볼 때 떤다."고 표현한다.

당신의 개인적인 기도 장소로 들어가라. 당신의 무릎을 꿇으라. 살아 계신 하나님께 당신의 손을 들어라. 하나님이 하실 수 있는 일을 보라.

기도 원칙 #37:
당신이 위로 손을 뻗으면 하나님은 아래로 손을 내미신다.

38. 등반

"이 때에 예수께서 기도하시러 산으로 가사 밤이 새도록 하나님께 기도하셨다"(눅 6:12).

조지 말로리는 에베레스트 산 정상에 도달한 최초의 산악인이었을 것이다. 1920년대 초에 그는 산을 오르려는 여러 시도를 이끌었고 결국 1924년 세 번째 시도에서 사망했다. 그의 시신은 1999년에 눈과 얼음에 의해 잘 보존된 채 발견되었다.

그들은 산에서 2,700피트, 정상에서 2,000피트 떨어진 곳에서 그를 발견했다. 그의 몸의 자세는 그가 결코 포기하지 않았다는 것을 암시했다. 그는 바위가 많은 경사면에서 고개를 숙이고 정상으로 향했다. 그의 팔은 머리 위로 높이 뻗어 있었다. 그의 발가락은 산을 가리켰다. 그의 손가락은 마치 마지막 숨을 거두면서도 놓아주기를 거부하는 것처럼 느슨한 바위를 파고 들었다.

등반의 기쁨

1922년 말로리는 왜 에베레스트 산에 오르려고 하느냐는 질문을 받았을 때 이렇게 대답했다.

어떤 이득도 얻을 가망이 조금도 없어요. 오! 우리는 높은 고도에서 인체의 행동에 대해 조금 배울 수 있고 아마도 의료인들은 항공 목적을 위해 우리의 관찰을 어떤 설명으로 돌릴 수도 있어요. 그러나 그렇지 않으면 그것에서 아무것도 손에 들어 오지 않을 것이에요. 우리는 금이나 은, 보석, 석탄이나 철을 한 조각도 가져오지 않을 것이에요. 우리는 식량을 생산하기 위해 작물을 심을 수 있는 땅 한 피트도 찾을 수 없을 것이에요. 그것은 소용이 없어요. 그래서 당신이 이 산의 도전에 반응하고 그것을 만나기 위해 나가는 사람 안에 무언가가 있다는 것을 이해할 수 없다면, 그 투쟁은 삶 자체의 투쟁이고 영원히 위로 올라가는 것이라는 것을 이해할 수 없다면, 당신은 우리가 왜 가는지 알 수 없을 것이에요. 이 모험에서 우리가 얻는 것은 순수한 기쁨이어요. 그리고 기쁨은 결국 삶의 끝이에요. 우리는 먹고 돈 벌기 위해 사는 것이 아니에요. 우리는 인생을 즐기기 위해 먹고 돈을 버는 것이에요. 그것이 삶의 의미이고 삶의 목적이에요.

많은 경우에 예수님께서는 기도하시기 위해 산에 오르셨다. 복음서는 그분이 중대한 결정에 직면하셨을 때, 또는 엄청난 스트레스를 받으셨을 때, 또는 단순히 아버지의 음성을 들으셔야 할 때 산에 오르셨다고 말씀한다. 그분은 모든 필요와 생각과 관심을 하나님께 가지고 가셨다.

많은 경우에 예수님께서는 기도하시기 위해 산에 오르셨다. 그분은 아버지께 모든 필요, 생각, 관심을 가지고 가셨다.

가끔 나는 궁금했다, 예수님께서 왜 기도하셨을까? 그분은 완전한 하나님이시며 완전한 인간이셨지 않은가? 그분은 항상 하늘의 아버지와 연결되어 있으셨지 않은가?

아마도 그 답은 우리가 기도하는 이유에서 찾을 수 있을 것이다. 우리가 기도하는 목적은 무엇인가? 예수님께서도 같은 이유로 기도하셨을까?

우리는 하늘에 계신 아버지 앞에 필요한 것을 가지고 오는 어린아이처럼 기도할 수 있다고 분명히 말할 수 있다. 우리는 또한 기도가 우리가 하나님의 뜻을 향해 우리의 삶을 재조정하는 방법이라고 말할 수 있다. 더 나아가 우리는 예수님의 형상으로 변화되기 위해 하나님께 가까이 나아간다고 말할 수 있다.

기도는 선물이다

그러나 점점 더 나는 기도가 우리 앞에 있는 큰 산과 같은 선물임을 믿는다. 하나님께서는 우리가 하나님의 임재를 향하여, 가까이 나아가고, 마침내 그 임재 안으로 들어가도록 우리를 초대하신다. 우리는 하나님과 교감하는 위대한 신비 가운데로 초대되었다. 우리가 기도의 산을 오르는 여정을 시작한다면 우리가 구하는 것을 찾을 것이라고 믿을 수 있다.

그런 의미에서 기도는 영원히 위로 향하는 삶 자체의 투쟁이다. 정점은 기쁨이다. 그 목적은 평화이다. 나는 그것이 예수님께서 기도하신 이유이기도 하다고 믿는다. 그분은 기도하실 때 기쁨과 평안을 찾으셨다.

조지 뮬러는 또한 매일 기도하는 데 시간을 보냈다. 일찍 일어나서 하루 종일 특정 필요 사항을 위해 기도했다. 그는 사역을 하는 동안 가난, 사업 문제, 생명의 위협에 이르기까지 많은 도전에 직면했다. 뮬러는 기도와 믿음이 어떤 장애물도 극복할 수 있음을 발견했다.

뮬러의 기도 투쟁

그러나 그가 믿음의 삶이라고 불렀던 첫 10년 동안, 뮬러는 기도에서 고군분투했다. 그는 종종 기도하고 싶지 않았다. 그는 기도의 영에 빠지는 데 어려움을 겪었다. 그리고 그가 기도하는 방식의 약간의 변화가 모든 것을 변화시켰다. 그는 이렇게 설명했다.

그렇다면, 나의 이전 관행과 현재의 관행의 차이점은 다음과 같다. 전에는 나는 일어나자마자 가능한 한 빨리 기도하기 시작했고, 일반적으로 아침 식사 때까지 모든 시간을 기도하면서 보냈다. 어떤 경우에도 나는 거의 항상 기도로 시작했다. 다만 내 영혼이 평소보다 더 척박하다고 느낄 때를 제외하고는, 내가 기도에 몸을 바치기 전에 음식, 기분 전환, 또는 내면의 부흥과 갱신을 위해 하나님의 말씀을 읽었다. 그러나 그 결과는 어떠했는가? 나는 종종 편안함, 격려, 영혼의 겸손함을 깨닫기 전에 15분, 혹은 30분, 혹은 심지어 한 시간을 무릎을 꿇고 보냈다. 그리고 종종, 처음 10분, 혹은 15분, 심지어 30분 동안 마음의 방황으로 많은 고통을 겪은 후에, 나는 그때에야 진정으로 기도하기 시작했다. 나는 이제 이런 식으로 고통받는 일이 거의 없다. 내 마음은 진리로 양육되고 하나님과 경험적인 교제에 들어가므로 나는 그분이 그분의 소중한 말씀으로 내 앞에 가져오신 일에 관해서 내 아버지와 내 친구(나는 비천하고 합당치 못하나)이신 분께 말씀드린다. 내가 이 점을 더 빨리 보지 못했다는 것이 지금 나를 종종 놀라게 한다.

때때로 뮬러의 생각이나 마음은 방황했고 진정으로 기도하고 싶었지만 생각을 집중하고 마음에 기도에 대한 감정을 불러일으키는 데 어려움을 겪었다. 영적인 싸움을 한 후에야 그는 살아 계신 하나님과 신성한 관계를 맺을 수 있었다. 성경과 기도의 결합은 그가 하나님의 임재에 이르도록 도왔다. 하지만 그것은 쉽지 않았다.

당신은 "왜 기도가 투쟁이 되어야 하는가? 왜 하나님께서는 성경에서 끊임없이 우리에게 그분께 와서 우리의 짐을 그 분께 맡기고 그분께 의지하라고 말씀하시는데, 그분과 더 쉽게 연결되도록 하지 않으시는가?"라고 물을지도 모른다.

문제는 하나님께 있는 것이 아니라 우리의 타락한 세상에 있다. 우리의 삶은 하나님으로부터 우리를 떼어놓는 혼란과 걱정과 고통으로 가득 차 있다.

문제는 하나님께 있는 것이 아니라 우리의 타락한 세상에 있다. 우리의 삶은 산만함과 걱정과 마음의 고통으로 가득 차 살아계신 하나님으로부터 우리를 멀어지게 한다. 우리의 평생은 위로 향하는 투쟁이다. 우리는 기도가 가차 없는 탐험이 되어서는 안 된다고 생각할지 모르지만, 그것은 종종 그런 느낌이다.

투쟁의 반대편에서 아름다운 것이 나타난다. 뮬러는 기도하는 데 더 많은 시간을 할애하고 기도에 대한 믿음을 더 많이 행사할수록 그 경험이 더 의미 있고 심지어 숨막힐 정도가 된다는 것을 배웠다.

하나님의 말씀을 들음

어느 여름, 나는 산에 올라야 한다고 결심했다. 나는 몇 달 동안 큰 결심을 곰곰이 생각해 왔다. 위로 올라가는 여정을 시작했을 때, 나는 내 삶에 대한 하나님의 방향에 대해 전혀 알지 못했다. 나는 평화가 필요했다. 나는 하나님의 말씀을 들어야 했다.

그레이트 스모키 산맥 국립공원(Great Smoky Mountains National Park)의 명반 동굴 트레일헤드(Alum Cave Trailhead)에서 시작하여 레콘테 산(Mount Leconte) 정상까지 꾸준히 5마일을 올라갔다. 비는 세차게 내렸고 길을 따라 개울을 만들었다. 안개가 내가 예상했던 멋진 전망을 막았다. 그러나 산꼭대기에 이르렀을 때 바람이 휘몰아치는 짙은 구름 속에서 하늘에 계신 아버지를 만났다. 그분은 제게 열정을 갖고 사는 것, 두려워하지 않는 것, 앞으로 어떤 여정이 닥치든 그분을 신뢰하는 것에 대해 말씀하셨다.

나는 나 자신을 기도하는 법을 배우고 있는 사람이라고 생각한다. 나는 갈 길이 멀다. 나는 조지 말로리가 에베레스트 산정상을 추구했던 것과 비슷한 것을 경험했다. 나는 조지 뮬러의 기도에서 능력을 추구하는 것을 배우고 있다. 나는 기도가 내 필요를 채워주는 것이 아니라 하나님의 얼굴을 구하는 것임을 발견하고 있다. 하나님의 말씀을 듣고, 하나님을 접촉하고, 하나님을 보고, 하나님을 경험하는 것이다.

기도는 우리의 필요를 채우는 것이 아니라 하나님의 얼굴을 구하고 그분의 말씀을 듣고 그분을 경험하는 것이다.

당신이 이런 식으로 하나님을 찾을 때 당신은 어려움에 처할 수 있지만 하나님께서는 당신에게 그분의 임재를 향해 오르는 데 도움을 주실 것이다.

20세기 초 노르웨이의 목사 올레 할레스비(Ole Hallesby)는 이렇게 말했다.

"나의 무력한 친구여, 당신의 무력함은 하나님 아버지의 부드러운 마음에 이르는 가장 강력한 탄원이다. 그분은 당신이 궁핍할 때 그분께 정직하게 부르짖는 첫 순간부터 당신의 기도를 들으셨고 밤낮으로 귀를 기울이셔서 고통 중에 그분께로 향하는 무력한 인간이 있는지 확인하시기 위해 귀를 기울이신다… 당신이 기도할 수 없기 때문에 모든 것이 닫혀 있다. 친구여, 당신의 무력함이 바로 기도의 실체이다."

나는 예수님처럼 산에서 하나님을 만났다. 그것이 육체적이든 은유적이든 어쩌면 산에서 하나님을 만나야 할지도 모른다.

오늘 등반을 시작하라. 기쁨이 기다리고 있다.

기도 원칙 #38:
하나님의 임재는 우리가 기도 중에 만나는 모든 투쟁의 가치가 있다.

39. 당신의 바로 앞에 있는 문

"주 안에서 항상 기뻐하라 내가 다시 말하노니 기뻐하라 너희 관용을 모든 사람에게 알게 하라 주께서 가까우시니라 아무것도 염려하지 말고 다만 모든 일에 기도와 간구로, 너희 구할 것을 감사함으로 하나님께 아뢰라"(빌 4:4-6).

몇 년 전, 나는 한 교회에서 저녁기도 모임을 시작하는 것을 도왔다. 나는 큰 꿈과 희망이 있었다. 나는 수백 명의 사람들이 찬양하고, 그들의 모든 필요를 주님 앞에 가져오고, 다른 사람들을 기도로 들어 올리는 것을 상상했다. 결국 그리스도인들은 기도하고 싶어 해야 한다. 그렇지 않은가? 우리는 기도의 능력을 고백하지 않는가? 우리는 하나님의 임재 안에 있기를 갈망하지 않는가?

우리는 시간을 정하고, 전체 구성을 개발하고, 많은 홍보를 하고, 예배를 시작했다. 안타깝게도, 극소수의 사람들만이 나타났다. 나는 당황했고 약간 낙담했다. 수백 명의 사람들이 주일에 예배를 드리기 위해 모였다. 그러나 화요일 저녁에 기도를 위해 모이는 것이 왜 어려웠을까? 몇 주가 지나면서, 참석자가 수십 명을 넘는 경우는 거의 없었다. 몇 주 동안, 소수의 사람들만이 왔다.

작지만 강력한 그룹

하지만 참가한 사람들에게는 놀라운 경험이었다. 몇 년에 걸쳐 하나님께서는 그 소그룹을 강력한 방법으로 함께 엮어 주셨다. 다른 그리스도인들과 함께하는 실제적이고 긴 기도만큼 좋은 것은 없다. 한번 기도회에 참석하는 습관이 생기면 밤을 거르는 일이 거의 없었다. 함께 기도하는 것은 단지 선택적인 활동이 아니라 한 주의 흐름에서 생명을 주는 부분이 되었다. 내 기대는 충족되지 않았지만 그러한 섬김을 시작한 것을 결코 후회하지 않았다. 나는 항상 성령의 격려와 새 힘을 느끼며 예배 모임을 떠났기 때문에 그 노력은 가치가 있었다.

어떤 밤에는 우리가 치유와 예배의 겸손함과 국가의 부흥을 위해 기도할 때 천국의 문이 열리는 것처럼 느껴졌다.

모임을 시작한 첫 주에 우리는 주님께 "우리에게 기도를 가르쳐 주소서"(눅 11:1)라고 간구했다. 우리는 첫 제자들이 그랬던 것처럼 기도하는 법을 배워야 한다는 것을 알았다. 어떤 밤에는 치유와 겸손한 예배와 나라의 부흥을 위해 기도할 때 하늘 문이 열리는 것처럼 느껴졌다. 하나님께서는 그 시간에 나와 다른 사람들에게 기도에 대해 많은 것을 가르쳐 주셨다.

그럼에도 불구하고 나는 왜 더 많은 사람이 기도하기를 원하지 않는지 궁금했다.

나는 사람들이 개인적으로 기도한다는 것을 안다. 나는 그들이 주일 학교 수업과 소그룹에서 기도한다는 것을 안다. 나는 사람들이 기도를 믿는다는 것을 안다. 그렇다면 왜 사람들은 다른 그리스도인들과 함께 기도하기 위해 단 한 시간도 할애할 수 없을까?

나는 그것이 사람들이 기도를 이해하는 방법과 대부분 관련이 있다고 믿는다. 많은 사람들은 기도를 중요하게 생각하지만, 아마도 다른 사람들을 섬기거나 가족과 시간을 보내는 것만큼 가치가 있지는 않을 것이다. 어떤 사람들은 기도하는 법을 모르고 한 시간 동안 앉아 있으면서 불편함을 느끼며 "지금 내가 무엇을 느끼고 있어야 할까?"라고 의아하게 여긴다.

기도에서 기쁨 찾기

하지만 사람들이 기도하지 않는 이유가 하나 더 있다. 어떤 사람들은 기도를 항상 진지하고 암울하게 본다. 기쁨은 없다. 자주 어울리지 않는 두 단어는 기쁨과 기도이다. 많은 사람이 기도를 정말 진지한 일이라고 생각한다. 그리고 화요일 저녁에 기도회에 오라고 하면, 그들은 사람들의 아픔과 고통의 기도 목록을 통해 움직이는 것과 관련된 기쁨이 없는 엄숙한 교제를 상상할 것이다. 그들은 그것이 따분하거나 지루하거나 의례적인 것이라고 생각할 것이다. 사람들이 기도하고 싶어 하지 않는 것은 이상한 일이 아니다.

많은 사람이 기도를 정말 딱딱한 일로 생각하고 기도 모임을 지루하고 따분하거나 의례적인 것으로 생각한다.

예수님께서는 성전에서 환전상들을 쫓아내실 때 이사야 56장 7절의 한 부분을 인용하셨다. "내 집은 만민이 기도하는 집이라 일컬음이 될 것임이라." 그러나 전체 구절은 훨씬 더 많은 것을 말씀한다.

하나님께서는 이방인들이 온 세상에서 기도하는 곳으로 오는 것을 상상하시며 선지자 이사야를 통해 "내가 이들을 나의 거룩한 산으로 데리고 와서 기도하는 집에서 그들에게 기쁨을 주리라"고 말씀하신다. "그들의 번제물과 희생물은 내 제단에서 받아들여질 것이다. 이는 내 집은 만민의 기도하는 집이라 일컬음이 될 것임이기 때문이다."

예수님께서 이사야의 구절을 인용하신 것은 성전이 어떻게 되었는지 진노를 하셨기 때문이지만, 그분의 궁극적인 동기는 온 세상 사람들이 기도의 기쁨을 경험하게 하시려는 것이었다.

항상 기뻐하라

기쁨과 기도는 함께 있기 때문에 바울은 이렇게 썼다.

"항상 기뻐하라, 쉬지 말고 기도하라, 범사에 감사하라. 이것이 그리스도 예수 안에서 너희를 향하신 하나님의 뜻이니라"(살전 5:16-18).

이 구절을 읽으면서 많은 사람이 어떻게 지속적으로 기도할 수 있는지 궁금해 한다. 그러나 그들은 항상 기뻐하거나 또는 기뻐하라고 말씀하는 첫 구절을 놓치고 있다.

사람들은 기도의 부르심은 듣지만 기쁨의 부르심은 듣지 않는다.

조지 뮬러는 기도하는 것을 좋아했다. 그는 모든 것을 - 물질적 필요, 영적 관심과 관계 문제 - 기도로 주님 앞에 가져갔다. 그는 오랜 시간 동안 기도하면서 기꺼이 기다렸다. 그는 답을 찾고 도움을 기대했다. 하나님께서 도움을 보내주셨을 때 뮬러는 감사하며 천국의 기쁨을 맛보았다.

그는 이렇게 썼다. "기도 응답이 주는 기쁨은 말로 표현할 수 없으며, 그들이 영적 삶에 주는 자극은 지극히 크다. 나는 모든 그리스도인 독자들이 이 행복을 경험하기를 바란다."

삶은 힘들다. 때때로 우리의 기도는 염려와 눈물로 가득 차 있다. 하늘에 계신 아버지의 임재 안에서 큰 기쁨을 경험할 수 있도록 우리에게 기도의 선물이 주어졌다는 중심 진리를 놓치고 있지는 않은지 궁금하다.

우리는 하나님 아버지의 임재 안에서 큰 기쁨을 경험할 수 있도록 기도의 선물을 받았다.

내가 성장할 때, 나는 아무도 큰 기쁨으로 기도하는 것을 본 적이 없다. 나는 기도에 대해 진지한 것 외에 다른 어떤 것으로 말하는 사람을 들어본 적이 없다. 기도는 이행해야 할 의무였다. 그러나 성인이 되어서는 기쁨으로 기도하는 법을 아는 사람들을 만났다. 그들은 하나님이 그들의 형편을 고쳐주시기를 기다리기보다는 먼저 기뻐하는 쪽을 택했다. 주님의 기쁨은 그들의 힘이다(느 8:10, 참조). 그 기쁨이 그들로 하여금 계속해서 하나님의 임재 안으로 들어오기를 원하게 하였다.

당신은 어떤가? 그것이 당신의 기도 경험인가? 당신이 그렇게 되기를 원하는가?

기쁨으로 기도하는 법

기쁨으로 기도하는 데 도움이 되는 몇 가지 제안을 하겠다.

주님 안에서 감사와 기쁨으로 시작하라. 하나님께서 당신의 삶에서 행하시는 일에 대해 감사하라. 하나님께서 일하시는 긍정적인 방법에 초점을 맞추며 감사를 드리라.

다음으로, 하늘에 계신 당신의 아버지 앞에서 진실하게 행동하라. 당신이 필요한 것을 구하라. 당신 자신을 연약하게 만들어라. 솔직해져라. 당신의 마음속에 있는 것을 말하라. 하나님께서는 당신이 당신 안에 있어야 한다고 생각하는 것에 대해 듣고 싶어 하지 않으신다.

나는 일종의 도덕적 행위 기독교와 함께 자랐다. 나는 드러내 보이기 위해 미소를 자아냈다. 나는 내가 가질 수 있는 의심이나 내가 어떻게 실패했는지에 대해 말하지 말라고 배웠다. 나는 필요해서가 아니라 하나님께 감동을 드리고자 열망으로 하나님께 다가가는 법을 배웠다. 성인이 되었을 때 나는 하나님께 전적으로 의존하고 있음을 인식하기 위해 다르게 기도하는 법을 배워야 한다는 것을 알았다.

그냥 자연스럽게 행동하라. 어쨌든 하나님께서는 진짜 당신을 알고 계신다. 당신은 모세와 선지자들의 이야기를 수천 명의 선지자들과 함께 다시 말할 필요가 없다. 당신의 마음에서 우러나오는 대로 말하라. 당신이 같은 기도, 같은 어조, 같은 단어로 반복해서 기도하면 아마 마음에서 우러나오는 기도가 아닐 것이다.

　마지막으로, 단순하게 유지하라. 어떤 사람들은 식료품점의 이름과 필요한 것들을 살펴보는 것처럼 기도한다. 그 접근법에는 아무런 문제가 없다. 그러나 예수님께서는 당신의 하늘 아버지가 당신이 필요로 하는 것을 알고 계신다고 말씀하셨다. 그러므로, 당신은 많은 말을 할 필요가 없다. 기본에 충실하라. 하나님과 교제에 집중하라.

　하늘에 계신 아버지께서는 당신에게 무엇이 필요한지 아신다. 당신은 많은 말을 할 필요가 없다. 하나님과 교제에 집중하라.

　나는 기도에 대해 더 많이 배울수록 말을 적게 한다. 나는 들으면 들을수록 더 오래 하나님의 임재 안에서 보내고 싶다.

　기쁨을 붙잡고 있으면 내가 어렸을 때 아빠가 내게 운전대를 잡게 해주셨던 때가 생각난다. 나는 아빠가 주간 고속도로를 운전하실 때 나는 그 옆에 앉았다. 아빠가 "운전하고 싶니?"라고 물으셨다. 내가 대답하기도 전에 아빠는 운전대에서 손을 떼곤 하셨다. 아빠가 가속 페달을 계속 밟고 가끔은 재미로 가속하는 동안 나는 운전대를 잡았다. 차를 조종하는 것은 짜릿했다. 그러나 우리가 다른 차에 접근하면 내 손이 아직 차 위에 있는 동안 아빠는 다시 운전대를 잡곤 하셨다. 내가 너무 무서

우면, 내가 할 말은 "아빠, 운전대 잡아!"였다.

나는 너무 부담스러워서 "주님, 여기 당신이 필요하나이다. 운전대를 잡으려면 당신이 필요하나이다. 나는 무슨 일이 일어날지 모르나이다. 그러나 나는 당신을 신뢰하며 최악의 상황에서도 당신이 나를 기쁨으로 채워주실 수 있음을 믿나이다."

하나님께서는 당신이 그분께 도움을 받기를 기다리신다.

한 문이 닫힐 때…

어느 날 나는 댈러스에 있는 내 사무실에서 일하고 있었다. 우리는 원래 문과 손잡이가 있는 100년 된 집에서 살았다. 아내 젠(Jen)이 가게로 가는 길에 나에게 작별 인사를 했을 때 그녀는 내 사무실 문을 닫았다. 나는 그것에 대해 많이 생각하지 않았다. 그것은 자주 일어났던 일이었다. 하지만 내가 커피를 마시기 위해 일어났을 때, 나는 사무실에 갇혀 있다는 것을 깨달았다. 나는 문고리 없이 자물쇠를 작동시키려 했지만, 반대쪽에서만 열린다는 것을 알았다.

나는 짜증이 나서 젠에게 문자를 보냈다. "당신 언제 집에 올 거예요? 나는 사무실에 갇혀 있어요." 나는 그녀의 대답을 잠시 기다렸다. 그런 다음 그녀는 "사무실의 다른 문을 사용해 보셨나요?"라고 문자를 보냈다. 두 번째 문은 뒷 베란다로 열려 있었다. 나는 부끄러운 마음에 그 문을 열고 베란다로 발을 내딛고 집안을 돌아 안으로 들어왔다.

가끔 나는 가장 멍청한 짓을 하고는, '내가 언제쯤 제대로 할 수 있을까?'라고 생각한다. 때때로 나는 인생의 모든 상황과 좌절로 인해 너무 속상해서 내 앞에 무엇이 있는지조차 볼 수 없다. 나는 해결책을 찾지만, 출구는 항상 거기에 있다.

기도는 하나님께서 우리가 연약하게, 단순하게, 기쁘게 계속해서 들어가기를 원하시는 문이다.

기쁨을 선택하라. 항상 기뻐하라. 기쁨으로 기도하라.

기도 원칙 #39:
참된 기도는 항상 참된 기쁨으로 이끈다.

40. 당신의 하나뿐인 열광적이고 소중한 삶

"그분이 귀를 기울이시기 위해 몸을 굽히시고 계시기 때문에 나는 숨이 붙어 있는 한 기도할 것이다"(시 116:2, NLT)

예수님께서 33년의 지상 생애 동안 분당 15번의 호흡을 하셨다면 2억 6017만 2000번의 호흡을 하셨을 것이다. 그분의 첫 숨은 베들레헴의 마구간에서 있었고 마지막 숨은 예루살렘의 십자가에서 있었다.

때때로 나는 예수님께서 그분의 호흡으로 행하신 모든 일에 대해 생각한다. 그분은 하늘에 계신 아버지께 기도하셨고, 사람들에게 하나님에 대해 가르치셨고, 병자를 고치셨고, 심지어 한 사람 이상을 죽은 자 가운데서 살리셨다. 그분은 새로운 영적 가족을 모으시고 그분의 길을 따를 제자들의 세계적인 운동을 시작하셨다.

하나님께서 내가 이 땅에서 72년을 살 수 있도록 허락해 주신다면, 나는 567,648,000번의 숨을 쉬게 된다. 나의 첫 호흡은 앨라배마 주 버밍엄에서 시작되었다. 내가 어디서 마지막 숨을 거둘지는 하나님만이 아실 수 있지만, 내가 그 문제에 대해 어떤 발언권이 있다면, 그것은 테네시에 있을 것이다.

우리의 삶은 시작과 끝이 있다. 우리가 태어날 때 첫 숨을 쉬고 우리가 죽을 때 마지막 숨을 쉬게 된다. 문제는 우리가 받은 호흡으로 무엇을 할 것인가 하는 것이다.

두 날 사이의 단거리 경주(태어난 날과 죽는 날)

"당신의 대시기호와 함께 사는 방법"이라는 시(詩)는 좋은 친구의 장례식에서 연설한 한 남자에 관한 것이다. 그는 그녀가 태어난 날과 그녀가 죽은 날에 대해 이야기했다. 그 두 날짜는 그녀의 묘비에 새겨질 것이다. 그 사이에 대시(기호[-]-역주)가 있다. 그 친구는 지금의 여성을 있게 한 것은 끝도 아니라고 말했다. 그것은 대시기호였다.

당신의 인생은 두 개의 날짜와 대시기호로 구성되어 있다. 두 날짜 사이의 대시기호는 많은 것을 의미한다. 대시기호는 학교 첫날, 졸업식, 결혼, 가족 및 친구와의 즐거운 시간, 할로윈 분장, 추수 감사절, 크리스마스 및 부활절, 가족 휴가, 결혼식, 출생, 사망, 좋은 시간 및 나쁜 시간으로 가득 차 있다. 대시기호에는 과거로 돌아가서 다시 살아보고 싶은 시간이 포함되어 있다. 그것은 또한 당신이 잊고 싶은 시간을 포함한다. 그 대시기호는 묘비에 있는 아주 작은 것이지만 단연코 가장 중요한 부분이다. 시는 다음과 같이 결론을 짓는다.

그래서, 당신의 추도사가 읽힐 때 당신의 삶의 행동을 재조명하는 것과 함께… 당신은 당신의 질주를 어떻게 보냈는지에 대해, 그들이 말하는 것에 대해 자랑스러워하겠는가?

당신은 당신의 대시기호를 어떻게 살 것인가? 당신은 관계에 투자할 것인가? 당신은 그리스도를 따라 그분의 풍성한 삶을 경험하는 법을 배우겠는가? 당신은 기도하는 법을 배우겠는가? 당신은 다른 사람을 섬기고 예수님을 섬기는 데서 오는 기쁨을 찾겠는가? 아니면 당신은 자신을 섬길 것인가? 당신은 하나님께서 당신에게 주신 소중한 숨을 어떻게 보낼 것인가?

당신은 당신의 대시기호를 어떻게 살 것인가? 당신은 하나님께서 당신에게 주신 귀한 숨결을 어떻게 사용하겠는가?

10,000명 이상의 어린이를 섬기는 고아원을 시작하고, 딸 리디아를 양육하고, 전 세계를 여행하며 설교하고, 선교사를 지원하고, 50,000명 이상의 사람들에게 성경과 소책자를 공급한 후 조지 뮬러는 생을 마감했다.

밝은 미래가 기다리고 있다

고난주간이었다. 1898년 3월 6일 주일, 뮬러는 알마 로드 채플(Alma Road Chapel)에서 말씀을 전했다. 그의 본문은 예수님의 기름부음과 승리의 예루살렘 입성을 묘사한 요한복음 12장에서 발췌한 것이다. 뮬러는 그리스도인들이 기대할 수 있는 천국의 밝은 미래에 대해 말했다. 그다음 주 수요일에 그는 그의 사위이자 고아원 운영의 후계자인 제임스 라이트에게 자신이 힘이 없어 휴식이 필요하다고 말했다. 그러나 저녁에는 고아원에서 평소 기도회를 가졌다. 그들은 죽은 목자를 노래하리라는 찬송으로 끝을 맺었다.

다음 날 아침, 1898년 3월 10일, 뮬러는 5시에서 6시 사이에 잠에서 깼다. 그는 일어나 화장대로 걸어갔다. 불과 4일 전 그가 설교에서 말했던 "밝은 미래"가 영광스러운 현실이 된 것은 그때였다. 뮬러는 그가 70년 동안 섬겼던 구세주를 만났다.

그가 마지막 숨을 거두기 몇 년 전, 뮬러는 이렇게 말했다. "내가 더 오래 살수록, 나는 세상에서 살 수 있는 생명이 하나밖에 없다는 것과, 영원에 비해, 수확을 위한 씨앗을 뿌리는 것은 짧은 생명에 불과하다는 것을 깨닫게 된다."

그는 그리스도를 위해 자신의 삶을 최대한 살았다. 그의 질주는 영원한 변화를 만들었다. 무엇보다도, 그는 하늘 아버지께 기도하고 의지하는 법을 배웠다. 그는 다른 사람들도 그들이 하나님께 기도할 수 있고 그가 기적적으로 일하는 것을 볼 수 있다는 것을 알게 했다.

뮬러는 종종 자신의 삶이 특별하지 않다고 말했다. 다른 사람들도 똑같은 조용한 신뢰, 즐거운 믿음, 기도로 기대하는 것의 응답을 경험할 수 있다고 했다. 그는 이렇게 말했다. "하나님의 모든 자녀는 학교와 고아원을 세우라고 주님의 부름을 받은 것이 아니라 그들의 재정을 위해 주님을 신뢰하도록 주님의 부름을 받았다. 주님 편에서는 방해할 것이 아무것도 없는데도 아직 당신은 지금 우리가 경험한 것보다 훨씬 더 풍부하게 그분이 그분의 자녀들의 기도에 기꺼이 응답하시려고 하는지를 경험하지 못했을 수도 있다."

당신의 삶은 어떠한가? 당신이 지금까지 어떻게 살아왔든 당신은 당신의 남은 숨을 어떻게 쓰기를 원하는가?

예수님의 충만한 삶을 경험하고 그분의 영광을 위해 당신이 쓰임 받으려면 당신이 죽기 전에 일종의 죽음이 있어야 한다. 그분의 생명이 당신을 통해 사실 수 있도록 당신은 당신 자신에 대해 죽어야 한다.

언젠가 뮬러는 이렇게 말했다. "내가 조지 뮬러에 대해 완전히 죽었던 날이 있었다 - 그의 의견, 선호도, 취향 및 의지는 세상의 승인이나 비난에 대해 죽었고 - 심지어 내 형제 및 친구들의 승인 또는 비난에 대해서도 죽었다. 그 이후로 나는 하나님께 승인된 자신을 나타내기 위해 연구했다."

예수님께서는 "누구든지 내 제자가 되려거든 자기를 부인하고 날마다 제 십자가를 지고 나를 따를 것이니라."(눅 9:23)고 말씀하셨다. 당신 자신이 죽는다는 것은 하나님께서 마음을 다스릴 수 있도록 당신 자신의 욕구, 선호, 자아를 내려놓는 것을 의미한다. 그것은 당신이 인생을 즐기는 것을 그만두는 것을 의미하지 않는다. 그 대신에 하나님께서는 당신이 하나님과 다른 사람들을 섬기도록 방향을 바꾸어 지속적인 평화와 행복으로 인도하시는 새로운 삶을 주신다.

예수님께서는 매일 십자가를 지라고 우리를 부르신다. 매일 우리는 일종의 작은 죽음을 경험해야 하나님의 길을 추구할 수 있다.

여러 번, 나는 새로운 차원에서 나 자신에게 죽을 필요가 있다는 것을 알았다. 나는 내가 하나님께 항복했다고 생각했지만, 그때 나는 내 삶의 일부 영역이 그분께 완전히 헌신되지 않았다는 것을 알게 되었다. 이것이 바로 예수님께서 우리에게 매일 십자가를 지라고 부르시는 이유이다. 매일 우리는 일종의 작은 죽음을 경험해야 하나님의 길을 추구할 수 있다. 또한 당신이 새로운 차원에서 그리스도께 당신의 삶을 헌신하는 분수령의 순간들도 있다.

내 멘토 중 한 분은 자신이 젊었을 때 그런 순간을 경험했다고 말했다. 하나님께서는 그를 교회의 목사로 부르셨지만, 그는 하나님께서 수입이 적은 더 작은 교회로 자신을 부르신다는 것을 느꼈다. 그는 결정에 직면했다. 그는 스스로 죽을 것인가, 아니면 더 세상적인 성공으로 이끄는 길을 추구할 것인가? 그는 자신의 멘토가 한 말을 기억했다. 그는 자신의 멘토가 "예수 그리스도께 삶의 모든 무게를 실어야 하거나 겁쟁이로 영원히 살아야 하는 순간이 온다."고 했던 말을 기억했다. 그는 예수님을 믿기로 선택했고 더 작은 교회에 갔다. 그것은 사역의 새롭고 매우 결실이 많은 시기의 시작이었다. 그는 사람들을 사랑하는 법을 배웠다. 그는 더 큰 신뢰를 가지고 기도하는 법을 배웠다.

당신이 당신 자신에 대해 죽을 때, 하나님께서는 당신에게 진정으로 기도하는 법을 가르치기 시작하실 수 있다. 당신의 숨결 하나하나가 살아 계신 하나님께 가까이 가는 기회가 된다.

하나님의 영광을 위해 창조됨

큰 목적을 위해 삶을 사용하라. 당신은 하나님의 영광을 위해 창조되었다. 당신 자신의 영광은 살기에 너무 작은 것이다. 하나님께서는 계속해서 숨을 쉬게 하시는 데에는 이유가 있다. 하나님과 가까워지기에 너무 늦지 않았다. 기도하는 법을 배우기에 너무 늦지 않았다. 다른 사람을 위해 봉사를 시작하기에 너무 늦지 않았다.

내가 가장 좋아하는 시인인 메리 올리버는 '여름날'이라는 아름다운 시를 썼다. 부분적으로는 다음과 같다.

나는 기도가 정확히 무엇인지 몰라.
주의를 기울일 줄도 알고, 풀밭에 주저 앉을 줄도 알고,
풀밭에 무릎을 꿇을 줄도 알고,
빈둥거리며 복을 받을 줄도 알고,
들판을 거닐 줄도 알고,
이것이 내가 하루종일 하고 있는 일이야.
내가 뭘 더 했어야 했을까?
모든 것은 결국 너무 빨리 죽지 않는가?
너의 한 번뿐인 열광적인 소중한 삶으로
무엇을 할 계획인지, 말해봐?

때때로 나는 메리 올리버(Mary Oliver)가 느끼는 것처럼 느낀다. 때때로 나는 기도가 무엇인지, 내가 기도할 때 어떤 일이 일어나는지 정말로 모른다. 그러나 나는 구하고 응답을 기다리는 것보다 주의를 기울이고 살아 계신 하나님을 바라보는 것이 더 중요하다는 것을 알게 되었다. 하나님의 임재 안에 머무는 것이다. 기도는 삶에 관한 것이다. 실생활이다. 이 삶은 소중하다. 포기하고 신뢰하는 사람들에게 삶은 열광적인 아름

다운 모험이 될 수 있다.

언젠가는 당신의 인생이 끝날 것이다. 언젠가는 당신도 마지막 숨을 쉬게 될 것이다. 당신에게 주어진 것을 낭비하지 말라.

하나님께서는 오늘 당신의 말을 들으시려고 굽어보고 계신다. 하나님 그분 앞에 홀로 있고 그분이 당신의 삶에 대한 명료함을 주시도록 기도하라. 하늘에 계신 아버지께서 사랑으로 당신을 둘러싸시도록 하라. 오늘부터 당신의 삶을 헌신하고, 그분을 섬기고, 그분의 영광을 위해 살 수 있도록 하나님께 도움을 구하라.

기도 원칙 #40:
모든 호흡은 기도할 수 있는 또 다른 기회이다.

지은이에 대하여

　브렌트 패트릭 맥두걸 박사(Dr. Brent Patrick McDougal) 는 테네시 주 녹스빌 제일침례교회 담임목사이다. 매주일 그 는 대면, 텔레비전, 온라인 예배를 통해 약 3,000명의 사람들 에게 말씀을 전한다.

　브렌트 박사는 에모리 대학교(Emory University)에서 그의 종교, 정치학 학사 학위 그리고 샘포드 대학교(Samford University)의 비슨 신학 대학원(Beeson Divinity School)에서 목회학 석사 학위를 받았다. 그는 또한 박사 학위가 있다. 앨라 배마 대학교(University of Alabama)에서 정치와 종교에 대 한 학제 간 연구인 정치학 박사 학위를 받았다.

　브렌트 박사는 「영혼과 믿음의 강」, 「희망과 정치」(The River of the Soul and Faith, Hope and Politics)의 저자이다. 그는 〈크리스천 투데이〉(Christianity Today)의 미국의 영적 점염병(America's Spiritual Pandemic)을 포함하여 수많은 게스트 블로그 게시물과 기사를 썼다.

앨라배마 출신인 브렌트 박사는 사람들을 하나로 모으고, 기도 분위기를 조성하며, 교회 구성원들뿐만 아니라 지역 사회 전반에 걸쳐 헌신을 장려하는 마음을 가지고 있다. 녹스빌의 제일 침례교회에 합류하기 전에, 그는 앨라배마와 텍사스에서 봉사했다.

다양한 사역 환경에서 브렌트 박사는 중요한 기도 운동을 시작하는 데 참여했다. 가장 최근에 그는 댈러스 기도를 시작했다. 댈러스 기도는 경건한 글, 주간 기도 전화, 도시 변화를 위해 사람들을 함께 기도하게 하는 행사를 포함하는 도시 전체의 기도에 대한 초교파적인 초청으로 댈러스 기도를 시작했다.

브렌트 박사와 그의 아내 제니퍼는 장성한 두 자녀 크리스토퍼와 에밀리를 두고 있다.

옮긴이에 대하여

옮긴이 한길환 목사는 미국 Oakland City University를 졸업(문학사)하고 Kurper College에서 수학(기독교교육학사)했으며, 총신대학 신학대학원에서 목회학석사(신약전공)를 졸업하고, 서울 성경신학 대학원대학교에서 신학석사(구약전공)를 졸업하고, 동대학원대학교 박사과정(구약전공)을 수학하고 서울 한영대학교 통역대학원 통역학 석사를 졸업했다.

역서로는 우드로우 크롤의 '성경의 기본시리즈(10권)', 찰스 스탠리의 '기도의 핸들', 워치만 니의 '영적 능력의 비밀', 폴 켄트의 '당신의 성경을 알라', 데이비드 위트콤과 마크워드의 '진정한 예배', 조쉬 맥도엘 & 션 맥도엘의 '부활 그리고 당신', 키이스 프로방스 & 제이크 프로방스의 '잠잠히 하나님만 믿으라(상.하)'외 동 저자의 책 8권, 게리 H. 러브조이의 '모든 남성이 알아야 할 우울증에 관한 8가지,' '모든 여성이 알아야 할 우울증에 관한 8가지,' '치매경험,' '영적능력의 비밀(개정판),'이 있으며, 근간으로 엘맨 출판사의 조쉬 맥도엘 & 케빈 존슨의 '청소년을 위한 놀라운 성경 모험', '청소년을 위한 성경에 관한 최고의 답변', 마이크 글렌의 '엄마와 함께 커피(치매 걸린 부모 병간호)'와 '조지 뮬러의 자서전'이 있다. 그는 현재 충남 홍성 생명의 강가에서 번역 사역과 신앙 서적 집필에 전념하고 있다.